산 위에 서신 그리스도

산 위에 서신 그리스도

2017년 4월 20일 · 제1판 1쇄 발행

지은이 | 이충세
펴낸이 | 이요섭
펴낸데 | 요단출판사
07238 서울특별시 영등포구 국회대로 76길 10
기 획 | (02)2643-9155
영 업 | (02)2643-7290~1 Fax (02)2643-1877
등 록 | 1973. 8. 23. 제13-10호

기 획 | 류정선
편 집 | 이성준
디 자 인 | 김희주
제 작 | 박태훈
영 업 | 김승훈 김창윤 이대성 정준용 이영은 김경혜 최우창 백지숙
인터넷서점 | 유세근

값 15,000원
ISBN 978-89-350-1638-9 03230

요단인터넷서점 www.jordanbook.com

산 위에 서신 그리스도

이 충 세 지음

요단

추천사

이충세 목사님께서 이 책을 출판하게 된 것을 기쁘게 생각합니다. 이충세 목사님은 제가 시무하고 있는 한국성서침례신학교 이사장으로 그리고 선교학 교수로 계시며, 한국 성서침례교회 최초의 교회인 성서침례교회(행당동)의 담임목사님으로 섬기고 있는 분입니다. 예수님께서 오르신 산들을 중심으로 전개하고 있는 이 책은 신구약성경을 쉽게 이해하는데 도움이 될 것입니다.

이 목사님은 이 책에서 젊은 시절 해외 선교사로서 체득한 실제적인 선교 사역의 경험과 주님의 역사하심을 그의 현재 목회에 적용하며 연구한 것을 선명하게 기술해 놓았습니다. 가치관의 혼돈과 물질적인 허상을 좇다가 지치고 방향을 잃은 현대인들에게 주 안에서 참된 소망과 성경적 가치관을 제공해 주는데 큰 도움이 되리라 확신합니다. 또한 이 책은 성도, 신학생, 목회자를 무론하고 우리 주 예수 그리스도를 더 생생하게 믿고 확신하여 주를 섬기게 할 수 있으리라고 확신하며 기쁘게 추천합니다.

– 김창환 목사 | 부산 동부성서침례교회 담임, 한국성서침례신학교 학장

저는 저자의 원고를 접하고 하나님께 감사했습니다. 저자는 선교 경험과 목회 경험을 바탕으로 이 땅에 오셔서 이루신 예수 그리스도의 공생애 사역들을 현장감 있게 우리에게 보여주고 있기 때문입니다. 이 책은 그리스도의 생애와 구원에 관하여

쓰인 여러 책들 중에 또 다른 한 권의 책이라는 의미를 넘어 목회자들에게, 그리고 모든 성도들에게 좋은 자료가 될 것으로 확신합니다. 이 책을 읽는 사람은 누구든지 예수님의 생애와 하나님의 구원의 내용을 경험하게 될 것입니다. 이 책이 많은 목회자와 그리스도인들에게 읽혀지기를 소원하는 마음 간절합니다. 이 땅에 오직 그리스도가 주인이 되고 그분의 뜻이 이루어져야 하는 시대에 이 책은 주님이 명하신 복음 전파의 사명을 위하여 어떻게 살아가야 하는지, 무엇이 우선순위에 있어야 하는지를 잘 보여주고 있습니다. 다시 한 번 이 시대에 꼭 필요한 책을 저술한 이충세 목사님께 감사드리며, 기도하면서 바라기는 많은 사람들에게 읽혀지고 독자들의 삶에 큰 힘과 믿음의 확신이 되어지기를 기대합니다.

– 김현기 목사 | 울산 성서침례교회 원로목사, 한국성서침례신학교 이사장 역임

이 책은 독특한 방향에서 독자들을 예수 그리스도께로 인도하고 있습니다. 성경의 주인공이신 예수 그리스도께서 오르신 여덟 개의 산을 통해 예수님을 다양한 각도로 조명하고 있기 때문입니다. 아울러 예수님의 삶을 깊은 안목으로 볼 수 있게 하며 종합적으로 성경을 볼 수 있는 시각을 제공하고 있습니다. 예수님의 지상사역을 포함해서 장차 오실 주님의 재림에 관한 성경의 진리를 담아낸 책이라는 사실에 그 가치를 둘 수 있습니다.

그리고 이 책은 독자들로 하여금 주님과 동행하는 삶의 과정에서 각자가 올라가야 할 산이 있다는 사실을 보여주며 예수님께서 걸어가신 발자취를 신앙생활에 실제적으로 적용할 수 있는 원리들을 제공하고 있습니다. 저자는 다년간 중국 선교사로 일하면서 가정교회를 개척하고 현지 지도자들을 훈련시키는 사역을 통해 경험한 것들을 바탕으로 예수 그리스도가 어떤 분이신지를 곳곳

에 그의 간증을 통해서도 밝혀주고 있습니다. 광야 같은 이 세상에서 우리가 만나야 할 분은 우리의 유일한 소망이신 예수 그리스도이십니다. 이 책은 독자 여러분을 깊은 은혜의 강으로 인도하리라고 확신합니다.

– 천병성 목사 | 큰빛성서침례교회 담임

세계의 지붕이라 불리는 히말라야산맥은 8천 미터가 넘는 14개 주봉이 웅대하게 동서로 2,500킬로미터나 이어져 있습니다. 네팔에 위치한 최고봉 에베레스트산(8,848m)은 티베트어로 '세계의 어머니'란 뜻을 가지고 있습니다. 전 세계에서 이곳의 주봉을 등정하기 위해 매년 천여 명이 베이스캠프에 오른다고 합니다. 이들은 먼저 차량으로 오를 수 있는 곳까지 이동하고, 이후로는 모두 두 발을 의지하여 걸어서 올라가야 합니다.

어떤 사람은 이렇게 말했습니다. "4천 미터, 5천 미터에 있는 베이스캠프까지 바로 헬기로 이동하면, 등정하는데 더 쉽고 빠르지 않을까요?" 그러나 이것은 일반적인 생각에 지나지 않습니다. 곧바로 고지대로 이동하면 희박한 산소에 고산증이 찾아오기 때문입니다. 고산증은 사람을 무기력하게 만듭니다. 아무리 훈련이 잘된 전문산악인이더라도 자칫 목숨을 잃을 수도 있습니다. 모든 일이 그렇겠지만 급하다고 단계를 건너뛰면 안 됩니다. 낮은 지대에서부터 서서히 오르다가 어느 지점에서는 심호흡도 하고 체력도 비축하면서 고지 적응을 해야 합니다.

예수님은 이 땅에 오셔서 8개의 산을 오르셨습니다. 급하다고 갈보리산으로 직접 가지 않으셨습니다. 시험산에서 시험을 받으시고 팔복산에서 축복하셨습니다. 벳새다산에서 오병이어의 기적을 통해 "덧셈은 우리 몫, 곱셈은 주님의 몫"인 것을 알게 하시고, 변화산에서 예수님이 누구신가를 드러내시며 올리브산 아래 있는 겟세마네 동산에서 마지막 기도를 하시고 갈보리산으로 가셔서 우리의 모든 죄를 용서하시며 받아 주셨습니다. 이렇게 계속되는 예수님께서 오르신 그 산의 이야기를 읽으면서 고등학교 2학년 때 만난 이 책의 저자를 생각했습니다.

구원받은 그 한 가지 감사 때문에 학생 때부터 복음에 대한 그의 열정은 에베레스트산을 정복한 산악인 못지 않았습니다. 1988년 둘로스 배를 타고 세계를 누비며 복음에 대한 열정을 더욱 고취시키더니, 중국 땅에서 11년간 성경을 들고 목이 터져라 말씀을 전하던 모습을 볼 수 있었는데, 그는 여전히 그리스도 예수님에 대한 사랑의 열정으로 더욱 주님을 따라가고자 하는 모습을 이 책에서 읽을 수 있었습니다. 저자가 드러내고자 하는 분은 오직 예수 그리스도뿐입니다. 이 책을 읽어 가노라면 우리들을 위해서 이 땅에 오셔서 산 위에 오르신 그 예수님의 사랑의 행적을 통해서 주 예수님보다 더 귀한 분은 없음을 공감할 수 있을 것입니다.

– 친구된 최육열 목사 | 강동성서침례교회 담임

저자 이충세 목사님이 목회하시는 행당동 성서침례교회는 제가 어려서부터 부모님과 함께 출석하며 복음을 듣고 구원받은 영혼의 고향과 같은 곳입니다. 「산 위에 시신 그리스도」의 출간을 진심으로 축하드립니다. 이 시대에도 사람들이 들어야 할 것은 그리스도의 복음입니다. 왜냐하면 복음은 험난한 세상을 살아가는 영혼들을 천국의 항구로 인도하는 나침반과 같기 때문입니다.

이 책을 읽는 모든 독자들에게 복음의 열정이 회복될 것을 확신하며 기쁘게 추천합니다.

– 이시원 | 시원스쿨 대표

글을 시작하며

1989년 파키스탄에서 처음 맞이한 화창한 5월, 초여름이 시작될 무렵이었다. 필자는 인도와 파키스탄의 분쟁지역인 발티스탄 산간마을을 방문하기 위해 비행기에 올랐다. 파키스탄의 라호르에서 오엠 선교사들과 함께 팀 생활을 한지 수개월이 지났을 무렵이었다. 일주일가량의 짧은 일정동안 두 명씩 짝을 지어 주민들에게 문서를 배포하는 전도 프로젝트에 참가하였다. 나는 현지에 대한 기본적인 오리엔테이션을 받은 후 통역을 맡은 낫심이라는 현지인 형제와 함께 라호르에서 기차로 북부 도시인 페샤와르로 이동했다. 도착한 후에는 현지에서 필요한 등산장비와 용품, 전도문서들을 준비하며 며칠을 보냈다. 드디어 수도 이슬라마바드의 공항에서 국내선 비행기를 타고 스카르두(Skardu)로 향했다. 내 마음도 기대와 흥분으로 하늘로 치솟아 올랐다.

공항을 이륙한지 20분이나 지났을까? 장엄하게 펼쳐진 히말라야의 만년 설봉들이 발만 내딛으면 닿을 듯 가까이에 내려다 보였다. 비행기 창문을 통해서 힘차게 뻗은 산맥의 풍경을 바라보고 있자니 나도 모르게 입에서 탄성이 튀어나왔다. 영화에서만 보던 히말라야산맥의 설원이 병풍처럼 바로 내 눈 앞에 펼쳐져 있었다.

잠시 후, 비행기가 요란하게 흔들리더니 스카르두 공항에 도착했음을 알리는 안내방송이 흘러 나왔다. 짧은 비행시간이었지만 카라코람산맥(히말라야산맥의 일부)의 장엄한 설산들은 지금까지 내 마음속에 생생한 추억으로 자리 잡고 있다. 스카르두 공항은 작고 낙후된 시설이었지만, 햇빛에 반사되는 장엄한 고봉의 만년설은 공항을 빠져나가는 나의 마음을 설레게 했고, 발걸음을 가볍게 했다.

스카르두는 카라코람(KaraKoram)의 관문도시다. 파키스탄의 수도 이슬라마바드에서 동북쪽으로 약 300킬로미터 거리에 위치한 해발 2,667미터에 자리를 잡고 있다. 2015년 봄, SBS가 제작한 스페셜 '인생횡단' 3부작 방송을 위해 취재팀이 파키스탄의 카라코람 지역을 방문할 때 스카르두를 둘러서 취재하기도 하였다. 카라코람산맥은 히말라야산맥의 서북지역에 위치해 있는데 파키스탄과 인도, 그리고 중국의 국경이 마주하고 있다. 카라코람은 투르크어로 '검은 자갈밭'이란 뜻이다.

〈스카르두 공항〉

그 이름이 말해주듯 지형이 사납고 험준하며 빙하와 잡석들로 이루어져 있어 유럽의 탐험대도 19세기 초가 되어서야 비로소 접근할 수 있었다. 스카르두에서 반경 100킬로미터 안에는 서쪽으로 해발 8,125미터의 낭가파르밧(Nanga Parbat) 봉이 있다. 동북쪽에는 세계 제2봉인 K2(고드윈 오스틴 8,613m) 봉이, 그리고 암벽 등반가들이 한 번쯤 정상에 오르기를 꿈꾸는 해발 6,286미터의 트랑고(Trango : 수직 암벽 높이만 1,340m)가 있다.

나는 스카르두 공항을 나와 인더스 강줄기를 따라 발티스탄의 고원산간 지역주민들에게 예수 그리스도의 십자가 사랑을 전하기 위해 발걸음을 재촉했다. 인더스의 강물을 따라 산등성이를 몇 개나 돌았을까? 마을을 향해 가던 지프가 갑자기 멈춰 섰다. 운전자가 소변을 보라고 했다. 얼떨결에 동승한 사람들과 함께 나도 차에서 내려 잠시 볼 일을 보고 다시 차에 올랐다. 그런데 이게 어찌된 영문인가? 목적지에 도착해보니 수일간 산간마을에서 사용할 텐트가 감쪽같이 없어진 것이다. 그렇게도 푸르렀던 하늘이 일순간 까맣게 변했다.

발티스탄의 산 지형은 고도가 높아서인지 한국의 산들과 많이 달랐다. 대부분 나무가 자라지 못했고, 검은 흙의 민둥산들이었다. 그러나 푸른 하늘과 흰 구름들이 산꼭대기의 만년설과 조화를 이루어 너무도 아름다웠다. 햇볕에 그을려 더욱 검게 보이는 피부와는 대조적으로 반짝이는 하얀 눈망울의 순박한 산악마을 주민들이 지금도 기억 속에 새롭다. 해거름이 지나서 어둠이 짙어질 무렵 간신히 빌려온 낡은 텐트를 서둘러 쳤다.

이튿날, 고지의 신선한 아침을 맞이하였다. 버너에 조반을 지어 먹은 후,

〈발티스탄의 산골 아이들〉

파키스탄 사람들이 애용하는 끈이 긴 자루 가방에 전도지를 가득 담아 길을 나섰다. 드디어 가가호호 방문이 시작되었다. 밀밭 길을 따라 난 작은 담장 너머로 아이들과 눈이 마주치면 그들은 낯선 이방인인 나에게 하얀 이를 드러내며 웃음 지었다가 이내 집안으로 몸을 숨겼다. 그리고 등 뒤에서 소곤대는 소리에 고개를 돌려보면 다시 하나둘씩 머리를 빼꼼 내놓고 수줍게 나를 바라본다. 5월의 오후 따스한 햇살보다 더 해맑게 빛나던 그 아이들이 지금은 30대 후반을 보내고 있을 것이다. 작은 마을을 지나 초등학교를 지나게 되었다. 운동장에서 학생들이 크리켓을 하고 있었다. 파키스탄은 영국의 영향을 받아서 야구나 농구보다 크리켓이 가장 인기 있는 스포츠이며 세계적인 실력을 지닌 강국이다.

나는 선생님께 정중하게 인사를 드리고 간단하게 나를 소개했다. 한국에서 왔는데 아이들과 이야기를 나누고 싶다고 했더니 선생님은 기꺼이 허락을 해주었다. 당시 한국은 88 서울올림픽을 성공적으로 개최하여 전 세계적으로 국가의 위상이 널리 알려졌기 때문에 이곳 사람들도 우호적으로 나를 맞이하였다. 내가 영어로 말하면 낫심 형제가 우루두어로 통역을 했고

학교 선생님은 다시 우루두어에서 발티스탄 현지어로 전달하는 3중 설교가 약 반 시간가량 이루어졌다.

이곳에서 복음전도를 하면서 이상하게 산간 주민들에게 농아가 많은 것을 느꼈다. 무슨 사정이 있을 것 같다는 생각이 들어 그 이유를 물었다. 내가 도울 수 있는 것이 아무것도 없는데 괜히 확인한 것 같아 더욱 마음이 아팠다. 식수에 들어있는 유해 광물질이 원인이었다. 착하고 순한 어린이들의 눈망울을 보면서 가슴이 아팠지만 내가 할 수 있는 것은 이곳 영혼들을 위해 기도하는 것밖에 없었다. 옥토에 떨어진 씨앗과 같이 순박한 이곳 어린이들의 마음 밭에 떨어진 생명의 말씀이 역사하여 그 아이들이 구원받아 천국에서 만날 수 있었으면 좋겠다.

며칠 동안, 산간 마을 전도를 마치고 돌아오는 길에 나뭇가지 하나를 주워 인더스의 강변 백사장에 내려가 "Jesus Loves you!"라고 써놓았다. 강을 지나치는 사람들 가운데 영어를 알아 볼 수 있는 사람이 혹시라도 있다면 존귀하신 우리 구주 예수님의 이름이라도 읽어보라고 허리에 힘주고 모래 바닥

〈발티스탄의 인더스강〉

에 크고 깊게 새겼다. 묵묵히 흐르는 인더스의 흙탕물은 발티스탄의 대지를 적시어 때를 따라 오곡백과를 풍성하게 하듯이 예수님의 이름이 발티스탄 사람들의 마음속에 영원한 생명이 되기를 지금도 간절히 염원하고 있다. 이제는 '카라코람' 지역이 한국 사람들에게도 많이 알려졌다. 그 지역으로 산악 트레킹을 다녀온 사람들이 아름다운 풍광을 담은 사진들을 인터넷에 올려서 그 모습들을 볼 수 있게 되었다. 이 글을 쓰면서 언젠가는 다시 스카르두를 방문할 수 있기를 희망해 본다.

예수 그리스도는 마리아와 그의 남편 목수 요셉이 살고 있던 나사렛 작은 고을에서 유년시절과 청년기를 보내셨다. 요셉은 젊어서 죽었을 것이라고 학자들이 추측한다. 맏아들이셨던(눅 2:7) 예수님은 목수로 일하면서 모친 마리아를 봉양하며 가족의 생계를 돌보는 책임을 감당하셨다.

중국의 논어 〈위정편〉(爲政篇)에 보면 삼십이립(三十而立)이란 말이 나온다. 남자 나이 삼십이면 스스로 독립해서 마땅히 해야 할 일을 감당해야 한다는 뜻이다. 주님께서도 대략 서른이 되셨을 때 하나님 나라의 왕국복음을 선포하시기 위해서 나사렛을 떠나셨다.

예수님께서 3년간의 하나님 왕국의 복음을 선포하시며 열두제자를 가르치신 기간을 공생애(公生涯)라고 부른다. 예수님은 이 기간 중에 여러 차례 산을 오르셨다. 주님께서 오르신 산들을 따라 가면서 예수 그리스도께서 무엇을 위해서 산에 오르셨는지 이제 2천 년 전의 이스라엘로 여행을 떠나보자.

차 례

● 본문은 흠정역 성경을 사용하였습니다.

...1장

시험산의 예수 그리스도

(마 4장)

• 시험산 •

예수님은 광야에서 사십일 동안 금식을 하시고 성령께 이끌리시며(눅1:1-13; 막1:12-13) 시험을 받으셨다. 성경은 정확한 장소를 언급하지 않지만 전통적으로 구 여리고 뒤쪽에 위치한 산을 예수님의 첫째와 셋째 시험 장소라 추측하고 있다. 중턱에 수도원과 많은 기도 동굴이 있다.

| *1*장 |

시험산의 예수 그리스도

"마귀가 다시 그분을 데리고 심히 높은 산으로 올라가 세상의 모든 왕국들과 그것들의 영광을 그분께 보여 주며 그분께 이르되, 네가 만일 엎드려 내게 경배하면 내가 이 모든 것을 네게 주리라, 하매 이에 예수님께서 그에게 이르시되, 사탄아, 너는 여기서 물러가라. 기록된바, 너는 주 네 하나님께 경배하고 오직 그분만을 섬길지니라, 하였느니라, 하시더라." (마 4:8-10)

여리고는 구약의 이스라엘 백성들에게 매우 기념비적인 도시다. 왜냐하면 이스라엘 민족이 출애굽 이후 하나님께서 허락해 주신 젖과 꿀이 흐르는 약속의 땅을 정복하는 과정에서 첫 번째 전투가 벌어진 가나안 땅의 관문 도시였기 때문이다.

'시작이 좋으면 절반은 성공'이란 말처럼 여리고는 이스라엘 민족이 하나님의 말씀에 순종함으로 승리를 맛보게 된 역사의 현장이었기 때문에 더욱 각별한 장소다. '구원자'란 뜻의 이름인 여호수아가 예수님을 상징하듯 그는 모세의 뒤를 이어 이스라엘 백성을 약속의 땅으로 인도했다. 그를 따르던 이스라엘의 신세대는 광야를 지날 때 아주 나이가 어렸거나 아니면 광야 여정 40년 가운데 태어난 자들이었다. 신세대는 조상들이 경험한 야훼 하나님께서 베푸신 놀라운 이적들을 경험해 보지 못했다. 그러나 신세대들도 조상들 못지않은 경험을 한 것이 있었다. 그것은 바로 여리고를 목전에 두고 요단강을 도하하는 사건이었다.

신세대들은 하나님의 역사하심으로 요단강을 마른 땅같이 건너면서 주께서 행하시는 기적을 경험하였다. 그리고 연이어서 하나님의 역사하심으로 인하여 저들은 철옹성의 고대 도시 여리고를 함락하여 첫 번째 전쟁의 승리를 이루는 쾌거를 이루어 냈다. 여리고성 정복사건은 이스라엘 민족사에 길이 기억될 대단한 사건인 것이다.

이스라엘 민족의 요단 도하 사건과 여리고 전투까지 이어지는 거침없는 승리는 가나안 부족들을 두려움에 떨게 했다. 결국 하나님은 온 천하에 유일하신 신이며 살아계신 이스라엘의 하나님이라는 소문이 팔레스타인 구석구석까지 두루 퍼져 나갔다(수 2:9-11; 5:1).

여리고는 승리의 기쁨과 영광의 장소이기도 하지만, 남 유다 왕국의 백성들에게는 뼈아픈 장소이기도 하다. 왜냐하면 유다의 마지막 왕 시드기야는 바빌론의 침공 때 신하들과 광야로 도망가다가 붙들렸고, 적들의 손에 의해 그의 아들들과 신하들이 목 베이는 참담한 장면을 목격해야만 했다. 뿐만 아니라 시드기야왕의 두 눈은 뽑혔고 족쇄로 결박당한 채로 바빌론으로 끌려가게 된 장소가 바로 여리고였다(왕하 25:5-7). 눈물의 대언자(선지자) 예레미야가 당시의 상황을 기록하면서 얼마나 많은 눈물을 흘렸을지 짐작할 수 있다(렘 39:6-7). 뿐만 아니라 여리고는 예수님의 중요한 가르침과 여러 사건들이 발생한 지역이었다.

누가복음 10장의 강도 만난 사람을 치료해 준 선한 사마리아인의 사건을 비롯해서 소경이자 거지였던 바디매오와 세리장 삭개오가 예수님을 구주로 만난 곳도 여리고였다. 아울러 여리고는 해수면보다 무려 396미터나 낮은 곳에 위치하고 있어 전 세계에서 가장 저지대에 자리한 도시이다. 여리고는 건설 시기로 볼 때 세계에서 가장 오래된 도시로 기네스북에 등재되었다.

여리고(히브리어 발음은 '예리호')라는 이름의 뜻은 히브리어의 발음상 두 가지로 살펴볼 수 있다. 먼저 '야래아흐'라는 이름으로 그 의미는 '달의 여신'을 뜻한다. 어원학적인 의미에서 여리고는 우상을 섬기는 이방도시였음을 알 수 있다. 또 다른 히브리어는 '루아흐'(רוח, ruah, 바람)라는 이름을 지니고 있는데 그 뜻은 '향기'를 뜻한다. 요단 계곡의 서편 황량한 사막 한 가운데 위치하고 있지만 비옥한 환경을 이루고 있어서 '그린벨트'와 같은 역할을 한다. 여리고는 기름지고 비옥한 토양으로 오렌지, 바나나, 대추야자 같은 열대과일이 풍성했다. 여름철은 메마르고 무덥지만 겨울과 봄에는 만발한 수많은 꽃들이 향기를 발하는 이름에 걸맞는 도시다.

역사가 요세푸스에 의하면 여리고는 아주 비싼 발삼향을 대량으로 생산한 지역으로 로마정부는 여리고에서 생산되는 양질의 값비싼 발삼업자들에게 세금을 부과하였다. 당시 신약시대의 이스라엘 전역에는 세 곳의 주된 세관이 있었는데 가버나움과 가이사랴 그리고 여리고에 있었다. 세금 관원이었던 삭개오가 여기에 살면서 세금을 거둔 것은 이런 배경에 연유한다.

옛적부터 천혜 자원의 축복을 누려오던 여리고의 명성은 오늘날까지도 그 명맥이 유지되어 요단강의 풍부한 수원을 바탕으로 지금도 풍부한 농산물을 생산하고 있다. 성경의 무오성(inerrancy)을 확신하던 고고학자들이 '여리고 전투'(수 6:16)를 입증하기 위해 1868년 첫 발굴을 시작하였다. 수천 년 동안 흙으로 뒤덮여 평범한 언덕에 불과했던 고도(古都) 여리고의 실체가 고고학자들의 노력 끝에 드디어 그 실체를 드러내게 되었다. 여리고의 옛 성터와 고고학 자료들의 발견으로 인해 성경에 기록된 여리고 전투는 실제로 존재한 역사적인 사건이었음이 입증되었다.

고고학자들이 여리고 지역을 발굴할 때 무너진 성벽의 잔해 아래 다량의 항아리에 들어 있는 불탄 곡식이 발견되었다. 항아리 안의 불탄 곡식이 발견됨으로 인해서 여리고 사건은 짧은 시간에 전투가 벌어졌었다는 것이 실제로 입증된 것이다. 왜냐면 고대 전투에서는 승자는 패자의 식량을 제일 먼저 탈취했기 때문이다.

이스라엘이 요단강을 건널 시기는 보리나 밀(또는 모맥)을 추수할 때였는데 여리고는 수확을 막 끝마치고 식량 창고에 가득히 양식을 저장해 둔 상태에서 이스라엘과의 전투에서 패한 것이다. 여리고 전투는 그 기간을 정확히 알 수 없지만 일주일을 넘기지 않는 단기간의 전투였을 것이다. 여호수아 6장 24절의 기록을 보자.

"그들이 도시와 그 안에 있던 모든 것을 불로 태웠으나 은과 금 그리고 놋과 쇠 기구들은 주의 집의 보고에 두었더라."

불에 탄 곡식이 발견된 이유를 위의 성경 기록으로 확인할 수 있다. 그렇다면 이스라엘이 곡식을 탈취해가지 않고 불에 태워버린 이유는 무엇이었을까? 하나님의 명령 때문이었다.

"도시와 그 안에 있는 모든 물건은 주께 저주를 받을 터이나 오직 창녀 라합과 그녀와 함께 집에 있는 자는 다 살리니 우리가 보낸 사자들을 그녀가 숨겼느니라. 너희는 반드시 저주받은 물건으로부터 너희 자신을 멀리하라. 너희가 저주받은 물건 중에서 취하여 너희 자신을 저주받게 하며 또 이스라엘 진영을 저주거리로 만들고 괴롭게 할까 염려하노라." (수 6:17-18)

가나안 사람들은 우상을 숭배하였으며 살아있는 어린아이들을 불에 태워 그들의 신에게 바치는 사악한 종교의식을 행하였기 때문에 하나님은 첫 번째 전투에서 얻은 모든 것들을 불로 태우라고 명령하신 것이었다.

영적인 의미로 볼 때 첫 번째 전투에서 얻은 전리품은 하나님께 드리고자 하는 의미로 24절에서 하나님께서 명하신 것처럼 도시와 그 안에 있던 모든 것을 불로 태운 것이다.

"그들이 도시와 그 안에 있던 모든 것을 불로 태웠으나 은과 금 그리고 놋과 쇠 기구들은 주의 집의 보고에 두었더라."

그리고 여리고 전투는 여호수아의 예언적 선포로 그 막을 내린다.

"그때에 여호수아가 그들에게 엄히 명하여 이르되, 일어나 이 도시 여리고를 건축하는 자는 주 앞에서 저주를 받으리라. 그가 그것의 기초를 놓을 때에 자기의 맏아들을 잃고 그것의 문들을 세울 때에 자기의 막내아들을 잃으리라, 하였더라. 이같이 주께서 여호수아와 함께하시니 그의 명성이 온 지역에 두루 퍼지니라."

(25-26절)

여호수아는 하나님께서 저들에게 허락하신 승리를 영원히 남기기를 원했다. 누구든지 여리고 성을 재건하면 저주가 임하게 될 것을 경고하였다. 그의 예언은 얼마큼 위력이 있는 것인가? 본 구절에서 선포된 여호수아의 예언은 주전 870년경 이스라엘의 아합왕 때에 이루어졌다.

"그의 시대에 벧엘 사람 히엘이 여리고를 건축하더니 주께서 눈의 아들 여호수아를 통하여 하신 말씀에 따라 그가 그것의 기초를 놓을 때에 자기의 맏아들 아비람을 잃고 그것의 문들을 세울 때에 자기의 막내아들 스굽을 잃었더라."

(왕상 16:34)

여호수아가 하나님의 성령의 영감을 받아 예언을 언급한지 상당한 세월이 흘렀다. 여호수아의 예언적 선포를 까마득히 잊어버리고 여리고 성문을 재건하려던 벧엘 사람 히엘의 집에 예언의 저주가 임했다. 여리고 성읍을 재건하려고 성터를 쌓다가 그의 맏아들 아비람이 죽었고 그리고 여리고의 성문을 세울 때에는 막내아들 스굽을 잃었다. 만일 히엘이 맏아들을 잃었을 때에 하나님으로부터 말미암은 예언을 생각하고 깨달았다면 즉시 공사를 멈추었어야 했다. 그러나 그는 공사를 지속했고 둘째 아들마저 잃어버리고 말았다. 그의 집안에 이미 장자를 잃은 것으로 족하지 않았던가?

하나님의 말씀을 경홀히 여기고 주의 깊게 받아들이지 않은 불신의 대가가 무엇인지 보여주는 사건이다. 이 사건이 주는 또 다른 교훈은 무엇인가? 하나님의 예언의 말씀은 때가 되면 틀림없이 성취된다는 것이다.

현재의 여리고는 예루살렘에서 요르단의 수도 암만에 이르는 도로변에 있다. 여리고는 요단강 서안 지역의 팔레스타인 자치구로 정해졌고 아랍인이 약 2만 명가량 살고 있는데 유대인은 자유롭게 들어갈 수 없어 방문하려면 통행증을 발급받아야 한다.

여리고산에는 산세가 험한 세 개의 큰 봉우리가 있는데 가장 높은 가운데 꼭대기에서 예수님께서 시험을 받았다는 전승이 있다. 지금도 이스라엘 사람들은 그 산을 '시험산'(Mount of Temptation)이라고 부른다.

12세기의 십자군은 이 산을 '콰란타나산'(Mount of Qarantana)이라고 불렀는데 그 의미는 '사십의 산'이란 뜻으로 예수님께서 40일간 금식하셨던 기간을 기념해서 붙인 이름이다. 오늘날 그곳에는 케이블카를 설치하여 많은 관광객으로 붐비고 있다. 이제 예수께서 오르셨던 '시험산'으로 가보기로 하자.

광야의 예수

예수님은 유년기를 보내신 나사렛을 떠나 남쪽 유대 지역으로 내려가셔서 공생애를 시작하였다. 그리고 유대 베레아 부근의 요단강에서 침(세)례를 받으심으로써 사역을 시작하셨다. 마태는 당시의 상황을 다른 복음서보다 상세히 기록해 두었다. '거짓의 아비' 사탄은 에덴 동산에서 하와를 유혹하던 유사한 수법으로 예수님을 시험하였다. 예수님께서 사탄에게 받으셨던 세 가지 시험에 대하여 생각해보자.

구약 이스라엘 역사 가운데 광야가 배출한 탁월한 인물을 꼽으라면 단연 모세와 다윗이다. 모세는 미디안 광야에서 40년을, 다윗은 유대 광야에서 10년을 보내면서 고난 가운데 하나님을 묵상하며 훈련을 받았다. 다윗이 뛰어난 영성을 지닌 이스라엘 백성들이 진정으로 존경하는 왕으로 세워질 수 있었던 이유는 무엇인가? 나아가 하나님의 마음에 합한 자로 우뚝 서게 된 배후에는 그가 '광야학교'에서 배우고 터득한 가르침이 있었기 때문이다. 다윗이 보낸 광야에서의 혹독한 고난과 위험들 그리고 조용한 시간(serenity)들은 하나님께 기도드리며 주님과의 교제의 시간을 보내기에는 최고의 장소였기 때문이다. 다윗이 골리앗을 물리칠 수 있었음은 그가 이스라엘을 대표하는 용사로서 '무대' 앞에 섰을 때가 아니었다. 그는 이미 광야에서 아버지의 양 떼를 책임지고 돌보는 목동으로 단련되어지고 있을 때 승부는 이미 가늠이 나있었던 것이다.

신약 시대의 성경 인물들 가운데 광야가 배출한 사람을 굳이 선별한다면 바울을 손꼽을 수 있을 것이다. 바울은 다메섹 도상에서 부활하신 예수 그리스도를 만난 이후 회심하였고 그는 하나님의 주권적인 섭리와 계획 가운데 이방인의 사도로 택하여졌다. 그는 구원받은 이후 아라비아 사막에서 3년간 기도하는 시간을 보내면서 하나님께로부터 부름 받은 사도직분을 준비했기 때문이다(갈 1:17).

광야는 헬라어로 '에레몬'(*ερημον*)이라고 하며, 히브리어로 광야를 뜻하는 단어는 모두 7개가 있는데 대표적인 것이 '미드바르'(מדבר, midvar)라고 한다. 그런데 유대인들의 개념 속에는 '미드바르'라는 단어와 유사한 발음으로 사용되는 단어가 있다. 하나님의 말씀을 뜻하는 '다바르'(דָּבָר, davar)라고 하는 단어와 거룩하신 하나님의 임재가 있는 지성소를 뜻하는 '드비르'(דבר, devir)라는 단어이다. 우연의 일치라고 볼 수는 없다. 왜냐하면 이 세 단어들은 모두 같은 어원에서 파생한 단어들이기 때문이다. 그만큼 광야는 하나님을 생각하게 하며, 기도를 통하여 하나님을 만날 수 있는 장소이기 때문에 영적인 의미로 '젖과 꿀이 흐르는' 땅이 되는 곳이다.

광야의 삶, 그 자체가 어떤 사람을 위대하게 만드는 것은 아니다. 광야에서의 훈련과 고난, 그리고 하나님을 묵상하고 기도하는 시간을 보낼 때 하나님께서 쓰시는 사람으로 훈련되기 때문이다. 광야는 높은 험한 산과 유사한 점이 있다. 초목과 물과 먹을 것이 부족하다는 것, 그리고 인적이 없어 적막한 곳이기 때문에 하나님을 만나고 교제하며 전능자의 음성에 귀 기울이기에는 최적의 장소다. 하나님께 귀 기울이며 기도할 때 사람은 하나님을 닮게 되어 있다. 모세가 시내산에서 40일을 주님과 교제하고 대화를 나누고 산 아래로 내려왔을 때 그의 얼굴에서 광채가 났다. 그래서 백성들은 모세를 직면하지 못하고 두려워 떨었던 것이다. 이런 맥락에서 볼 때 우리 주님은 어떠신가? 마태는 예수 그리스도께서 공생애를 시작하실 무렵 광야로 향하신 과정을 다음과 같이 기록하였다.

"그때에 예수님께서 성령의 인도를 받아 마귀에게 시험을 받으러 광야로 들어가사." (마 4:1)

마태는 사탄에게 시험을 받으러 광야로 들어가심을 강조했다. 반면에 누가는 다소 다른 각도에서 그 모습을 기록하였다.

"예수님께서 성령님으로 충만하여 요르단에서 돌아오시고 성령에게 인도를 받아 광야로 들어가사 사십 일을 마귀에게 시험을 받으시더라." (눅 4:1-2)

예수님께서 광야로 나아가심에 대한 마태와 누가의 묘사는 다소 차이가 있지만 사탄에게 시험받으신 사실은 동일하게 기록하고 있다. 예수님께서 광야로 나가셔서 사탄에게 시험 받으신 중요한 목적은 시험 받으시는 것 자체보다는 장차 제자를 선택하심과 이 땅 위에서의 하나님 나라의 복음을 전하심과 십자가에서의 죽으심에 대해 기도로 준비하기 위함이었다. 예수님은 장차 오르실 산 위에서의 사역을 위하여 처음 맞이한 유다 광야의 여리고 시험산에서 기도로 준비하신 것이다.

첫 번째 '광야 시험'(마 4:1–4) / **"이 돌들이 빵이 되게 하라!"**

"그때에 예수님께서 성령의 인도를 받아 마귀에게 시험을 받으러 광야로 들어가사 사십 일을 밤낮으로 금식하시고 그 뒤에 주리시니라. 그 시험하는 자가 그분께 나아와 이르되, 네가 만일 하나님의 아들이거든 명령하여 이 돌들이 빵이 되게 하라, 하거늘 그분께서 응답하여 이르시되, 기록된바, 사람이 빵으로만 살 것이 아니요, 하나님의 입에서 나오는 모든 말씀으로 살 것이라, 하였느니라, 하시더라."

예수님은 50%의 하나님, 50%의 사람으로 이 세상에 오신 분이 아니다. 예수 그리스도는 100% 완전한 하나님이시자 동시에 100% 완전한 사람(God-man)이시다.

만일 예수님이 하나님도 아니며 사람도 아니라면, 그리스도는 하나님도 아니고 사람도 아닌 '이상한 존재'로 전락되고 말았을 것이다. 만일 예수 그리스도가 100% 하나님도 아니고 100% 사람도 아닌 분으로 오셨다면 그리스도는 이 세상을 구원할 구세주가 될 수 없는 분이다. 그러나 예수 그리스도는 완전한 하나님이시자 동시에 완전한 사람으로 하나님과 사람 사이에 죄가 없으신 거룩하신 하나님의 아들로서 세상을 위한 중보자가 되시는 분이시다. 사탄은 예수님께서 '로고스'(Logos)로 계셨던, 즉 천지만물이 형성되기 이전에 처음부터 말씀으로 존재해 오셨던 분임을 알고 있었다.

또한 사탄은 그리스도께서 육신을 입고 이 세상에 오셨기에 육신 가운데 거하시는 동안에는 사람들과 동일하게 제한을 받고 있음도 알고 그리스도를 시험하였다. 마가복음 1장의 말씀을 보면 사탄은 예수 그리스도께서 하나님이신 줄을 알고 있다고 말하고 있다.

*"그들의 회당에 부정한 영이 들린 사람이 있었는데 그가 소리를 지르며 이르되, 나사렛 예수님이여, 우리를 홀로 두소서. 우리가 당신과 무슨 상관이 있나이까? 우리를 멸하러 오셨나이까? **나는 당신이 누구신줄 아노니 하나님의 거룩하신 이시니이다.** 하매 예수님께서 그를 꾸짖어 이르시되, 잠잠하고 그에게서 나오라, 하시니 그 부정한 영이 그 사람을 쥐어뜯고 큰 소리를 지르며 그에게서 나오므로."*

(막 1:23-26)

〈시험산에서 볼 수 있는 돌들〉

예수님은 40일간 금식 기도를 하시는 동안에 자신이 소유한 신성(神性)을 사용하여 배고픔을 잊으시거나 고통을 줄이지 않으셨다. 사탄은 이때를 기회로 삼고 예수님께서 육신적으로 굶주려 연약해진 순간을 틈타 그리스도를 시험한 것이다. 사탄의 시험의 목적은 한 가지다. 예수님께서 죄인을 구원하러 이 세상에 오신 십자가의 대속(代贖)을 모든 수단을 동원하여 막으려 한 것이다. 그래서 사탄의 시험은 전략적이다.

"네가 만일 하나님의 아들이거든 명령하여 이 돌들이 빵이 되게 하라."

사탄이 언급한 "이 돌들이"라는 말은 당시 여리고산의 구릉 지대 사방에 놓여있던 돌들을 보여주면서 예수님을 유혹한 것이다. 당시 사탄이 예수님을 유혹하고자 예수님의 시선을 집중하게 했던 묵직한 돌들은 위의 사진에서 보는 바와 같이 2천 년의 세월이 흐른 지금도 시험산 부근에 널려 있다. 우리가 알아야 할 것은 하나님은 사람이 빵으로 사는 것 자체를 부정하시지 않았다. 기독교 또한 빵의 필요를 부정하지 않는다. 그러나 문제는 빵으로만 살려고 하는 것이다. 만일 빵이 최고의 자리와 최우선의 자리를 차지하게 되면 우리의 마음 가운데는 하나님이 계실 자리가 사라지게 되는 것이다. 육신을 위한 빵보다는 생명의 양식인 하나님의 말씀을 우선하며 순종하는 삶을 강조하신 것이다. 그러나 오늘날 많은 사람들은 하나님의 말씀보다 돈을 좇아서 살아가고 있다. 개인뿐 아니라 오늘날의 사회와 민족과 국가는 결국 물질에 우선순위를 두고 살아가고 있다. 결국 돈이 신이고, 사람은 그것의 종이 되어가고 있는 것이다.

사탄은 예수님으로 하여금 자신의 신성을 이용하여 돌로 떡덩이가 되게 하여 육신의 굶주림 문제를 해결하라고 제안함으로써 예수님을 자신에게 복종시키고자 했다. 그러나 예수님은 기록된 하나님의 말씀을 이용해서 사탄을 책망하셨고 그를 물리치셨다. 우리 죄의 문제를 해결하기 위해서 예수님은 우리와 동일한 성정(性情)을 지닌 사람으로 오셔야 하되 죄는 없으셔야 했다(히 4:15).

"우리에게 계신 대제사장은 우리의 연약함의 감정을 몸소 느끼지 못하시는 분이 아니요 모든 점에서 우리와 똑같이 시험을 받으시되 죄는 없으신 분이시니라."

로마서 6장 23절은 죄의 삯은 사망이라고 말한다. 예수님은 우리와 동일한 인성을 지닌 분이시지만 죄는 없으시다. 죄가 없는 거룩하신 예수님은 우리 대신 죄 값을 담당하시기 위해서 십자가에서 죽으신 것이다.

예수님께서 광야에서 40일간 기도하실 때 주님은 원하기만 하셨다면 배고픔과 추위는 아무 문제없이 해결할 수 있는 전능하신 하나님이셨다. 예수님은 영적으로 기갈 중에 있는 인생들을 구원하시려고 떡집을 뜻하는 '베들레헴'에서 태어나셨다.

예수님은 요한복음 6장 35절에서 *"내가 곧 생명의 빵이니 내게 오는 자는 결코 주리지 아니할 것이요, 나를 믿는 자는 결코 목마르지 아니하리라"* 고 말씀하셨지만 정작 그리스도는 우리를 위하여 자신을 굶주림에 내어 주셨다.

예수님께서 자신의 신성을 이용하여 길가의 흔한 돌덩이들을 빵으로 만드셨다면 예수님은 일약 당대 최고의 영웅으로 인기와 부를 누리셨을 것이다. 과연 우리는 어떠한가? 돌이 빵이 되기를 바라는 육신적인 정욕에 이끌린 적은 없었는지 우리 자신을 돌아볼 필요가 있다. 예수 그리스도는 개인적인 명예나 영광, 자신의 정욕을 위해 이 땅에 오시지 않았다. 예수님은 하나님의 뜻에 따라 죄인들을 구원하시려고 이 세상에 오셨다.

몇 가지 예를 들어보자.

요한복음에 예수님께서 행하신 일곱 가지 기적사건은 예수님께서 하나님의 아들이심을 입증한다. 이 기적 중에 첫 번째 기적은 요한복음 2장에 기록된 물로 포도즙을 만든 사건이다. 요한복음 6장에서는 예수님께서 오병이어의 기적을 행하심으로 주님 곁에 모여든 무리들의 굶주린 배를 채워주셨다.

예수님께서 광야에서 40일간 금식하는 동안 사탄에게 받으신 시험의 의미는 무엇인가? 육신을 입고 오신 인자(人子)이신 예수님께서 사탄의 시험을 물리치고 승리하심은 우리 인생들과 같은 성정을 지니셨지만 사람은 빵으로만 살 것이 아니라 오직 하나님의 입에서 나오는 모든 말씀으로 살아가야 할 필요성을 보여주신 것이다.

두 번째 '성전 시험'(마 4:5-7) / **"뛰어 내리라!"**

"이에 마귀가 그분을 데리고 거룩한 도시로 올라가 성전 꼭대기에 그분을 세우고 그분께 이르되, 네가 만일 하나님의 아들이거든 뛰어내리라. 기록된바, 그분께서 자신의 천사들에게 너에 관한 책무를 주시리니 그들이 자기 손으로 너를 받들어 언제라도 네 발이 돌에 부딪히지 아니하게 하리로다, 하였느니라. 하매 예수님께서 그에게 이르시되, 또 기록된바, 너는 주 네 하나님을 시험하지 말라, 하였느니라, 하시더라."

사탄은 자신의 첫 번째 계략이 수포로 돌아가자 또 다른 방법으로 주님을 시험했다. 육신의 굶주림을 통해 예수님을 유혹했던 전략이 무용지물이 되자 이젠 예수님에게 이생의 자랑을 통한 시험카드를 꺼내 들었다.

사탄은 예수님을 성전의 가장 높은 곳으로 데리고 갔다. 예루살렘은 해발 760미터 높이에 세워진 성읍이다. 사탄이 예수님을 인도한 곳은 예루살렘에서도 우뚝 선 성전 꼭대기였다. 당시 유대인들은 장차 이스라엘에 오실 메시아는 성전에 나타날 것이라고 믿고 있었다. 사탄은 이 점을 알고 있었기에 예수님에게 뛰어 내려서 몸이 상하지 않게 된다면 하나님의 아들로 입증 받을 수 있으며, 메시아로 군중들로부터 환호를 받을 수 있다는 것을 미끼로 예수님을 시험한 것이다.

광야 시험은 예수님에게 육신의 굶주림과 연관된 물질시험이었다. 그러나 성전 꼭대기의 시험은 이생의 명예에 관련된 시험이었다. 예수님 자신의 개인적 명성을 빛낼 수 있는 기회가 되도록 사탄은 치밀하게 유혹했다.

성경에 예수님께서 기적과 표적을 행하실 때는 모두 하나님의 영광과 사람들의 유익을 위해서였다. 사람을 감동시키고 인기와 명예를 위하여 기적을 행하셨다는 기록은 신약성경 어디에서도 찾아볼 수 없다. 예수 그리스도는 단 한 번도 자신의 이기적인 목적을 위하여 신성을 사용하지 않으셨다.

마태복음 8장에는 예수님께서 나병(한센병) 환자를 치료하신 사건이 기록되었다. 오늘날은 의학이 발달하여 한센병을 완치할 수 있다. 그러나 지금부터 2천 년 전인 당시에는 한센병을 사람의 힘으로 치유할 수 없는 병으로 여겼다. 예수님께서는 한센병 환자를 고치심으로써 이스라엘 관원들과 유대인들에게 하나님의 아들 됨과 메시아로 인정받을 수도 있었다. 그러나 예수님은 오히려 불치병 환자들을 치료하신 후에 자신의 신분을 공개적으로 알리지 않으셨다. 십자가의 시간이 아직 이르지 않았기 때문이다.

> *"예수님께서 그에게 이르시되, 삼가 너는 아무에게도 말하지 말고 네 길로 가서 제사장에게 네 몸을 보이고 또 모세가 명령한 예물을 드려 그들에게 증거로 삼으라, 하시니라."* (마 8:4 [참고]).

마태복음 27장 41–43절을 읽고 묵상해 보자. 예수님께서 십자가에 달려 고통 중에 계실 때 한쪽 편의 강도는 어떤 제안을 하였는가?

> *"이르되, 성전을 헐고 사흘 만에 짓는 자여, 네 자신이나 구원하라. 네가 만일 하나님의 아들이거든 십자가에서 내려오라, 하고."* (40절)

40일을 금식하신 예수님은 생명의 위험에 처한 상황에서도 사탄의 유혹을 물리치시고 하나님의 말씀으로 승리하셨듯이 십자가에 달려 극한 고통 중에 계실 때에 십자가에서 내려와 자신을 구원하라는 유혹에도 동일하게 승리하실 수 있으셨다.

예수님께서 시험에서 승리하셨기 때문에 우리가 시험 당할 때에 우리를 이해하실 것이 분명하다. 뿐만 아니라 어떤 시험에서도 능히 우리를 건져 내실 수가 있으신 분임을 믿어야 한다. 이에 대하여 히브리서 2장 18절은 다음과 같이 말씀한다. *"그분께서 친히 시험을 받아 고난을 당하셨은즉 시험 받는 자들을 능히 구조하실 수 있느니라."*

두 번째 시험의 대화 내용으로 다시 돌아가 조금 더 논의해 보기로 하자. 성전 꼭대기에서 뛰어내리라고 한 사탄의 유혹에 예수님은 이렇게 단호하게 대답하셨다. *"기록된바, 너는 주 네 하나님을 시험하지 말라, 하였느니라, 하시더라."*

하나님을 시험한다는 의미는 무엇인가? 그것은 하나님의 말씀을 부인하는 것이다. 사람이 감히 전지전능하신 창조주 하나님을 시험할 수 있는가? 분명하게도 사람들은 오늘날에도 여전히 하나님을 시험하고 있다! 시편 78편 56절에서는 이렇게 말씀하고 있다. *"그러나 그들이 지극히 높으신 하나님을 시험하고 격노하게 하며 그분의 증언들을 지키지 아니하고."*

하나님을 시험하는 것은 무엇과 같은 것인가? 하나님의 권위에 도전하는 교만이며 죄악 된 행위이다. 하나님 아들이신 예수 그리스도께서 사탄의 제안에 따라 성전에서 뛰어 내렸다면 예수님은 하나님과 전혀 관계없는 자신의 명성만을 구한 결과를 초래했을 것이다.

하나님의 일을 하다보면 사람들의 갈채와 인정을 받으려는 유혹이 얼마나 많이 있는가? 또한 명예와 명성을 얻으려고 우리는 높은 곳에서 뛰어 내리려는 유혹을 받지는 않는가? 그럴 때마다 우리는 하나님의 영광을 위하며 주님의 뜻에 합당한 섬김이었는지 아니면 자신의 명성을 사람들에게 나타내려고 했는지 우리의 동기를 늘 살피고 또 살펴보아야 할 것이다.

세 번째 '높은 산 시험'(마 4:8–11) / **"천하만국을 취하라!"**

사탄은 이제 궁지에 몰렸음을 직감했을 것이다. 두 번째 내민 카드도 소용없었고 자신이 패배했으니 말이다! 사탄은 이제 마지막 시도로 예수님을 높은 산으로 인도하였다. 사탄이 예수님을 시험한 것은 무엇이었는가?

> *"마귀가 다시 그분을 데리고 심히 높은 산으로 올라가 세상의 모든 왕국들과 그것들의 영광을 그분께 보여 주며 그분께 이르되, 네가 만일 엎드려 내게 경배하면 내가 이 모든 것을 네게 주리라, 하매."* (8-9절)

마귀는 예수님께 자신의 요구를 들어주면 세상의 모든 것을 주겠다고 말했다. 온 세상은 본래가 예수님께서 창조하셨고(골 1:15-17) 온 세상의 주인이신데 사탄은 마치 자신이 주인인 것처럼 행세했다.

오늘날도 마귀는 동일한 수법으로 사람들에게 자신을 경배하면 사람들이 원하는 것을 주겠다고 유혹하고 있다. 소위 말하는 영매나(靈媒)나 신접(神接)을 통해서다. 예를 들면 음악이나 미술 계통에서 직업적으로 일하는 사람들이 자신들의 작품을 통해서 대중의 인기와 부귀를 얻으려고 무속인들을 통해 악한 영으로부터 영감을 얻어서 작품을 만들고 있다. 심지어 TV드라마 극작가들 중에는 대본을 쓸 때 흥행을 위해 무속인을 찾는다고 한다.

모세와 아론은 이스라엘 백성들을 이집트의 노예생활에서 구출하려고 하나님의 명령에 따라 파라오를 찾아가서 백성들을 보내줄 것을 요청하였다. 그때 파라오는 기적을 보이라 하였고 아론이 그의 지팡이를 파라오 앞에 던졌을 때 뱀이 되었다. 그런데 그 모습을 보았던 파라오 또한 자신의 마법사들을 불러 기적을 행하라고 명했을 때 파라오의 마술사들도 마술을 행하여 막대기를 던졌을 때 뱀이 되었다. 이집트의 마법사들도 실제로 막대기로 뱀을 만드는 힘이 있었다. 그러나 마법사들의 능력은 사람에게서 나온 것이 아니라 악한 영들의 힘을 의지해서 나타낸 기적이었다(출 7:8-12).

"주께서 모세와 아론에게 말씀하여 이르시되, 파라오가 너희에게 말하여 이르기를, 너희를 위해 기적을 보이라, 하거든 너는 아론에게 이르되, 네 막대기를 가져다가 파라오 앞에 던지라, 하라. 그것이 뱀이 되리라, 하시니라. 모세와 아론이 파라오에게 들어가 주께서 명령하신 대로 행하여 아론이 파라오와 그의 신하들 앞에서 자기의 막대기를 던지니 그것이 뱀이 되니라. 이에 파라오도 지혜자들과 마법사들을 부르매 이제 이집트의 마술사들도 자기들의 마술로 비슷하게 행하였으니 그들이 각각 자기 막대기를 던지매 그것들이 뱀이 되었더라. 그러나 아론의 막대기가 그들의 막대기들을 삼키니라."

사탄과 악한 영들은 사람보다 능력이 있는 존재임에는 틀림없다. 그러나 그들은 하나님에 의해 지음 받은 타락한 천사들이다. 단지 그들은 하나님의 주권적인 뜻과 통치 아래서만 활동하도록 허용됐다. 사탄과 마귀들은 최종적으로 재림하실 그리스도에 의해 붙들려 불 호수(불못)에 던져질 것이다.

그러므로 악한 영들이 행하는 이적과 기사는 사람들에게 유익을 주는 것 같아 보이지만 결국은 그들의 목적은 그를 찾고 의지하는 사람들을 모두 멸망의 길로 이끌기 위한 유혹의 덫임을 알아야 한다. 그래서 바울 사도는 사탄에 대하여 고린도후서 11장 14절에서 말하기를 *"그것은 결코 놀랄 일이 아니니 사탄도 자기를 빛의 천사로 가장하느니라"*고 한 것이다.

예수님은 첫 번째 시험을 받으실 때도 그러하셨듯이 추호의 여지없이 기록된 하나님의 말씀으로 사탄을 책망하고 물리치셨다.

"이에 예수님께서 그에게 이르시되, 사탄아, 너는 여기서 물러가라. 기록된바, 너는 주 네 하나님께 경배하고 오직 그분만을 섬길지니라, 하였느니라, 하시더라." *(마 4:10-11)*

정리해 보면 사탄의 세 가지 시험은 다음과 같은 목적이 있었다.

- 광야 시험에서는 하나님의 말씀보다 '빵'(물질)을 첫째 자리에 두도록 유혹하였고,
- 성전 시험에서는 하나님의 영광보다 자신의 '명예'를 추구하도록 유혹하였으며,
- 높은 산 시험은 하나님을 예배하는 것보다 '권력'을 탐내도록 유혹했다.

예수님은 서기관과 바리새인들의 허물에 대하여 다음과 같이 지적하셨다.

"그때에 예수님께서 무리와 자기 제자들에게 말씀하여 이르시되, 서기관들과 바리새인들이 모세의 자리에 앉아 있으니 그러므로 무엇이든지 그들이 너희에게 지키라고 명하는 것은 너희가 다 지키고 행하되 그들의 행위대로 하지는 말라. 그들은 말만 하고 행하지는 아니하며 또 무겁고 지기에 힘든 짐들을 묶어 사람들의 어깨에 지우되 자기들은 손가락 하나로도 그 짐들을 옮기려 하지 아니하느니라. 도리어 그들은 사람들에게 보이기 위해 자기들의 모든 행위를 하나니 곧 그들은 성구함의 폭을 넓게 하며 자기들의 옷단을 큼직하게 하고 잔치의 맨 윗자리와 회당의 으뜸가는 자리와 시장에서 인사 받는 것과 사람들로부터, 랍비여, 랍비여, 하고 불리는 것을 좋아하느니라. 그러나 너희는 랍비라 불리지 말라. 너희 선생은 한 분 곧 그리스도이니라. 너희는 다 형제니라." (마 23:1-8)

예수님은 당시의 종교지도자인 대제사장과 바리새인과 서기관들이 율법 준수라는 허울 좋은 외식을 통해 사람들로부터 존경을 받고 명성과 칭찬을 듣기 원했던 것과는 근본적으로 다른 삶을 사셨다.

마가복음 6장을 보면 예수님께서 오병이어의 기적을 통해서 만 명 이상의 군중을 굶주림에서 해결해 주셨다. 그때 군중들은 예수님을 억지로 데려다가 자기들의 왕으로 삼으려 하였다. 그들 중에는 당시의 열심당원 또는 혁명당원들이 있었는데 그들은 무력과 반란을 통해 로마제국을 몰아내고 이스라엘 왕국을 세우고자 노력했던 사람들이다. 예수님은 저들의 동기와 목적을 아시고 무리를 떠나 홀로 산으로 가셔서 기도하셨다.

"그때에 그 사람들이 예수님께서 행하신 그 기적을 보고 이르되, 이분은 진실로 세상에 오실 그 대언자시로다, 하더라. 그러므로 그들이 와서 자기를 억지로 데려다가 왕으로 삼으려는 것을 예수님께서 아시고 다시 혼자 산으로 떠나가시니라." (요 6:14-15)

하나님 나라는 무력과 폭력 그리고 투쟁이나 혁명으로 세워지는 것이 아니라 사랑과 화평을 통해 세워지는 나라다! 우리의 동기가 불순하면 예수 그리스도의 임재는 우리 곁을 떠나가실 것이다. 주님께서 나와 함께 계시며, 나의 필요를 모두 아시고 공급하시는 주님의 은혜는 값으로 계산할 수 없는 축복들이다.

예수님께서 마귀의 시험을 다 물리치고 승리하신 비결은 무엇인가? 세 번 모두 하나님의 말씀을 통해서다! 반면에 아담과 하와는 어떠했는가? 그들은 기쁨의 동산인 에덴에서 사탄의 시험에서 패배당하였다. 패배한 원인은 무엇인가? 하나님의 입에서 나온 말씀을 사용하지 않았을 뿐만 아니라 하나님의 말씀을 왜곡시켰다. 하나님은 아담에게 다음과 같이 말씀하셨다.

"주 하나님께서 남자에게 명령하여 이르시되, 동산의 모든 나무에서 나는 것은 네가 마음대로 먹어도 되나 선악을 알게 하는 나무에서 나는 것은 먹지 말라. 그 나무에서 나는 것을 먹는 날에 네가 반드시 죽으리라, 하시니라." (창 2:16-17)

이 말씀이 있고 난 후에 하나님은 독처하는 아담을 위하여 돕는 배필로 하와를 지어주셨다. 하와가 지음 받고 얼마의 시간이 지나서 마귀의 유혹을 받았는지는 모르지만 하와는 그의 남편 아담에게로부터 하나님께서 명하신 말씀을 분명하게 들었을 것이다. 그러나 하와는 사탄에게 유혹을 받을 때 이렇게 말했다.

"여자가 뱀에게 이르되, 우리가 동산의 나무들의 열매는 먹어도 되나 동산의 한 가운데 있는 나무의 열매에 관하여는 하나님께서 이르시되, 너희는 그것을 먹지도 말고 만지지도 말라. ***너희가 죽을까 염려하노라, 하셨느니라, 하매."*** *(3:2-3)*

하나님은 아담과 하와가 선악을 알게 하는 나무를 따먹는 날에는 **죽을까 염려하신 것이 아니라** 반드시 **죽음의 벌을 내리시겠다**고 경고했다. 그런데 하와는 하나님의 말씀을 멋대로 왜곡했다.

하와의 말을 이어받은 사탄은 곧바로 하나님의 말씀을 전면 부정하고 다시 하나님 말씀 이외의 자기의 말을 삽입하여 왜곡하고 있다.

"뱀이 여자에게 이르되, 너희가 절대로 죽지 아니하리라." (4절)

"너희가 그것을 먹는 날에 너희 눈이 열리고 너희가 신들과 같이 되어 선악을 알 줄을 하나님이 아시느니라, 하니라." (5절)

하와가 사탄의 시험에 넘어가 타락하게 된 결정적 원인은 순전한 하나님의 말씀을 임의로 변경한 것이며, 그 말씀을 불신하고 자의대로 말하고 행함으로 불순종한 것이다.

무엇이 죄인가? 하나님께 불순종하는 것이 죄이며, 그 죄의 결과는 죽음이다!(롬 6:23) 신성을 지니신 예수님이 40일 금식하시면서 겪으신 굶주림과 목마름의 고통은 아무것도 아닐 것이라고 생각하는 것은 대단한 착각이다.

앞서 언급했듯이 예수님은 사람이 느끼는 희로애락을 동일하게 느끼시는 완전한 사람이셨다. 그렇기 때문에 식음을 전폐한 40일의 금식은 상상을 초월하는 극심한 고통이었을 것이다. 그러므로 예수님은 식욕이라는 육신의 본능적인 욕구 앞에서 너무 연약한 상태에 계셨다는 것은 추호의 의심의 여지가 없다. 예수님은 자신 안에 있는 능력을 사용하기만 한다면 얼마든지 어떤 음식이든지 배부르게 먹을 수 있음을 알고 계셨다. 그러기 때문에 예수님께서 시험 당하신 것은 사람이 시험 당한 것보다 비교할 수 없이 훨씬 많은 어려움을 갖고 계셨던 것이다. 그러나 예수님은 하나님의 말씀을 순종하셨다. 하나님의 말씀을 자신의 입으로 소리 내어 외쳐 선포하심으로써 사탄을 책망하시고 그를 물리쳐 승리하셨다.

> *"여자가 보니 그 나무가 먹기에 좋고 눈으로 보기에 아름다우며 사람을 지혜롭게 할 만큼 탐스러운 나무이므로 여자가 그 나무의 열매를 따서 먹고 자기와 함께한 자기 남편에게도 주매 그가 먹으니라."* (6절)

하와는 하나님의 말씀에 사로잡힌 것이 아니라 자신의 정욕에 사로잡힘으로 하나님의 말씀을 왜곡했고, 그 결과로 하나님께 불순종한 것이다. 이에 대하여 사도 요한은 하나님의 말씀으로 경고하고 있다.

"아버지들아 … 어린 자녀들아 … 젊은이들아, 내가 너희에게 쓴 것은 너희가 강하고 하나님의 말씀이 너희 속에 거하며 너희가 저 사악한 자를 이겼기 때문이라 세상이나 세상에 있는 것들을 사랑하지 말라. 어떤 사람이 세상을 사랑하면 아버지의 사랑이 그 속에 있지 아니하니 세상에 있는 모든 것 즉 육신의 정욕과 안목의 정욕과 인생의 자랑은 아버지에게서 나지 아니하고 세상에서 나느니라."

(요일 2:13-16)

예수님도 하와도 동일하게 사탄에게 시험 받았다. 누가 더 열악한 상태에서 시험을 받았는가? 예수님은 자신 안에 신성이 내재하신 분이라 사탄의 시험을 이기셨다기보다는 (물론 예수님이시기에 사탄을 당연히 이기실 수 있으며, 또 반드시 이기셔야만 한다) 하나님의 말씀을 의지하셨고 그 말씀을 입으로 외치고 선포하셨으며 기록된 하나님의 말씀에 순복하셨다. 객관적이고 일반적인 논리이겠지만, 경제적으로 가난하고 힘겹게 사는 사람은 잘 살고 부유하여 여유로운 사람보다 죄를 범할 가능성이 비교적 적다.

20세기와 21세기가 공존하는 '잠자는 사자'의 나라로 일컬어지는 중국의 농촌은 저녁 9시경만 되도 불 꺼진 집들이 더 많은데, 그것은 아침 일찍 논밭에 나가 일해야 하기 때문이다. 그러나 도시는 어떤가? 중국말로 도시를 성시(城市 - '청스' Cheng shi)라고 하는데 성으로 견고히 쌓은 큰 마을을 뜻하기 때문이다. 그렇듯 도시에서는 많은 사람의 왕래가 있으며, 은행, 대형백화점 등 돈이 모이기 때문에 도시에서는 온갖 일들이 발생한다. 시골과 도시 두 장소 중에 어느 곳이 사탄의 유혹이 더 심하며 죄를 범할 가능성이 높은

가? 또한 상대적으로 어디에 살고 있는 사람들의 마음이 더 순박한가? 답은 독자들이 잘 알고 있을 것이다.

오늘을 살고 있는 사람들의 마음과 영적인 상태도 유사할 것이다. 그러므로 타락과 범죄는 빈부의 차이에서 오는 것이라기보다 어떤 환경과 조건에 처한다 할지라도 죄로부터의 승리는 언제나 하나님의 말씀을 얼마나 붙들고 순종하는 가에 따라 결정되는 것임을 확신해야 한다.

예수님은 극한 환경에서 극도의 굶주림 가운데서 시험에 승리하셨다. 그러나 하와는 내외부적으로 그 어떤 것 하나도 부족함이 없는 완벽한 상태에서 사탄이 주는 유혹에 넘어가고 말았다. 에덴은 그 이름과 같이 낙원이며 기쁨의 동산이었다. 아담과 하와는 이 세상에서 가장 완벽하고 아름답고 좋은 환경에서 있었지만 타락하였다. 하와가 사탄의 시험에 넘어가 죄를 범하게 된 것은 아래와 같은 이유에서이다.

첫째, 하나님의 말씀을 스스로 변개시켰고, 둘째, 사탄이 하나님의 말씀을 부정한 것으로 믿게 하였고, 셋째, 하나님의 말씀에 불순종하여 행동했기 때문에 아담과 하와는 결국 사탄의 시험에 넘어가 타락하게 된 것이다.

예수님께서 사탄의 시험을 받으실 때마다 그 시험을 물리치시면서 사탄을 책망하며 언급하신 단어는 무엇인가? 그것은 "기록된바"(마 4:4, 7, 10)라는 인용구이다. 예수님은 '도성인신'(道成人神), 즉 말씀으로(로고스) 계셨던 하나님이시다. 주님께서 사람의 몸을 입고 이 세상에 오신 하나님이심에도 불구하고 "기록된바"라고 언급한 것은 성부 하나님 아버지의 말씀을 존중하셨다는 뜻이다. 뿐만 아니라 기록된 하나님의 말씀을 준행하셨음을 우리에게 친히 보여 주신 것이다. 이것이 예수님께서 사탄의 유혹에서 승리하신 원리다.

"그분께서 응답하여 이르시되, 기록된바, 사람이 빵으로만 살 것이 아니요, 하나님의 입에서 나오는 모든 말씀으로 살 것이라, 하였느니라, 하시더라."

우리는 어떤 상황과 환경에서도 하나님의 모든 말씀을 삶의 으뜸가는 원칙과 규범으로 그리고 절대 권위로 인정하고 살아야만 한다. 신약성경에서 예수님께서 바리새인들을 책망하신 가장 큰 이유는 무엇인가? 저들은 하나님의 율법과 규례보다도 자신들의 전통을 더 중요시 여겼다. 바리새인들은 하나님의 말씀인 율법 위에 인간의 유전(遺傳)을 첨가한 죄를 저질렀으며(참고/마 15:2; 막 7:3, 5), 사두개인들은 부활을 부인함으로써 하나님의 말씀의 일부를 삭제하는 죄를 저질렀다. 하나님의 말씀대로 살기 원하는가?

성경 말씀에 기록되어 있는 대로 더하지도 말고 감하지도 말아야 한다(계 21:18-19). 예수님께서 사탄의 시험을 물리치셨을 때 사탄은 떠나갔고 하나님께서 보내신 천사들이 와서 주님을 수종 들었다.

"이에 마귀가 그분을 떠나고, 보라, 천사들이 와서 그분을 섬기니라."

(마 4:11).

"고난 없이는 영광도 없다." (No cross no crown)

예수님은 3년의 공생애 이후 장차 십자가에서의 승리를 위하여 이미 고난의 값을 지불하시고 40일을 광야에서 금식하며 기도하심으로써 일찌감치 사탄을 주님의 발아래 묶어두신 것이다.

우리의 삶도 동일하다. 죄성(罪性)이 가득한 우리들은 더욱 기도하고 하나님의 말씀을 붙들고 살 때에 사탄의 불 같은 시련(불 시험)을 물리치고 승리할 수 있을 것이다. 전능하신 천지만물의 창조자 되신 우리 주님, 그러나 겸손하신 그리스도 예수님께 찬양과 경배를 올려 드린다!

...2장

팔복산의 예수 그리스도

(마 5-7장)

• 팔복산 •

갈릴리 지역에서 빼놓을 수 없는 팔복산은 예수님께서 산상 설교를 하신 곳으로 완만한 구릉이 해변을 따라 펼쳐진 곳이다. 아름다운 들꽃과 작은 나무들이 예수님이 하신 말씀에 반응하듯 바람에 흔들리는 모습을 보노라면 가슴이 벅차오른다. 정상에는 성지여행의 필수 코스인 팔복교회가 있다.

| 2장 |

팔복산의 예수 그리스도

"그분께서 무리를 보시고 산에 올라가 앉으시니 그분의 제자들이 그분께 나아 오매 그분께서 입을 열어 그들을 가르쳐 이르시되." (마 5:1-2)

앞장에서 살펴본 것처럼 예수님은 공생애 초기 시험산에서 사탄에게 시험을 받으셨다. '여인의 후손'으로 오신 예수님은 하나님 말씀의 예언을 예고하듯 초반전부터 사탄을 케이오시키셨다. 그로부터 3년이 지난 뒤 창세기 3장 15절(원시복음)에서 언급한 바와 같이 예수님은 이제 십자가에서 뱀의 머리를 상하게 하실 일만 남겨두게 된 것이다.

광야 40일간의 금식 기도는 3년 후 십자가에서의 고난과 죽으심을 위하여 미리 대가를 지불하시고 승리를 보장하신 것이다. 나아가 열두 제자들을 선택하실 일을 위하여 미리 기도하심으로써 주님이 홀로 담당하셔야 할 숙명적인 영적 싸움을 이미 끝내신 것이다. 말씀과 기도는 우리 신앙의 절대적으로 중요한 핵심 요소다. 그리고 예수님은 또 다시 산 위로 오르셔서 하나님의 '왕국의 헌장'과 같은 팔복의 말씀을 포함해서 '산상수훈'의 말씀을 가르치심으로 본격적인 말씀 사역의 포문을 열어 가신다.

독자들이 알고 있듯이 예수님은 공생애를 시작하시기 전까지 목수로 지내셨다. 목재를 다루는 일을 하셨기 때문에 예수님은 쓸만한 나무를 구하기 위하여 산에 오르는 것은 매우 일상적이었을 것이다.

사도 요한이 예수님을 따르기 전 그의 스승은 John the Baptist – 침례자 요한이었다. 그는 자신의 스승과 적지 않은 시간을 광야에서 보냈을 것이다. 이런 점에서 사도 요한은 자신의 인생 가운데 두 번째 스승이자 마지막 스승인 구세주 예수 그리스도를 위하여 일생을 따르고 섬기면서 그리스도께서 산 위에 오르신 모습들을 기록하였다.

"예수님께서 산에 오르사 자기 제자들과 함께 거기 앉으셨는데." (요 6:3)

"그러므로 그들이 와서 자기를 억지로 데려다가 왕으로 삼으려는 것을 예수님께서 아시고 다시 혼자 산으로 떠나가시니라." (15절)

"예수님께서 올리브 산으로 가시니라." (8:1)

마태 역시 주님께서 산에 오르신 모습을 기록하였다.

"그분께서 무리를 보시고 산에 올라가 앉으시니 그분의 제자들이 그분께 나아오매." (마 5:1)

"예수님께서 거기서 떠나사 갈릴리 바다에 가까이 이르러 산에 올라가 거기 앉으시니." (15:29)

열두 제자는 아니었지만 또 다른 두 복음서의 저자 마가(요한)와 누가 역시 산에 오르시는 주님의 모습을 빠뜨리지 않고 기록해 두었다.

"그들을 보내신 뒤에 기도하러 산으로 떠나가시니라." (막 6:46)

"예수님께서 낮에는 성전에서 가르치시고 밤에는 나가서 올리브 산이라 하는 산에서 머무시니." (눅 21:37)

"그분께서 나아가사 늘 하시던 대로 올리브 산으로 가시매 그분의 제자들도 그분을 따라갔더니." (22:39)

예수님께서는 사랑하는 당신의 제자들과 산에 오르셔서 특별한 만남을 가지셨다. 뭐랄까? 예수님은 제자들을 위하여 특별 '산상 세미나'를 준비하신 것이다. 예수님께서 특별히 들이나 물가보다 산을 더 선호하신 것은 인적이 드물고 조용한 곳에서 성부 하나님과의 교제하는 시간을 좋아하셨기 때문일 것이다(눅 5:16). 사색을 추구하고 좋아했을 법한 헬라인 의사 누가는 기회가 있으면 산으로 가서 혼자서 기도하고 계신 주님을 놓치지 않고 기록하여 두었다.

*"**늘 하시던대로** 올리브 산으로 가시매…" (눅 22:39)*

산은 세상의 장터처럼 요란함도 혼잡함도 상업적 흥정이나 거래도, 나아가 속임이나 궤사도 없다. 산은 인간의 암투와 경쟁에서 벗어나 자유롭게 자연의 순수함을 느끼고 안식할 수 있도록, 자신의 삶 자체를 생각할 수 있도록 해준다.

2015년 11월, 휴가 기간 중 아내와 함께 거제도를 여행하였다. 김영삼 전 대통령의 고향인 줄 알고 의도적으로 방문한 것은 아니었지만, 때마침 그분의 서거기간 중이어서 그곳에 마련된 임시 분향소에 들러 조문도 하였고 생가를 둘러보는 기회를 갖게 되었다.

거산(巨山) 김영삼! 그분의 호가 새삼 의미 있게 내 마음속에 다가왔다. 김영삼 전 대통령은 문민정부를 세우고 금융실명제를 도입했으며 군부의 잔재로 남아 있는 '하나회' 척결을 포함해서 한국의 민주주의에 큰 진전을 이루었다. 그래서였는지 국민들은 사후 그분의 치적을 높게 평가하는 분위기였다. 거산이 아니면 하지 못한 일이었다고 생각한다.

필자는 아직 부모님이 지어주신 이름 석 자 외에 호(號) 같은 것을 사용해 본 적도 없고, 앞으로도 없겠지만 만일 하나를 정한다면, '산전'(山田, 산밭)이라고 짓고 싶다. 이 단어가 맘에 드는 이유는 산에 있는 밭들은 천수답이어서 하늘이 비를 내려 줘야 농사를 지을 수 있기 때문이다. 산밭에는 도시의 소음도 다급함도, 욕심도 경쟁도 필요 없다. 그저 하늘이 내리는 자연조건을 가지고 땀 흘려 성실히 일하면 필요한 소출을 얻을 수 있기 때문이다.

팔레스타인은 강수량이 많지 않은 지역이다. 이스라엘 민족은 이러한 자연조건에서 꿋꿋하게 생명을 이어왔다. 그러기에 파종할 때는 하나님께서 비를 내려주시기를 간절히 원했다. 이스라엘 백성이 가나안 땅에 들어갈 때 이른 비와 늦은 비를 약속하셨기 때문이다. 그래서 저들은 적기에 내리는 비를 기다리며 생명을 주관하시는 하나님을 더욱 의지할 수밖에 없었다.

또한 손바닥만 한 자갈밭이라도 있으면 농부는 삶의 터전을 함부로 방치하지 않고 정성을 다한다. 왜냐면 가족들에게 생명의 원천이라 할 수 있는 양식을 제공해주기 때문이다. 이처럼 우리의 인생은 농사짓는 마음으로 하나님 한 분만 바라보고 살아야 되기 때문에 산밭이라는 단어가 마음에 든다.

그것이 바로 구약의 대언자 하박국의 기도가 탄생한 이유이다.

> *"비록 무화과나무가 꽃을 피우지 못하고 포도나무에 열매가 없으며 올리브나무에 수고의 열매가 없고 밭이 먹을 것을 내지 아니하며 우리에서 양 떼가 끊어지고 외양간에 소 떼가 없을지라도 나는 여전히 주를 기뻐하며 내 구원의 하나님을 기뻐하리로다."* (합 3:17-18).

내가 산밭을 좋아하는 또 다른 이유는 내 어릴 때 추억 때문이다. 내 고향은 경기도 평택군 팽성면 두리(頭里)다. 이곳은 드넓은 평택(平澤) 평야를 한눈에 내려다볼 수 있는 남향 언덕에 자리 잡은 농촌이다. 마을 입구에 있는 작은 산은 누워 있는 소의 머리에 해당한다 하여 마을 이름을 두리로 지었다고 한다. 가장 높은 언덕에는 소나무 한 그루가 마을을 내려다보듯 우뚝 서 있었다. 동네 사람들은 그 나무를 왕소나무라고 불렀다. 정유년 설을 맞아 형님 댁을 찾아 가면서 두리를 잠깐 들러 보호수로 지정된 소나무의 모습을 스마트폰에 담았다. 긴 세월의 풍상에도 지금까지 250년째 자리를 굳게 지키고 있다. 사람 또한 언제나 변함없이 자기 자리를 지키고 살아가는 것이 아름다운 법이다.

평택은 서해의 아산만에 이르기까지 곡창지대를 형성하고 있는 한적하고 아늑한 도시다. 생명의 물줄기로 안성천이 유유히 흐르고 있다. 우리나라에서 평(平)자가 들어간 지명들은 말 그대로 평화롭게 살기 좋은 곳이란 느낌을 받는다. 가평, 양평처럼 뒤에 붙는 것과 평촌, 평창처럼 앞에 붙는 지명 모두 듣기만 해도 정감이 간다. 이처럼 내 고향 평택 또한 큰 자연 재해가 없는 살기 좋은 지역이 아닌가 생각한다.

부모님은 농사를 지으셨는데 작은 야산을 옆에 낀 밭을 아끼셨다. 내가 네 살이었을 때, 다른 마을로 이사를 갔는데도 여전히 그곳에 가는 것을 좋아하셨다. 대여섯 살 무렵부터는 어린 나를 집에 두는 것이 마음에 걸리셨는지, 아니면 오가는 길에 말벗 삼을 양이신지 밭에 가실 때 막내인 나를 데리고 다니셨다. 내가 보채지 않고 걸을 수 있을 만큼 컸다는 부모님의 사랑이 이제야 느껴진다.

어린 나이였지만 산허리 끝에 있던 밭에서 평택의 넓은 평야를 바라보면서 호연지기를 느꼈다. 봄여름에는 녹색 물감을 펼쳐놓은 듯 했고, 가을에는 황금색 물결이 출렁였다. 흰 눈이 내린 겨울은 멋진 장관을 연출하였다. 멀리서 시골의 적막함을 깨고 경적을 울리며 들판을 가로 질러 기차가 지나가면 내 마음도 어디론가 떠나는 기분이었다. 그때 나는 밭에서 흙장난을 하던 손을 멈추고 공중에 점을 찍으며 몇 칸짜리 기차인지 일일이 세어 보곤 했었다. 지금은 우리 밭이 있던 바로 그 자리 옆으로 요란한 굉음과 함께 고속열차가 다니고 있다.

어릴 때 부모님과 함께 밭에 나가 따스한 봄날의 아지랑이와 더불어 흙을 일구면서 느낄 수 있었던 평안한 그때의 시간이 그리워지는 이유는 왜일까? 이 세상을 떠나 천국에 계신 부모님 생각 때문에 그런지 그 시절이 더 그리워진다.

산을 오르다 보면 겸손한 마음이 든다. 사람들은 산행을 하면서 정상에 올라 인증샷을 찍어 지인들에게 은근히 자랑을 늘어놓는다. 산을 오르면 도심 한복판에서의 아우성과 조급함과 그리고 경쟁의 울타리 속에 갇혀 볼 수 없던 시야가 시원하게 펼쳐진 것을 보게 된다. 또한 산에 오르면 오를수록 상대적으로 나와 세상은 더 멀어지고 하늘은 더 가까워진다. 하늘이 가까워지면 질수록 사람의 마음은 어떠해지는가? 한 없이 작은 나 자신을 보게 되며 또한 전능하신 창조주 하나님을 생각하게 된다.

존슨 오트만(Johnson Otman Jr.) 목사가 작시했고, 찰스 가브리엘(Charles Gabriel)이 작곡한 〈저 높은 곳을 향하여〉라는 찬송은 영감이 넘치는 찬송가로 미국 그리스도인들이 즐겨 부르고 있다.

이 찬송가는 오트만 목사가 골로새서 3장 1절 *"그러므로 너희가 그리스도와 함께 일어났거든 위에 있는 그것들을 추구하라. 거기에는 그리스도께서 하나님 오른편에 앉아 계시느니라"*는 말씀을 묵상하다가 성령의 감동을 받아 시로 적어 둔 것이다. 당시 유명 작곡가로 8천 곡 이상을 작곡한 가브리엘에게 부탁하여 이 찬송이 탄생하게 되었다.

우리 인생은 위를 바라보고 살아갈 때 더욱 거룩해지고 성결한 삶을 살아가게 될 수 있다. 예수님은 번잡하고 시끄러운 시장이나 도시를 떠나 한적한 산에 오르셨고 사랑하는 제자들에게 천상의 8가지 복을 가르치셨다.

여기서 잠시 중국인들이 좋아하는 숫자 8을 언급해 본다. 8은 중국어 발음상 '돈을 벌다'는 의미인 '발'(發, fā)과 발음이 비슷하기 때문에, 8에 대한 집착은 상상을 초월할 때가 있다. 마카오의 자동차 번호판 경매에서 '粵B8888R'이라는 번호가 172만 위안(약 3억 원)에 낙찰되었다. (한국음 '월', 중국음 '웨'는 차량등록지인 광동성을 의미함)

지난 2008년 북경 올림픽 개막식이 8월 8일 저녁 8시에 열린 것도 같은 이유다. 중국 사람들은 새해 덕담으로 "꽁시 화 차이!"(恭喜發財)를 많이 사용하고 있다. 우리의 "새해 복 많이 받으세요!"라는 말과 같은 의미다.

이제 기독교 안에서 상징적으로 사용되는 숫자를 살펴보기로 하자. 3이나 7은 하나님을 표기하는 숫자로 사용된다. 히브리인들은 7을 '완전수'와 '거룩한 수'로 이해한다. 7이란 숫자가 제일 많이 등장하는 성경은 요한계시록이다. 계시록 전체가 숫자 7로 도배되어 있다고 해도 과언이 아니다. 예를 들면, 소아시아의 일곱 교회, 7년 대환란, 7년간 어린 양의 혼인잔치, 일곱 봉인, 일곱 나팔, 그리고 일곱 병(Vial; 대접) 등이다.

사도 요한은 그가 기록한 복음서에서도 숫자 7을 많이 사용하고 있다. 일례로 요한복음에는 예수님께서 행하신 7개의 기적이나 예수님께서 선포하신 7번의 "나는 ~~이니"("Seven I am" / 세상의 빛, 생명의 떡, 양의 문, 선한 목자, 부활과 생명, 길과 진리와 생명, 참 포도나무)가 대표적인 예이다. 유대인들 역시 7이란 숫자를 많이 사용한다. 하나님의 7일 창조사역, 유대교 제식에 사용되는 7갈래의 금촛대인 '메노라'가 대표적이다. 그밖에 70제자, 70이레, 70인역 헬라어 성경 등이다.

하나님은 완전하시기 때문에 성경에서는 하나님을 찬양할 때 '상투스'(sanctus) 또는 '삼성창'(三聲唱)을 사용한다. 대표적인 예가 이사야 6장 3절에 천사의 하나님을 향한 찬양이다. *"거룩하다 거룩하다 거룩하다 만군의 주여!"* 계시록 4장 8절에서 네 짐승이 밤낮으로 쉬지 않고 하나님을 찬양하고 경배하며 외치는 소리가 그렇다. *"거룩하다, 거룩하다, 거룩하다, 주 하나님 전능자여!"*

상투스, 즉 삼성창을 숫자로 나타내면 777이 된다. 하나님은 전지전능하신 창조주이시며 완전하시며 거룩하신 분이시다. 하나님만이 온 우주 만물 가운데 완벽하게 거룩하시고, 한 하나님 안의 세 인격으로 계시는 삼위일체의 하나님만이 거룩(7), 거룩(7), 거룩(7)을 사용할 수 있는 분이시다.

고대 근동 전문가인 조철수 박사는 그의 저서 「유대교와 예수」에서 예수 그리스도의 헬라어 이름 속에 담겨 있는 숫자를 다음과 같이 풀어 놓았다. 777과 비교하여 888이란 숫자의 의미는 '구원자'를 뜻하는 헬라어 예수 '예수스'(*Ιησους*)에서 찾을 수가 있다. 우리 구주 예수 그리스도의 이름을 수치로 환산하면 다음과 같이 계산된다.

I (10) + η(8) + σ(200) + ο(70) + υ(400) + ς(200) = 888

이 숫자들을 다 합하면 완벽하게 8을 세 번 십진법으로 증폭하는 888(800+80+8)이 된다. 이와 같은 증폭을 전문용어로는 '트리스 메기스토스'(trismegistos), 즉 '세 번 위대한'이란 뜻이다. '세 번 위대하다'는 의미는 복을 세 번씩이나 중첩하여 주고받는다는 뜻으로서 그것은 완전한 복을 의미하고 있는 것이다.

이에 반하여 중국인들은 상대적으로 4자를 몹시 싫어한다. 우리 부부가 중국에서 선교사로 있을 때였다. 북경에서 차를 구입하고 번호판을 받기 위해 줄을 서서 기다리는 중 앞에 있던 사람이 〈京A05094〉라는 번호판을 받게 되었는데 끝에 4자가 들어간 번호라 거절하여 아내가 받아 온 적도 있었다.

왜냐면 한국발음도 그렇지만 중국어도 4자는 죽을 사(死)와 발음이 똑같기 때문이다. 그래서 한국도 그렇듯이 중국의 엘리베이터에는 4라는 아라비아 숫자가 없는 경우가 허다하다. 1층, 2층, 3층 그리고 5층으로 건너뛴다. 4층이 실제적으로 없는 것이 아니다. 어떤 경우는 4자 대신에 영어의 Four에서 F글자를 따다가 사용한다. 최근 뉴스에서 인천 국제공항 탑승구 가운데 4번과 44번으로 된 탑승구는 없다고 들었다. 중국이나 한국 사람은 숫자에 상당한 영향을 받고 있음을 알 수 있다.

성경에서는 4 또는 40이라는 숫자가 고난과 역경을 뜻하는데 흥미롭지 않을 수 없다. 4의 배수인 8은 메시아와 구원자를 상징하는 숫자이다. 그래서 8이란 숫자는 성경에서 구원과 축복을 뜻한다. 성경에서 8이란 숫자와 연관된 사건이나 사례들은 다음과 같은 경우들이다. 홍수 심판에서 방주를 통해서 구원받은 노아의 가족이 8명이었으며, 유대인들은 생후 8일째 되면 남자 아이들에게 할례를 베푼다. 뿐만 아니라 메시아의 예표인 다윗 왕은 이새의 8번째 아들이었다.

숫자 8은 기독교의 '복음'(7+1)의 성격을 설명하는 숫자이기도 하다. 그래서 숫자 8은 완전수 7보다 하나가 많다는 뜻을 지닌다. 따라서 숫자 8은 '넉넉한 구원', '넘치는 복'을 뜻하며, '살려냄'과 '구원', 즉 삶에 '플러스'를 주는 복음을 뜻한다.

이와 같은 배경에서 '팔복'(The Beatitudes)은 안으로는 자신과 가족을 향하고 밖으로는 사람을 향하여 모든 영역에 하나님으로 말미암는 복을 적용하고 살라고 주님이 주신 완벽한 말씀인 것이다. 산상수훈은 모든 주님의 교회와 성도들이 이 땅 위에 그리스도의 왕국을 세워 나가기 위한 청사진 또는 설계도와 같은 것이라고 믿는다.

산상수훈 명칭의 유래

신약성서에서 예수님의 제자들을 위한 특별한 가르침은 모두 세 차례였다. **산상수훈**(The Sermon on the Mount, 마 5-7장)과 **다락방 강론**(The upper room discourse, 요 13장-17장) 그리고 **감람산 교훈**(The Olivet discourse, 마 25장)이다. 이 가운데서 백미로 손꼽는 것은 당연 '산상수훈'이다.

산상수훈은 '산상보훈'(山上寶訓)이라고도 부르는데 한국 개역성경의 모체인 중국어 화합본(和合本) 성경은 '등산보훈'(登山寶訓)이라고도 번역하였다. 이 명칭은 주후 4세기 초에 성 어거스틴이 처음으로 그의 라틴어 주석에서 언급한 것을 기원으로 한다. 그리고 주후 1535년에 커버데일(Coverdale)이 자신이 쓴 성경주석에 명시한 이후부터 오늘에 이르기까지 그 용어는 지속적으로 사용되고 있다. 특히 산상보훈은 앞에서 강조했듯이 예수님의 가르치심 가운데 최고봉이라고 할 수 있다. 그래서 사람들은 산상수훈 또는 산상보훈에 대하여 다음과 같은 극찬을 아끼지 않는다.

독일의 신학자인 톨룩(F. A. G. Tholuck)은 "산상보훈은 하나님 나라의 대헌장"이라 하였고, 20세기 3대 성인으로 꼽히는 일본인 목사 가가와 도요히코(賀川豊彦)는 "산상보훈은 모든 종교의 서곡"이라 했으며, 독일 가톨릭 신학자 로마노 과르디니(Romano Guardini)는 "산상설교는 하늘로서 일으켜진 땅의 진동"이라고 했다.

일본의 성경주석가 구로자키 고오기치(黑崎幸吉)는 "산상보훈은 수백의 보석으로 꾸며진 왕관"이라 했으며, 러시아의 대문호 톨스토이는 "성경이 다 없어진다 해도 산상보훈은 없어지지 않는다"라고 하였다. 또한 인도의 성자로 일컫는 마하트마 간디는 자신이 저술한 비폭력 저항운동에 관한 '사티아그라하'(Satyagraha)의 영감의 원천은 예수님의 팔복설교에서 비롯되었다고 고백하였다.

그렇다. 산상수훈은 이 세상의 어떤 탁월한 문학적 작품이나 또는 윤리적 도덕 강론이나 종교적 계명들보다 비교할 수 없이 탁월한 진리의 말씀이다. 예수 그리스도는 사랑하는 제자들에게 인생 최대의 좌우명과 지침으로 삼으라고 산 위에서 말씀을 주신 것이다.

산상수훈의 장소는 어디인가?

갈릴리 바다 서북쪽 타브가 위쪽으로 에레모스산의 언덕에 축복산이라 부르는 언덕이 있다. 전승에 의하면 예수 그리스도께서 바로 이곳에서 '팔복설교'를 하신 것으로 전해지고 있다. 15년 전, 필자가 이스라엘을 방문했을 때 당시 현지 가이드는 '팔복산'이라고 불리는 이곳에서 예수님이 군중들에게 여덟 가지 복을 가르치셨다고 설명했다.

1937년 이탈리아의 건축가 안토니오 발루찌(Antonio Barluzzi)가 갈릴리 호수가 내려 보이는 가버나움 부근에 팔복교회를 세웠는데 예수님께서 가르치신 팔복을 기념하여 팔각형 모양으로 예배당을 지었다. 천정도 팔각으로 되어 있는데 매 한 면마다 여덟 가지 복을 차례로 기록하여 놓았다.

십계명과 팔복

십계명이 주어진 장소는 시내산이라고 알려졌지만, 그 위치는 여전히 논쟁중에 있다. 시내산이 갖는 성경적 의미를 생각할 때 분명한 장소가 밝혀졌으면 좋겠지만, 학자들은 이집트 시나이반도와 사우디아라비아의 북서부 지역을 주장하고 있다. 2007년도에 시내산이 사우디아라비아 미디안 광야에 있다는 「떨기나무」란 책이 출간되면서 그 관심이 증폭되었지만 쉽게 결론날 것 같지가 않다. 필자는 사우디아라비아의 미디안 광야에 있는 산에 더 심증이 간다(출 3:12). 그리고 시내산은 우리가 생각했던 것 이상으로 높고 험준하여 쉽게 오를 수 없는 산이다.

반면에 팔복산은 갈릴리 바다를 내려다 볼 수 있는 언덕을 이룬 산으로 봄이면 붉은 아네모네와 푸른 아이리스 꽃들이 만발하는 곳으로 율법과 은혜를 자연스럽게 표출하고 있다. 산상수훈은 마태복음 5장에서 7장까지 모두 111구절(verses) 기록되어 있는데 신약성경에서 가장 긴 설교이며 '팔복'과 '주기도문'을 비롯 여러 교훈을 담고 있다.

6장에는 주님께서 가르쳐주신 기도의 모형이 되는, 소위 사람들이 말하는 '주기도문'(The Lord's prayer)도 있다. 이 기도는 크게 두 가지 분야에 대한 내용으로 나눌 수 있는데 먼저 하나님과 연관된 내용과 그리고 우리의 삶에 실제 필요한 것을 구해야 할 내용으로 구성되어 있다.

십계명 역시 구성면에서는 주기도문과 유사하다. 첫 번째 계명부터 네 번째까지의 계명은 비중상 상위 계명이라고 할 수 있는 하나님을 향한 계명이다. 그리고 다섯 번째 계명부터 마지막 열 번째 계명까지는 사람을 향한 계명이다. 그런데 십계명을 통한 하나님의 기본적인 요구와 명령은 사람들의 외적인 행위에 관한 계명이라기보다는 실상은 우리의 마음과 관련된 계명이라는 사실에 주목해야 한다.

그래서 마음에 관한 계명들은 두 가지 계명으로 함축될 수 있는데 특히 처음 계명과 마지막 계명이 그렇다. 이 두 가지 계명은 십계명 열 가지 모두를 안팎으로 감싼 대표성의 계명임을 알 수 있다.

하나님을 향하여서는 마음 중심에 주님을 모시고 살아야 하며 다른 사람들을 향하여서는 자신과 같이 사랑하라는 것이다. 그런데 예수님께서 산상수훈의 말씀들을 가르치실 때 구약 율법의 대표격인 십계명의 내용들을 근거로 하여서 신약의 새로운 삶의 원칙을 가르쳐 주셨다.

예를 들면, *"옛 사람들이 말한바 ~~한 것을 너희가 들었으나 나는 너희에게 이르노니"*라고 반복되는 문구가 있는데 예수님은 율법과 계명을 무시하거나 폐하지 않으셨다. 오히려 이미 익히 알고 있는 구약의 말씀들을 통해서 신약시대의 성도들에게 새롭고 더 높은 차원의 천국 헌장인 말씀을 주셨다.

모세를 통해 하나님께서 주신 십계명은 순서상 그리고 내용상 하나님과의 관계 그 다음은 사람과의 관계 그리고 마지막은 물질적인 관계로 구성되었음을 관찰할 수 있다. 산상수훈에서도 먼저 하나님을 섬기고 그리고 형제와 이웃을 사랑하며 물질에 관한 부분을 다스리고 초월하여 하나님 나라를 구할 것을 말씀하셨다. 구약과 신약을 따로 떼어 분리하지 않고 연관 지어서 하나님의 말씀을 실천하기를 가르쳐 주셨다(마 6:33).

복음서 기자가 본 예수님의 초기 사역

사도 요한은 예수님의 40일 금식기도하시는 장면을 기록하지 않았다. 그는 1장과 2장에 예수께서 침례를 받으신 후 곧 바로 제자들을 선택하신 후 유대 지방을 떠나 북부 갈릴리 지역으로 올라 가셔서 공생애 사역의 첫 번째 기적 사건인 갈릴리 가나의 혼인잔치에서 물로 포도즙을 만드는 장면을 기록하고 있기 때문이다.

마태는 어떠한가? 마태는 예수님께서 침례를 받으신 이후 곧 바로 광야로 들어가셔서 사탄에게 시험 받는 장면을 묘사하였고, 그리고 사탄의 시험을 물리치고 말씀으로 승리하신 예수님께서 여리고 지역을 떠나 북부 갈릴리 가버나움의 언덕에 계신 예수님에게 초점을 맞추고 있다. 가버나움에서 가까이 위치한 갈릴리 호수를 내려다 볼 수 있는 언덕에서 역사상 가장 위대한 '설교 시리즈'라고 부를 수 있는 5장부터 7장까지 111절로 구성된 산상수훈을 상세하고 그리고 완벽한 기록으로 남겼다.

반면에 헬라인이었던 의사 누가는 의사답게 예리한 관찰과 통찰력을 통해 예수 그리스도가 하나님의 독생자로 오신 메시아로 믿을 수 있도록 독자들의 주의력을 집중시킨다. 누가는 마태나 요한과는 다른 차원에서 예수님의 탄생과정을 기록하여 둠으로써 사복음서의 조화를 이루고 있다.

예수 그리스도는 초자연적인 방법으로 이 세상에 오신 완전한 사람이자 하나님 되심(Godman)을 강조하고 있는 것이다. 누가는 여인으로서는 이미 경수(經水)가 멈춰서 아이를 낳을 수 없던 노년의 엘리사벳이 잉태한 모습을 상세히 기록하였다(눅 1:7, 18-19, 36). 또한 남자를 알지 못하는 처녀인 마리아가 성령의 초자연적인 능력으로 예수 그리스도를 잉태하였음을 기록하였다(26-38절). 그리고 흥미로운 것은 이 불가능을 경험한 친척이었던 엘리사벳과 마리아 두 여자가 서로 만나 자신들의 삶에 일어난 기적에 대하여 말할 때 엘리자벳은 이미 임신 6개월이었다. 엘리사벳이 마리아를 만나는 순간 그의 복중의 아기가 속에서 뛰었다고 기록하였다(39-45절).

성경이 놀랍지 않은가? 하나님의 말씀은 거짓이 없는 진리다. 구약의 수많은 예언들이 하나도 틀림없이 성취되는 장면을 의사 누가는 의학적인 측면에서 절대 불가능한 일들을 뛰어넘어 초자연적으로 일하시는 하나님의 역사하심을 상세하게 기록한 것이다!

마가복음은 어떤가? 마가는 열두 제자의 반열에 오르지도 못했고 선교의 '낙오자'란 꼬리표가 따라붙어 다녔던 사람이다. 그러나 요한 마가는 훗날 베드로의 '믿음의 아들'로 불릴 만큼(벧전 5:13) 훈련을 받은 이후에 바울 사도가 인정하는 신실한 일꾼이 되었다(딤후 4:11). 그리고 신약 복음서의 두 번째 책인 마가복음을 기록하였으니 그에겐 얼마나 큰 영광인가!

마가는 로마와 헬라 이방인의 세계관에 영향을 받았던 사람이다. 그의 본명이자 유대식 이름은 요한이지만 로마식 이름인 마커스로도 불리는 이유가 그 때문이다. 그래서 그는 마태처럼 예수님의 족보에 언급된 이스라엘의 열왕들의 이름이나 세대들 그리고 바벨론 유수 기간을 언급하지 않았다. 마가복음에는 유다 지파에서 태어나신 예수님께서 이스라엘의 왕 되심의 정통성에 대해서는 언급을 하지 않고 있다. 그렇지만 마가는 분명한 확신가운데 붓을 들어 기록한 것이 무엇인가 주의하여 볼 필요가 있다. 마가복음의 첫 구절은 이렇게 시작한다.

"하나님의 아들 예수 그리스도의 복음의 시작이라."

이로 보건대 마가는 그리스도의 강력한 복음을 믿고 있었으며 또한 그 은혜의 복음이 세상에 전파되어질 것을 확신하는 하나님의 종이었던 것이다. 그렇다! 우리는 하나님의 아들 예수 그리스도의 복음의 시작이 어떻게 시작되었으며 장차 어떻게 끝나는지를 알아야 한다(마 24:24). 또한 그 복음은 우리 세대에서 땅끝까지 이르러 모든 언어와 열방과 민족에게 반드시 선포되어 전해져야 한다는 사명에 붙들려 살아야 한다.

마가복음의 분량은 4복음서 중에서 제일 짧다. 마태는 제자 삼는 것에 강조를 둔 반면에 마가는 한때 주의 일에 있어서 결격사유가 있던 사람인지는 모르지만(행 13:13; 15:38; 딤후 4:11) 그는 시종일관 복음을 강조하고 있다. 그는 분명히 예수님의 제자요 하나님의 사람이다. 왜? 마가복음은 처음부터 끝까지 한결 같은 확신 가운데 복음으로 시작해서 복음으로 끝마치고 있기 때문이다. 성경 기자들의 다양한 관점을 통해 분명한 메시지를 확인할 수 있다.

> *"그분께서 그들에게 이르시되, 너희는 온 세상에 가서 모든 창조물에게 복음을 선포하라 믿고 침례를 받는 자는 구원을 받으려니와 믿지 않는 자는 정죄를 받으리라."* (막 16:15-16)

"우리가 메시아를 만났다!"

예수님의 초기 사역에 대하여 4복음서의 저자들의 관점을 간략히 살펴보았으니 이제 예수님께서 제자들을 부르신 초기 과정을 살펴보기로 하자.

누가복음 6장 12-16절에서 예수님께서 열두 제자를 선택하시기 전 산으로 들어가서 밤새도록 기도하시는 모습과 그리고 날이 밝은 이후 예수님께서 부르신 열두 명의 제자 이름을 상세하게 기록했다.

"그 무렵에 그분께서 기도하러 산으로 들어가사 밤새도록 하나님께 기도하시니라. 날이 밝으매 그분께서 자기 제자들을 부르사 그들 중의 열둘을 택하시고 또한 그들에게 사도라는 이름을 주시니라. 이들은 곧 (그분께서 베드로라는 이름도 주신) 시몬과 그의 형제 안드레와 야고보와 요한과 빌립과 바돌로매와 마태와 도마와 알패오의 아들 야고보와 셀롯이라 하는 시몬과 야고보의 형제 유다와 가룟 유다인데 그는 또한 배신자더라."

그러나 위의 구절처럼 열두 제자가 한 날 한 시에 주님께 부름 받은 것은 아니다. 예수님께서 공생애를 시작하신 것은 이스라엘의 남부 유대 베레아 지역의 요단강에서 침례를 받으시면서부터이다.

주님은 침례자 요한의 제자였던 안드레와 사도 요한(요 1:35) 두 사람을 '첫 제자'로 부르신 후 다시 베드로를 불러 더하심으로 최초의 제자 3명을 선택하셨음을 알 수 있다(요 1:35-42). 그리고 그다음 날 예수님은 베드로와 안드레의 고향 친구들인 벳새다 출신(44절) 빌립과 나다나엘 두 명의 제자를 더 추가하심으로 제자의 수를 다섯 명으로 늘려 가셨다(요 1:43-51). 그리고 점차적으로 나머지 제자들을 부르심으로써 12라는 숫자를 채우셨고(눅 6:13; 계 21:14) 공생애 사역을 통해 본격적인 제자들을 가르치는 일에 박차를 가하셨다.

앞서 언급했듯이 예수님의 첫 두 제자는 안드레와 요한이다. 예수님께서 요단강에서 침례를 받으실 때 그분이 바로 자신들이 간절히 기다리던 메시아이심을 믿고 따르게 되는데 적어도 그들은 두세 가지 증거를 경험하였다.

첫째는 그들이 믿고 따르던 선생인 침례자 요한이 예수님을 향하여 말한 것이었다.

"다음 날 요한이 예수님께서 자기에게 오시는 것을 보고 이르되, 세상 죄를 제거하시는 하나님의 어린 양을 보라." (요 1:29, 비교 36절)

둘째는 안드레와 요한 그들 자신이 친히 목격한 증거에 의해서였다.

"요한이 또 증언하여 이르되, 내가 보매 성령께서 비둘기같이 하늘로부터 내려오사 그분 위에 머물렀더라." (32절)

그리고 마지막 세 번째는 예수님께서 침례를 받고 강에서 올라오실 때에 (요한복음은 이에 대해 언급은 하지 않았으나 마태는 그의 복음서에 기록했다) 하늘로부터 들려온 성부 하나님의 음성이다.

"보라, 하늘로부터 한 음성이 있어 이르시되, 이 사람은 내 사랑하는 아들이라. 내가 그를 매우 기뻐하노라, 하시니라." (마 3:17)

앞으로 이 책에서 계속 다루겠지만 예수님께서 사람의 몸을 입고 이 땅에 오시기 전의 예수님의 영광스런 모습을 마태복음 17장의 변화산에서 볼 수 있다. 다시 요한복음 1장으로 돌아와 예수님을 메시아로 만난 이후 주님을 따르던 이 두 제자들과 예수님 사이에 어떤 일이 있었는지 살펴보자. 안드레와 요한은 그의 스승인 침례자 요한이 예수님이 누구신가를 공적으로 선포함에 따라 그분이 누구이신가를 충분히 확신하는 가운데 그들의 생애를 모두 드려 주님을 따를 수 있게 되었다.

"그 두 제자가 그의 말을 듣고 예수님을 따르거늘." (요 1:37)

이때 예수님께서 이 두 제자를 향해 질문을 던지셨다. *"너희가 무엇을 구하느냐?"*(38절a) 그러나 제자들은 주님의 질문에 '동문서답'을 한다. *"랍비여 어디 거하시나이까?"*(38절b)

왜일까? 예수님은 두 제자들을 향하여 나름대로 생각이 있으셔서 질문을 하셨겠지만 안드레와 요한 역시 주님을 향한 자신들만의 생각이 있었다. 주님의 질문을 추론해보자.

"너희가 무엇을 구하느냐?"

동일한 이 질문은 예수님께서 요한과 그의 형 야고보가 제자가 된 후 2년 정도 지나서 요한의 어머니에게 한 적이 있었다(마 20:20-21). 그의 어머니가 구한 것이 무엇인가? 야고보의 어머니는 예수님께 자신의 두 아들을 주의 나라가 임할 때에 하나는 오른편에 하나는 왼편에 앉게 해달라는 개인적 청탁을 드렸다. 이 일로 인하여 동료 제자들은 분노를 품게 되었지만 예수님은 단호하게 자신의 뜻을 밝히셨다.

"내 오른편과 내 왼편에 앉는 것은 내가 줄 것이 아니니라. 다만 내 아버지께서 누구를 위해 그것을 예비하셨든지 그들이 그것을 받을 것이니라."

그런데 이제 예수님의 제자로서의 삶을 시작한 안드레와 요한에게 예수님께서 하신 말씀의 뜻은 무엇인가? 너희가 듣고 보고 확신한 것과 같이 나는 세상 죄를 지고 가는 하나님의 어린 양이지만 로마의 식민지 통치하에서 이스라엘을 해방할 목적으로 온 것도 아니요, 권세와 부귀영화를 주기 위해 온 것도 아니라는 의미로 말씀하셨던 것이다. 그런데 의외로 요한과 안드레 두 제자들이 예수님께 드린 질문은 주님께서 어디에 살고 계신 것에 대한 관심이었다.

침례자 요한은 광야에 살면서 약대 가죽옷을 입고 메뚜기와 들꿀을 먹는 독특한 생활 습관을 지닌 사람이었기 때문에 이 두 제자는 메시아이신 예수님은 어디에서 어떻게 살고 계신가를 궁금하게 여겼을 것이라고 추측해 본다.

당시 요한과 야고보는 어부인 세베대의 아들들로 그의 부친은 품꾼들을 부릴 여유가 있는 부유한 집안이었다(막 1:19-20). 안드레 또한 세베대의 아들들과 고기를 잡았다. 어업이 성행했던 갈릴리는 소금에 절인 생선들을 멀리 로마까지 수출하였고, 안으로는 팔레스타인 전 지역으로 판매하였기 때문에 비교적 안정된 생활을 했을 것이다.

두 제자의 질문에 예수님은 **와서 보라!**는 말씀으로 분명하고 또렷한 답을 주셨다. 너희들이 내가 어디 사는지 와보면 너희들이 원하는 것을 얻게 될 것이라는 암시적인 말씀인 것이다. 그리하여 두 제자는 예수님이 계신 곳을 방문하여 그날 주님과 함께 있었는데 때는 이미 (오전) 열 시가량 되었다(요 1:39).

당시 예수님의 거처는 베다니 부근의 요단강 주변이었을 것이다. 베다니는 예수님께서 사랑하시는 친구 나사로가 살고 있는 작은 동네였다. 베다니는 예루살렘의 상류 계층이 사는 도시와 비교할 수 없는 작은 마을로 가난하고 병든 소외 계층의 사람들이 모여 살던 곳이다. 아마 예수님도 베다니 부근의 가난한 소외계층의 사람들을 위로하시면서 머물러계시지 않았을까 추정해 본다.

베다니에서 예루살렘까지 거리가 약 3킬로미터이니 오늘날 서울로 비교해 본다면 예루살렘을 서울 한 복판인 종로로 생각해 본다면 베다니는 궁궐 밖인 왕십리쯤 되지 않을까 추측해 본다. 지금부터 40−50년 전의 왕십리는 개발이 안 되고 가난한 달동네였기에 왕십리하면 '똥파리'로 회자되는 동네였다. 왕십리(往十里)의 지명은 정확하게 을지로 방향으로 십리를 가서 궁궐을 짓고 도성을 삼으라는 의미에서 붙여진 이름이다.

필자가 목회하며 섬기고 있는 교회는 1955년 미국의 아이작 포스터(Issac Foster) 선교사가 현재의 자리인 왕십리 로터리 바로 옆에 세운 한국 최초의 성서침례교회이다. 성서침례교회는 미국에서 시작된 교회인데 그 배경은 다음과 같다. 성서침례교회는 19세기 말부터 자유주의 사상이 미국 내의 여러 교회와 신학교를 비롯해 보수교단인 남침례교회까지 침투하는 것에 대해 비판적 시각을 가지고 있던 프랭크 노리스(Frank Norris : 1877-1952)로부터 성경의 무오성을 믿는 그룹이 형성되기 시작했다. 1950년 5월 24일에는 빅(George Beauchamp Vick) 박사를 중심으로 노엘 스미스(Noel Smith), 웬델 짐머만(Wendell Zimmerman), 아트 윌슨(Art Wilson), 존 롤링스(John Rawlings) 등을 비롯한 120여 명의 목사들이 미국 텍사스 주의 포트워스(Fort Worth)에서 성경중심적이고 보수적인 교회들을 세워 세계선교에 박차를 가하겠다는 비전으로 시작되었다. 한국성서침례교회는 1961년 6월에 문화관광부에 허가번호 46호(종무1-46)로 성서침례교회유지재단으로 등록하여 합법적인 종교단체로 한국의 복음화와 세계선교에 기여하고 있다.

안타깝지만 요한복음의 저자 요한은 예수님께서 어디에서 어떤 모습으로 살고 계시는지 침묵으로 일관한다. 사도 요한은 안드레와 함께 예수님이 머무시는 곳을 방문하게 되었고 한나절 이상 교제를 나누었음에도 불구하고 예수님께서 거주하셨던 물리적인 환경이나 여건을 생략하였다. 그 이유는 무엇일까?

요한은 진리를 통한 교제, 하나님의 아들이신 그리스도와 함께 하는 그 시간 속에서 그동안 살아오면서 경험해 보지 못한 기쁨과 보람을 얻게 되었기 때문일 것이다. 찬송가 〈내 영혼이 은총입어〉의 가사 3절은 이러한 마음을 잘 표현하고 있다.

"높은 산이 거친 들이 초막이나 궁궐이나 내 주 예수 모신 곳이 그 어디나 하늘나라 할렐루야 찬양하세 내 모든 죄 사함 받고 주 예수와 동행 하니 그 어디나 하늘나라."

사도 요한이 의도한 것은 예수님께서 거주하고 계신 환경이나 조건이 아니라 "내 주 예수 모신 곳이 그 어디나 하늘나라"였기 때문에 주님이 거하신 곳이 분명 열악했을 것임에는 틀림없었지만 그 부분은 언급할 필요가 없었던 것이다. 안드레 역시 그런 기쁨이 충만했기 때문에 메시아를 만난 이후 주체할 수 없는 기쁨과 확신을 그의 형 베드로에게 이렇게 전하고 있다.

"우리가 메시아를 만났다!"

안드레가 주님이 거하시는 곳을 직접 방문하고 난 이후에 고백한 것은 예수님을 만나 뵌 그 자체가 그 어떤 것보다 가장 큰 기쁨이 되었다는 사실을 말해 준다. 안드레는 주님과 대화를 나눈 즉시 그분을 메시아로 믿어 구원을 받게 되었고 자신의 형 베드로에게 달려가 전했다. 그리하여 마침내 베드로도 구원받고 첫 제자 다섯 명의 명단에 포함되는 영광을 얻게 되었다.

베드로는 예수님께 부름 받았던 초기에 깊은 곳에 그물을 던지라는 주님의 말씀에 순종하여 그물을 던졌다. 그리고 수많은 물고기를 잡는 기적을 경험 한 직후에 그는 주님께 고백하기를 *"주여 내게서 떠나소서 나는 죄 많은 사람이니이다"*라고 하였다. 훗날 베드로는 *"주는 그리스도시요 살아 계신 하나님의 아들이시니이다"*라고 다시 한 번 주님을 향한 뜨거운 신앙 고백을 하였다(마 16:16).

이 책을 읽고 있는 독자 여러분 스스로가 자문자답 해보시기를 바란다. 나는 인격적으로 메시아를 만난 적이 있는가? 주 예수 그리스도와의 만남, '그것은 모든 살아있는 사람들이 반드시 경험해야 할 삶의 최우선 순위이다.' 죄와 사망으로부터 그리고 하나님의 엄중한 심판으로부터 구원을 받아 영생을 얻어야 하기 때문이다.

구원은 종교적인 습관이나 반복되는 노력을 통해서 얻어지는 것이 아니다. 오직 하나님 앞에 자신이 죄인임을 인정하고 회개하여 믿음으로 예수 그리스도를 자신의 그리스도로, 즉 구세주로 믿고 영접할 때 받을 수 있기 때문이다. 이것이 곧 성경이 말하는 거듭남이다(요 1:12; 3:36; 엡 2:8; 딛 3:5).

오늘을 살아가는 사람이 성경을 통해 믿음으로 메시아를 만난다는 것은 다음의 의미를 내포하는 것이어야 한다. 예수님을 자신의 구세주로 영접하되 지(知), 정(情), 의(意)를 통한 만남이어야 한다. 자신이 전능하신 하나님 앞에서 죄인 됨을 인정하며 자신의 허물과 범죄를 회개하고 예수님을 개인의 구주로 마음속에 영접했을 때 예수님을 만나게 되는 것이다. 그렇지 않으면 주님은 장차 그런 사람을 모른다고 하실 것이기 때문이다.

> *"그 날에 많은 사람들이 내게 이르기를, 주여, 주여, 우리가 주의 이름으로 대언하지 아니하였나이까? 주의 이름으로 마귀들을 내쫓지 아니하였나이까? 주의 이름으로 많은 놀라운 일을 행하지 아니하였나이까? 하리니 그때에 내가 그들에게 밝히 말하되, 내가 너희를 결코 알지 못하였노라. 불법을 행하는 자들아, 너희는 내게서 떠나라, 하리라."* (마 7:22-23)

우리가 조상들의 망령된 행실과 스스로 범한 모든 죄들로부터 구원받게 되는 것은 우리의 선한 행위나 공로를 통해서가 아니다. 또한 사람이 대단한 자선이나 타인을 위한 희생을 함으로써 구원받게 되는 것도 아니다. 심지어 기독교 집안에 태어났건, 소위 말하는 '모태 신자'이건, 교회에서 직분을 받았을지라도 개인적으로 회개와 믿음을 통하여 예수 그리스도를 구세주로 영접하지 않으면 여전히 하나님의 자녀가 될 수 없다. 결국 천국에 갈 수 없는 것이다(요 1:12-13; 엡 2:8-9; 요 3:3,5).

이 책을 읽는 독자는 진정으로 예수님을 만나 거듭났는가?

그로부터 2년 후

예수님께서 공생애를 시작하신 후 벌써 2년의 시간이 흘렀다. 예수님은 이전까지 사역의 무게 중심을 이스라엘 군중에게 두셨다. 그러나 공생애 말기에 접어들면서 세상을 떠나실 때가 임박해 오자 사랑하는 제자들에게 공개적인 선포가 아닌 개인적인 입장에서 가르치셨다. 즉 십자가에서 죽으실 것과 그리고 무덤에서 부활하실 것과 승천, 그리고 나아가 다시 재림하실 것을 언급하고 계심을 유의해 볼 필요가 있다. 이제 예수님은 십자가에서 죽으시기까지 약 1년가량을 남겨 두시고 자신이 바로 구약의 선지자들이 언급한 메시아 되심을 보다 더욱 명확하게 제시하여 주신다. 그렇게 함으로써 제자들이 믿음으로 굳게 서기를 원하셨다.

"내가 마실 잔을 너희가 마실 수 있으며 나를 잠기게 한 그 침례로 너희가 침례를 받을 수 있느냐?"

이 말씀을 하심으로써 예수님 자신이 가야 할 메시아의 길을 공개적으로 드러내고 계신 것이다(마 20:22 참고/ 마 26:24; 막 14:21; 눅 22:22). 예수님은 공생애 말기에서 인자가 마시려는 '고난의 잔'과 제자들이 가야 할 '제자의 길', 즉 제자도(弟子道, 눅 14:25-35)에 대하여 강조하고 계신다.

예수님은 공생애가 시작된 이후 벌써 2년 이상 말씀을 가르치셨고, 능력과 기적을 행하심으로 많은 병자를 고쳐주셨다. 물론 예수님은 제자들을 가르치시기에 적절한 학교 건물이 있는 것도 아니었지만 교실 안에서의 '탁상교육'만이 아닌 친히 제자들과 함께 '동가식서가숙'을 하시면서 몸소 본을 보여주셨다. 주변의 환경과 사물을 비유로 들면서 적절하면서도 최고의 교육방법을 통해 가르치셨다. 그리고 제자들이 배운 바 교훈들을 실천하도록 하셨다. 그런 과정을 통해 예수님은 인자가 세상에 오신 목적은 잃어버린 자를 찾아 구원하심이며, 섬기는 자가 큰 자라고 누누이 강조하셨다.

나사렛 출신이며 전직 목수였던 '예수제자학교'의 설립자요 동시에 무일푼의 최고경영자(CEO)였던 예수님을 따르던 대다수의 어부 출신 열두 명의 학생들은 여행하던 중 얼마나 배를 곯았으면 밀밭을 지날 때는 손으로 밀을 훑어 요기를 때웠겠는가? 그러나 이들은 애당초 호의호식하려고 주님을 따른 것이 아니며 사람을 낚는 어부가 되기 위해 결단한 제자들이었다.

침례자 요한이 헤롯에 의해 목 베임을 당하는 사건을 정점으로 예수님은 십자가 고난의 길로 한층 더 가까이 다가서시기 위하여 정치적인 소용돌이를 피하시고자 갈릴리 지역을 벗어나셨다. 주님은 급기야 제자들과 함께 이방인의 땅인 두로와 시돈까지 방문하셨고(마 15:21) 다시 요단강을 건너 동편으로 향하신 후에는 벳새다를 방문하셨다. 이제 갈릴리의 맞은 편 동쪽지방의 벳새다의 작은 언덕에서 어떤 일이 일어나고 있었는지 알아보자.

...3장

벳새다산의 예수 그리스도

(요 6:3)

• 벳새다산 •

벳새다는 갈릴리 바다의 북동쪽에 있으며, 갈릴리 바다를 전체적으로 볼 수 있는 아름다운 곳이다. 이곳은 베드로, 안드레, 빌립의 고향이며 오병이어의 이적을 행한 실제 장소이다. 이처럼 주님의 사역에 큰 비중을 차지하고 있다. 벳새다는 비울 때 넘치도록 채워주시는 신앙의 원리를 깨우쳐 주고 있다.

| 3장 |

벳새다산의 예수 그리스도

"이 일들 후에 예수님께서 갈릴리 바다 곧 디베랴 바다 건너편으로 가시매 큰 무리가 그분을 따르니 이는 그분께서 병든 자들에게 행하신 기적들 즉 그분의 기적들을 그들이 보았기 때문이더라. 예수님께서 산에 오르사 자기 제자들과 함께 거기 앉으셨는데." (요 6:1-3)

예수님께서 다시 산에 오르셔서 제자들과 함께 산에 앉아 계신다. 요한이 묘사한 곳은 벳새다의 마을에서 벗어난 한적한 들과 야산이 있는 곳이다. 벳새다는 북부 갈릴리의 수도라고 할 수 있는 가버나움에서부터 직선거리로 20여리, 약 8킬로미터를 동쪽으로 가로질러 있다. 이곳에 호수를 발아래에 두고 멋진 경관을 바라볼 수 있는 적당한 높이의 언덕이 있다. 4월 오후의 뜨거운 뙤약볕 아래에서 주님의 말씀을 듣고 있던 군중들에게 북쪽의 헬몬산에서 발원하여 간간이 불어오는 골바람은 적당하게 이들을 시원하게 하였을 것이다.

예수님은 3년간의 공생애를 보내시면서 세 번의 유월절을 보내셨다. 그런데 두 번째 맞이하신 유월절 기간 중에는 예루살렘 성전을 방문하지 않으시고 이곳 벳새다 광야로 오신 것이다. 주님은 이곳에서 오병이어의 기적을 통해서 장정만 오천 명을 먹이는 기적을 행하셨다. 의사 누가는 예수님의 벳새다 방문에 대하여 예리한 시각으로 당시의 모습을 이렇게 기록했다.

"사도들이 돌아와 자기들이 행한 것을 다 그분께 아뢰매 그분께서 그들을 데리고 은밀히 벳새다라는 도시에 속한 외딴 곳으로 가시니라." (눅 9:10)

예수님께서 제자들을 데리고 성전이 아닌 벳새다로 은밀한 여행을 가신 이유는 무엇일까? 독자들 또한 주님께서 어째서 예루살렘 성전에서 유월절을 보내지 않고 예루살렘과 거리가 먼 북동쪽 벳새다 광야로 나가신 것을 궁금하게 생각할 것이다.

이점을 이해하기 위해서 우리가 알아야 할 것은 예수님은 성부 하나님께서 정하신 '성경 시간표'에 따라 오셨고, 죽으셨고 그리고 부활하셨다는 사실이다. 그리스도는 구약의 많은 대언자들이 예언한 것처럼 정확한 장소와 때에 맞춰서 성경의 예언을 성취하셨다. 예수님은 공생애 기간중에 당시의 지도자들인 헤롯이나 대제사장들 또는 바리새인들 같은 무리들을 필요한 경우 의도적으로 회피하셨다.

예수님의 생애 가운데 첫 번째 은신하셨던 것은 주전 5년경에 헤롯 대왕이 아기 예수의 생명을 찾을 때 요셉과 마리아는 천사가 지시한대로 아기 예수를 데리고 이집트로 피난을 갔을 때이다. 당시 이집트의 나일강 서쪽 지대의 알렉산드리아의 인구는 백만 명이 넘는 대도시로 그중 삼분의 일이 유대인 공동체였다고 한다.

하나님은 동방에서 온 지혜자(동방박사)들이 예물로 가져온 황금과 유향과 몰약을 통해서 2년 안팎의 이집트 망명 기간 동안의 필요한 경비를 예비해 주신 것이다. 천지만물의 창조주이시며 전능하신 주님께서 유아기 시절부터 십자가의 정하신 때를 이루시기 위해서 피난까지 불사하셨으니 주님께서 고난 받으심을 향해 감사와 찬양을 올려 드린다.

예수님의 공생애 가운데 예수님께서 의도적으로 사역하고 계시던 장소를 벗어나 타지역으로 이동해 은신하신 경우는 모두 세 차례 찾아볼 수 있다. 이방 땅인 두로와 시돈 지역을 방문하여 수로보니게 여인의 딸을 치유하신 사건(마 15:21), 그리고 본문의 벳새다로 은신해 가신 경우와 마가단(또는 막달라 마리아의 고향인 막달라) 지역을 출발해서 가이사랴 빌립보 지방을 거쳐 헬몬산을 방문하신 사건이다(15:39-16:4). 나사렛 예수 그리스도께서는 헬몬산을 오르신 후 가버나움을 마지막으로 경유하신 후 유대 지방 예루살렘으로 내려가셔서 십자가 고난의 길을 걸으셨다.

이 모든 일련의 사건들은 예수님께서 죽음을 일 년 앞둔 주후 29년 초부터 같은 해 10월경에 이르는 초막절(또는 장막절)까지 연속적으로 일어난 사건들이다. 예수님께서 벳새다로 은신하신 것은 침례자 요한의 목 베임 당한 사건과 연루되는 일을 피하시기 위한 의도이셨다. 의사인 누가는 다른 각도에서 예수님과 헤롯 간의 갈등적인 문제를 다루고 있다. 뿐만 아니라 누가는 당시 팔레스타인의 통치자들에 대한 기록을 남겼다.

역사적 기록은 그래서 매우 중요한 것이다. 카이사르 티베리우스의 통치 15년에 본디오 빌라도가 유대의 총독으로 부임하여 다스리게 되었고, 헤롯은 갈릴리의 사분영주로, 그의 동생 빌립이 이두래와 드라고닛 지방의 사분영주로, 루사니아가 아빌레네의 사분영주로 통치하고 있었다(눅 3:1). 누가복음 13장 31-33절을 보면 예수님은 헤롯의 수하일 가능성이 많은 바리새인들이 예수님께 모종의 협박 비슷한 제안을 할 때에 다음과 같이 대답하셨다.

> *"같은 날 어떤 바리새인들이 와서 그분께 이르되, 나가서 여기를 떠나소서. 헤롯이 당신을 죽이려 하나이다. 하매 그분께서 그들에게 이르시되, 너희는 가서 저 여우에게 이르기를, 보라, 오늘과 내일 내가 마귀들을 내쫓고 치료하다가 셋째 날에 완전하게 되리라. 하라 그럼에도 불구하고 오늘과 내일과 모레는 내가 반드시 걸어야 하리니 대언자가 예루살렘 밖에서 죽을 수는 없느니라."*

침례자 요한이 살해당함으로써 유대인들의 심리적 상태가 불안한 가운데 있었기 때문에 사회적 안정을 고려한 헤롯은 예수님을 자신의 관할 구역에서 내보내기를 원했을 것이다. 예수님은 헤롯의 이 같은 간교를 아셨기에 그를 여우라고 말씀하셨다.

동서양 모두가 간교한 사람을 여우로 비유하는 것이 흥미롭다. 신약시대 팔레스타인 전역에 분포한 여우는 간교한 사람을 지칭할 때 언급되는 동물이다. 예수께서 헤롯을 여우라고 표현하신 것은 헤롯의 교활함과 간사함을 간파하셨기 때문이다. 여우는 사자에 비하면 보잘것없는 짐승이다. 이처럼 사자가 상징인 유대 지파의 후손인 예수님(창 49:8-9)께서 헤롯을 여우라고 부른 또 다른 이유는 그는 주님 앞에 지극히 하찮은 존재이며 그리스도는 결코 그의 협박을 두려워하지 않으셨다는 것을 간접적으로 나타내 보이신 것이다. *"셋째 날에 완전하게 되리라"*고 말씀하심과 *"대언자가 예루살렘 밖에서 죽을 수는 없느니라"*고 하신 뜻은 주님께서 예루살렘에서 십자가에 못 박혀 죽으신 이후 사흘 만에 부활하실 것을 말씀하신 것이다.

본 구절에 여우로 언급된 분봉왕 헤롯에 대해 조금 더 언급해 보고자 한다. 그는 팔레스타인을 네개 지역으로 나누어 다스리던 사분영주(四分領主) 중에 한 사람으로 헤롯 아켈라오의 친동생인 헤롯 안티바다. 그는 갈릴리와 베레아 두 지역을 통치하던 헤롯 대제의 악함을 그대로 빼닮은 폭군이었다. 마태는 그의 복음서 1장에서 아브라함과 다윗의 자손으로 오신 예수님의 계보를 기록한 이후 2장에서 곧 바로 예수님의 탄생 사건 당시 발생했던 정황을 자세히 기록하였다.

예수님께서 베들레헴에 태어나실 때 팔레스타인을 다스리고 있던 자는 헤롯 대제였다. 헤롯이 죽은 이후 그의 세 아들이 팔레스타인을 나누어서 다스렸다. 예수님께서 태어나실 무렵에 헤롯 대왕이 팔레스타인을 통치하고 있었는데 동방에서부터 지혜자들이 별을 보고 메시아의 탄생을 경배하러 왔을 때 헤롯은 메시아를 없애려 했었다. 천사의 지시를 받고 아기 예수를 모시고 이집트로 피난 갔던 요셉과 마리아는 헤롯이 죽었으니 이스라엘 땅으로 돌아가라는 천사의 지시로 이집트를 떠나 다시 유대로 돌아오게 된다. 그런데 요셉은 유대를 다스리고 있던 아켈라오가 두려워 고향인 베들레헴에 정착하지 않고 헤롯 안티바가 통치하고 있는 북부 갈릴리 지역의 나사렛으로 올라갔다. 이는 예수께서 나사렛 사람으로 불리리라는 선지자의 예언의 말씀을 이루려 함이었다. 그래서 사분영주가 통치하고 있던 당시의 정치적 배경을 이해하면 예수님의 유년기를 잘 이해할 수 있다(마 2:20-23).

팔레스타인의 사분영주(四分領主)

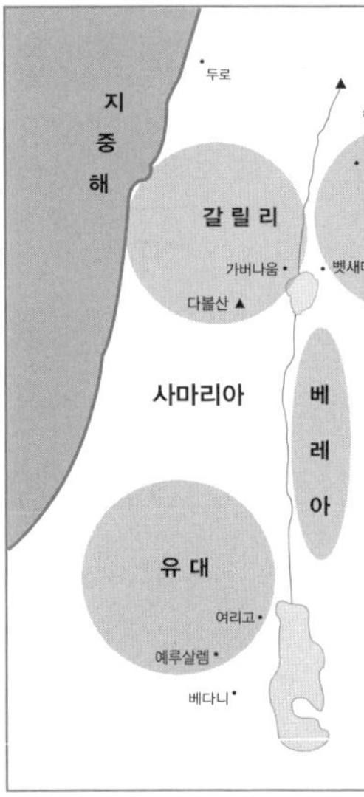

헤롯대왕의 세아들(팔레스타인의 사분영주)

아켈라오: 유대지역 통치

헤롯 안티바: 갈릴리와 베레아 통치

빌립2세: 이두래 통치

예수님은 사역의 최고 전성기간을 갈릴리의 가버나움에서 보내셨다. 그런데 예수님께서는 가버나움을 떠나 벳새다로 옮겨 은신하신 적이 있으셨다. 이유는 헤롯 안티바의 통치 관할 구역을 잠시 벗어나 선정을 행하던 분봉왕 빌립이 통치하던 이두래 지역으로 건너가신 것이다. 예수님은 십자가에서 대속의 죽음을 앞두고 침례자 요한이 죽임을 당한 그 무렵에 정치적인 일로 연루되는 것을 원치 않으신 것이다. 예수님께서 이두래 지방의 벳새다로 건너가신 또 다른 목적은 십자가에서의 죽으심을 상징하는 오병이어의 기적을 행하심으로 자신이 메시아이심을 보여주시기 원하셨기 때문이다.

벳새다의 오병이어

예수께서 벳새다에 가신 첫째 목적은 위에서 언급한 바와 같은 특별한 이유도 있었지만 예수님 자신과 제자들의 휴식을 위해서였다. 마태복음 6장 7절을 보면 예수님은 열두제자를 둘씩 짝을 지어 전도를 위하여 파송하셨다. 제자들은 주님께서 일러주신 대로 수칙에 따라 복음을 선포하였다. 열두제자는 처음으로 주님을 떠나 그 동안 '예수제자학교'에서 배운 이론들을 처음으로 실천해 보는 현장학습을 한 셈이다. 제자들은 첫 실습을 성공적으로 마무리 지었다. 제자들은 돌아와서 그동안 경험한 일들을 흥분과 감격 가운데 예수님께 보고를 드렸다(막 6:30). 피곤했던 전도여행 직후였음에도 불구하고 오가는 무수한 사람들로 인하여 제자들은 식사할 겨를도 없이 바빠졌다. 이때 주님께서 제자들에게 이렇게 말씀하신다. *"그분께서 그들에게 이르시되, 너희는 따로 외딴 곳에 가서 잠시 쉬라."*

제자들은 예수님을 모시고 육로를 피해서 배를 타고 가버나움의 맞은편인 벳새다로 건너갔다. 제자들은 오랜만에 휴식의 시간을 갖게 된 것이다. 저들이 도착한 곳은 갈릴리 호수를 내려다 볼 수 있는 벳새다의 들풀이 바람에 흔들리는 한적한 언덕이었다(마 14:19). 예수님은 의도적으로 한 가지 목적을 이루시려고 제자들을 데리고 그곳으로 가신 것이다.

예수님은 피곤에 지쳐있던 제자들에게 따로 은밀히 벳새다로 건너가서 쉬라고 하셨지만 예수님의 열정은 결국 그곳에서도 쉬지 않으시고 영혼들을 돌보셨다. 예수님과 제자들은 은밀히 이동하였지만 어떻게 알았는지 끈덕지게 따라온 수많은 무리들이 어느새 예수님 앞에 와 있었다. 무리를 보신 예수님은 그들을 불쌍히 여기셨고 말씀을 가르치시며, 병자들을 치료해 주셨다. 마태는 벳새다에서 열정적으로 일하시고 섬기셨던 예수님의 모습을 다음과 같이 기록하였다.

"예수님께서 나아오셔서 큰 무리를 보시고 그들을 불쌍히 여기는 마음을 가지사 그들의 병든 자들을 고쳐 주시니라." (마 14:14)

예수님은 큰 무리를 보시고 그들을 불쌍히 여기셨다. 주님은 한 나절 이상 병자들을 고치셨다. 그리고 어느덧 저녁이 되었다. 예수님께서 일하시는 모습을 지켜보던 제자들은 정말로 피곤에 지쳐서 그랬는지 모르지만 예수님께 나아와서 무리를 보내기를 제안하였다(15절).

"저녁이 되매 그분의 제자들이 그분께 나아와 이르되, 이곳은 외딴 곳이요 때도 이제 지났으니 무리를 보내어 그들이 마을로 들어가 양식을 사게 하소서, 하거늘."

그런데 사도 요한은 이 장면을 또 다른 각도에서 기록하였는데 예수님은 이때 제자들의 믿음을 시험하고 계셨다.

"예수님께서 눈을 들어 큰 무리가 자기에게 오는 것을 보시고 빌립에게 이르시되, 우리가 어디서 빵을 사서 이들을 먹이겠느냐? 하시니." (요 6:5).

주님의 물으심에 빌립이 무엇이라고 대답하는가?

"빌립이 그분께 대답하되, 그들이 각각 조금씩 받을지라도 이백 데나리온 어치의 빵이 그들에게 충분치 아니하리이다, 하매" (7절)

예수님께서 어디서 빵을 살 것인지 물으셨다. 이때 숫자 계산에 능한 빌립은 모인 군중을 다 배불리 먹이려면 2백 데나리온이 필요하다고 동문서답을 했다. 2백 데나리온은 당시 성인 한 사람의 2백 일치 임금에 해당하는 엄청난 큰돈이다. 2백 데나리온은 대충 계산해도 오늘날의 가치로 1천만 원이 넘는다. 그러나 엄밀하게 말하면 주님이 물으신 것은 얼마의 돈이 아니라 어디서 빵을 살 것인가에 대한 질문이었다. 다시 말하면 주님은 제자들에게 정작 있어야 할 것은 돈이 아니라 믿음이 있어야 함을 알려주기 원하셨던 것이다. 왜냐면 6절을 보면 주님은 제자들에게 질문을 하시기 전에 이미 예수님의 마음속에는 어떻게 저들을 먹여 주실지 구체적인 계획을 갖고 계셨기 때문이다.

"그분께서 이렇게 말씀하신 것은 친히 행하실 것을 아셨으므로 그를 시험하고자 하심이더라." (6절)

독자들이 이미 숙지하고 있겠지만 '오병이어'의 기적은 4복음서에 모두 기록되어 있다. 마태는 다른 복음서의 저자들과 또 다른 각도에서 기록을 하였는데 예수님은 다음과 같은 말씀으로 제자들을 도전하게 하셨다.

"예수님께서 그들에게 이르시되, 그들이 떠날 필요가 없다. 너희가 그들에게 주어 먹게하라 하시며." (마 14:16)

이 말씀은 2천 년 전뿐만 아니라 오늘을 살아가는 모든 성도와 한국교회를 향한 주님의 음성으로 받아야 한다. 물론 오늘날 한국교회가 처한 경제적인 상황과 여건은 천차만별이다. 미자립교회나 개척교회들의 어려움은 말할 나위가 없지만 대형교회들은 그 나름대로 경제적인 압박과 사정이 있을 것이라고 생각한다. 그러나 이 질문을 오늘날 한국교회들에게 던져 본다면 어떤 반응이 있을 것인가?

최근 한국교회들이 금융권에서 융자를 받아 매월 상환하고 있는 전체 부채액은 2조 원에 이른다는 보고가 있다. 정말 엄청난 짐을 지고 있는 것이다. 어찌 보면 지금 한국교회는 예배당이나 시설을 갖추는데 있어서는 당대에 성공을 이루었는지는 모른다. 그러나 막대한 부채를 갚아가야 하는 것은 다음 세대의 몫이기 때문에 진정한 의미에서 무엇이 성공인지는 다시 생각해야 한다.

오병이어의 사건이 있은 후 1년이 조금 더 지난 어느 날이다. 예수님은 이미 승천하시고 약속하신 대로 성령을 보혜사로 보내주셨다. 예루살렘 한복판에서 보여준, 여전히 다혈질적인 베드로의 선포가 참 마음에 와 닿는다.

"그가 그들에게서 무엇을 받으려고 기대하며 그들에게 주의를 기울이거늘 이에 베드로가 이르되, 은과 금은 내게 없거니와 내게 있는 것을 네게 주노니 나사렛 예수 그리스도의 이름으로 일어나 걸으라, 하고." (행 3:5-6)

베드로의 이러한 선포와 행동에 대해, 부활하셔서 하나님의 보좌 옆에 계신 주님은 베드로를 향해 미소를 지으시면서 그에게 박수갈채를 보내셨을 것이라고 생각한다. 분명히 말하고 싶은 것은 한국교회가 모두 다 그런 것은 아니며 또 그렇게 되지 않기를 간절히 바라지만, 한국교회는 예수의 이름보다는 우리가 가진 것의 소유에 집착함으로써 우리 사회와 이웃에게 진정으로 주어야 할 것을 주지 못하고 있지는 않은가 자문해야 한다.

우리가 이 시대에 정녕 확신하는 가운데 전해야 할 것은 은과 금이 아니라 진정 외쳐야 할 것은 나사렛 예수, 구원자 예수의 이름이다! 즉, 참된 복음을 우리 사회에 전해야 한다. 한국교회가 이 시대에 진정으로 필요한 것은 외형적인 건물이나 숫자보다도 복음을 전하여 영혼들을 구원하는 일이다. 이것이 진정한 의미의 성공적인 한국교회의 모습이 될 것이다(수 1:8).

베드로와 요한에 의해 치유 받은 이 사람은 마흔 살이 넘었는데 태어날 때부터 걷지 못하여 줄곧 구걸하는 인생을 살아왔다(행 4:22). 이 사람에게 필요한 것은 물론 은과 금이었으나 절대적이고 우선적으로 필요한 것은 돈이 아닌 생명이었다. 구걸하기 위하여 매일 성전의 미문과 집을 오고 가기를 수십 년간 반복했음에도 불구하고 실제적으로 성전 안으로 들어가 살아 계신 하나님을 예배하지는 못했었다. 그러나 이 사람이 고침 받고 난 이후에 일어난 변화를 보라. *"그가 껑충 뛰어 서서 걸으며 그들과 함께 성전으로 들어가면서 걷기도 하고 뛰기도 하며 하나님을 찬양하니라"(8절).*

매일 성전에 갔어도 실상은 예배하기 위해 안뜰로는 들어가지 못했을 것이다. 예배하고 싶어도 율법에 따라 자격 미달이었다. 그런 그가 예수님의 이름을 통해 인생이 달라졌다. 그는 기쁨에 벅찬 몸과 마음으로 성전에 들어가면서 걷기도 하고 뛰기도 하면서 하나님을 찬양하는 인생으로 바뀐 것이다. 이것이 바로 약 2년 전, 벳새다 광야에서 주님이 말씀하셨던 너희가 먹을 것을 주라는 말씀에 대한 결과가 베드로의 사역에 나타난 것이 아니고 무엇인가! 오늘날 한국교회의 목회자들과 설교자들의 책임은 복음 선포라는 사실을 잊지 말아야 한다.

덧셈은 우리 몫, 곱셈은 주님의 몫!

빌립의 친구이자 같은 고향 출신인 안드레는 빌립만큼 신속한 계산은 하지 못했다. 그러나 한 소년을 데리고 주님 앞으로 가서 소년이 지닌 보리 빵 다섯 개와 물고기 두 마리(굵직한 멸치 크기의 작은 물고기)를 주님께 드렸다. 안드레가 주님께 드린 말에 대하여 귀 기울여 들어보자.

"여기 한 소년이 있는데 그가 보리 빵 다섯 개와 작은 물고기 두 마리를 가지고 있나이다. 그러나 그것들이 이 많은 사람들에게 얼마나 되겠나이까? 하니…" *(요 6:9)*

이 한 구절 속에 들어 있는 세 개의 수식어를 살펴보자. ***한 소년, 작은 물고기 두 마리*** 그리고 ***그러나***이다. 특히 '그러나'라는 관계접속사를 생각해 보고자 한다. 그러나 이후의 문장은 항상 앞의 문장의 서술에 부정적인 의미를 강조한다. *"그러나 그것들이 이 많은 사람들에게 얼마나 되겠나이까?"* 안드레가 제시한 '오병이어'를 가지고서 5천 명, 아니 1만 명 안팎의 수많은 군중들을 위해서는 상식적으로 어림도 없이 부족하다.

빌립이 방금 계산하여 주님께 보고한 '2백 데나리온 어치의 빵'에 대한 소식도 안드레는 들었을 것이다. 그러나 문맥의 정황으로 보아 예수님은 빌립이나 안드레에게 이렇다 할 부정적인 측면에서의 책망이나 꾸짖음은 없으셨다. 그러나 안드레가 소년에 대한 상황 설명을 드리자마자, 예수님은 그 '작은 것'을 통해서 즉시 기적을 위한 행동을 전개하고 계심을 유의해서 볼 필요가 있다. 본문의 정황을 보아서 안드레가 주님의 능력을 믿었기 때문에 한 소년을 인도하여 그가 지닌 '작은 것들'을 주님께 드렸다거나 또는 안드레는 최소한 빌립보다는 믿음이 있는 행동을 하였다고 단언할 수는 없다. 그러나 저자 요한의 의도는 무언가 두 제자 사이의 '다름'을 비교하면서 주님께서 물으셨던 질문, "우리가 어디서 빵을 사서 이들을 먹이겠느냐?" 하신 질문에 최소한 믿음으로 나타낸 행동은 빌립이 아닌 안드레의 순수하고 진솔한 고백이며 결단이라고 볼 수 있다.

독자들이여, 기억하시라! 주님은 우리에게 곱셈의 일을 요구하시는 것이 아니라 덧셈을 원하신다. 내가 가진 것이 비록 작은 것일지라도 믿음과 기쁨으로 자원하여 바치는 것을 원하신다. 그것이 내가 감당해야 할 몫이며 우리 모두의 몫인 것이다.

부언한다면 믿음은 우리의 몫이고 우리 믿음을 보시고 기적을 만드는 것은 주님의 몫인 것이다. 열왕기상 17장에 보면 엘리야가 기도한 것처럼 이스라엘 땅은 수년 간 우로가 그쳐 극심한 가뭄에 처하게 되었다. 하나님은 엘리야를 시돈 땅에 속한 사르밧 과부의 집에 보내셔서 공궤를 받게 하셨다. 왜 하필이면 가난한 과부의 집으로 보내셨을까? 이왕이면 돈 많은 과부나 부잣집이면 금상첨화가 아니겠는가!

9절에 보면 하나님은 엘리야에게 *"너는 일어나 시돈에 속한 사르밧으로 가서 거기 거하라. 보라, 내가 그곳의 과부 여인에게 명령하여 너를 돌보게 하였느니라"*라고 말씀하신다. 엘리야는 하나님의 명하심에 따라 사르밧 지역의 과부의 집을 찾아 갔다. 그리고 그녀를 만나자 뻔뻔하게 요구하기를 *"원하건대 네 손의 빵 한 조각을 내게로 가져오라"*고 한다. 12절의 엘리야의 요구에 대한 가련한 이 과부의 대답을 보자.

> *"그녀가 이르되, 주 당신의 하나님께서 살아 계심을 두고 맹세하옵나니 내게는 납작한 빵이 없고 다만 통에 가루 한 움큼과 병에 기름이 조금 있을 뿐이니이다. 보소서, 내가 나뭇가지 두 개를 줍고 안으로 들어가 나와 내 아들을 위해 그것을 차려서 우리가 먹고 죽으려 하나이다."*

이 과부의 대답을 잘 관찰해 보자. 그녀는 *"주 당신의 하나님께서 살아 계심을 두고 맹세하옵나니"*라고 표현하였다. '당신의 하나님'으로 대답한 것을 볼 때, 그녀는 이방사람이었음을 알 수 있다. 당시 페니키아의 시돈 사람들은 바알 신을 믿고 있었다. 그리고 그의 집안에는 납작한 빵이 없다고 고백한 의미는 구워둔 여분의 빵도 이미 다 먹어 버렸다는 뜻이다. 이제 마지막 남은 한 움큼의 밀가루로 빵을 구워 아들과 함께 먹고 나면 그것이 '최후의 만찬'이 될 것이기에 굶어 죽을 각오를 하고 있었던 것이다. 이런 상황에서 엘리야의 요구는 어떤 모습인가? *"두려워하지 말고 가서 네가 말한 대로 하려니와 먼저 그것으로 나를 위해 작은 빵 하나를 만들어 내게로 가져오고 그 뒤에 너와 네 아들을 위해 만들라"*라고 집요하게 요구하고 있다.

*"먼저 그것으로 나를 위해 작은 빵 하나를 만들어 내게로 가져오고"*라는 문구를 생각해 보자. 하나님의 종으로서 너무 치졸하지 않은가? 가련한 과부 모자를 생각한다면 차라리 냉수로 배고픈 허기를 때우는 한이 있어도, 돕지는 못할망정 벼룩의 간을 꺼내 먹는 것으로 생각할 수도 있기 때문이다. 그러나 이것은 사람의 생각이다. 하나님의 방법과 계획은 포기할 수 없는 마지막의 것일지라도 먼저 하나님께 드리면 복이 임한다는 사실을 그는 잘 알고 있었고, 그 기적을 체험할 수 있도록 그녀를 초대하는 선언이었다.

14절에 엘리야는 하나님으로부터 들은바 있던 하나님의 말씀을 그녀에게 숨김없이 고한 것이다.

"주 이스라엘의 하나님께서 이같이 말씀하시기를, 주가 비를 땅 위에 내리는 날까지 그 통의 가루가 다하지 아니하고 그 병의 기름이 없어지지 아니하리라, 하시느니라, 하니라."

하나님은 무에서 유를 창조하셨다! 예수 그리스도 전능하신 하나님은 한 소년이 드린 '작은 것'이 없어도 얼마든지 기적을 이루실 수 있는 하나님이시다. 그러나 주님은 드려진 작은 것을 통해서 기적을 이루셨음을 기억할 필요가 있다. 그 말을 들었던 사르밧 과부는 순종하였고 그 결과는 다음과 같다.

"그녀가 가서 엘리야의 말대로 하였더니 그녀와 엘리야와 그녀의 집이 여러 날 먹었으나 주께서 엘리야를 통하여 친히 하신 말씀대로 통의 가루가 다하지 아니하고 병의 기름이 없어지지 아니하니라." (15-16절)

당시의 가뭄은 3년 6개월간이나 지속되었는데(약 5:17) 엘리야가 사르밧 과부의 집에 오기 전 그릿 시냇가에 머문 기간(2-7절)을 제외하더라도 엘리야는 사르밧 과부의 집에서 2년 이상 공궤를 받았을 것이다. 이 말은 한 번의 작은 섬김으로 2년 이상의 필요한 양식을 보상으로 공급 받았다는 계산이다(마 10:41).

또한 15-16절 말씀을 보면 *"그녀의 집이 여러 날 먹었으나 주께서 엘리야를 통하여 친히 하신 말씀대로 통의 가루가 다하지 아니하고 병의 기름이 없어지지 아니하니라"*고 할 정도로 온 가족에게까지 구원의 은총을 끼쳤으니 하나님의 약속은 얼마나 신실하고 정확한가!

이것이 신구약성경에 기록된 수많은 믿음의 사람들이 경험한 바요 전능하신 하나님께서 일하시는 방법이다. 그리고 그와 같은 방법은 오늘날에도 여전히 일어난다고 믿는다. 내가 가진 것을 먼저 주께 '더하여' 드리면 주님은 절대 잊지 않으신다. 주님은 우리의 덧셈을 통해서 '곱셈'의 기적을 만드셔서 '곱빼기'로 되갚아 주시기 때문이다. 이런 원리가 신약에서 말하는 '복의 황금률'이다.

"주라. 그리하면 너희에게 줄 것이니 곧 후히 되어 누르고 함께 흔들고 넘치게 하여 사람들이 너희 품에 안겨 주리라. 너희가 잴 때 쓰는 그 척도로 너희가 다시 평가를 받으리라, 하시니라." (눅 6:38)

뿐만 아니라 사르밧 과부의 기적 사건에 대하여 예수님은 누가복음 4장 25-26절에서 신약시대의 사람들에게 언급하실 만큼 자신의 것을 드린 여인으로 회자되고 있다는 사실이다.

"그러나 내가 너희에게 진실을 말하노니, 엘리야 시대에 삼 년 육 개월 동안 하늘이 닫혀 온 땅에 두루 큰 기근이 들었을 때에 이스라엘에 과부가 많이 있었으되 엘리야가 그들 중 아무에게도 보내어지지 아니하고 오직 시돈의 도시 사렙다에 사는 한 과부 여인에게만 보내어졌으며."

필자는 중국에서 선교사역을 감당하면서 사역에 직접적인 관련이 없는 중국 사역자들이나 그 자녀들이 물질적인 도움이 필요하다는 소식을 들었을 때, 작지만 정성껏 온정을 베풀었다. 구체적으로 지면에 언급할 수는 없지만 하나님은 필자가 중국인들을 위해 드린 액수보다 실제적으로 백 배, 천 배 이상으로 갚아 주셨다. 또 다른 한 예를 들면, 중국에서 12년을 살면서 감사하게도 우리는 물질적으로 어려움을 느끼지 않고 살았다. 그러나 한 번은 우리 세 아들의 학비가 부족했을 때가 있었다. 그런데 내가 상해에서 개척한 가정교회의 한 형제가 뜻밖에 아이들의 학비에 사용하라고 적지 않은 돈을 건네주어서 요긴하게 학비로 사용한 적이 있다.

어느 날인가는 한국에서 목사님들이 나의 선교현장을 찾아오신 적이 있었다. 그중 한 목사님이 교회 성도가 사랑의 헌금이라고 보내온 인민폐를 '뭉칫돈'으로 내게 전달하였다. 일면식도 없는 분이 나의 어려움을 채워주었다. 그때도 새 학기 초여서 아이들 학비가 부족했었는데 하나님은 우리의 필요를 이미 아시고 계셨던 것이다. 나는 작은 것을 드렸을 뿐인데 하나님은 '곱셈'으로 갚아 주신 것이다.

중국을 떠나 한국에서 목회를 해온 지 올 해 5년째를 맞이하고 있지만 중국에서의 12년 동안 우리 가정과 사역의 필요들을 정확하게 아시고 우리가 필요한 것 이상으로 넘치고 또 넘치도록 공급해 주신 하나님의 신실하심을 생각하면 지금도 하나님께 감사를 드린다.

물질의 복을 받는 비결은 물질을 하나님께 드리는 것이다! 궁핍할수록 하나님께 인색해지면 그 어려움을 벗어날 수 없다. 우리 몸의 근육이 쓰면 쓸수록 세지고 강해지는 것처럼 하나님께 물질을 드리면 드릴수록 하나님께서 갚아주시고 윤택케 하신다. *"남아 있는 조각들을 거두어 잃어버리는 것이 없게 하라!"* 오병이어의 기적 사건은 단순히 우리에게 물질적인 축복에 대한 가르침만 주는 것이 아니다. 오병이어의 기적의 핵심은 무엇인가? 예수 그리스도께서 하나님의 아들로 이 세상에 오신 구세주라는 것을 증명해 주는 기적이다.

요한복음에는 예수께서 행하신 7개의 기적이 있는데 오병이어는 네 번째 기적사건이다. 앞서 이미 언급했듯이 예수 그리스도는 3년의 공생애 기간 중에 두 번째의 유월절을 광야에서 보내셨다. 사도 요한이 기록한 본문 요한복음 6장 11절을 보자.

> *"예수님께서 **빵을 집으사 감사를 드리신 뒤에** 제자들에게 **나누어 주시니** 제자들이 자리를 잡은 자들에게 나누어 주고 또 그와 같이 물고기도 그들이 원하는 대로 주시더라."*

위의 말씀과 누가복음 22장 19절을 비교해 보자.

> *"또 그분께서 **빵을 집으사 감사를 드리시고** 그것을 떼어 그들에게 주시며 이르시되, 이것은 너희를 위하여 준 내 몸이라. 나를 기억하여 이것을 행하라, 하시고."*

즉, 예수님은 오병이어의 기적을 행하신 후 정확히 1년 지나서 요한 마가의 다락방에서 사랑하는 제자들과 최후의 만찬을 행하셨다. 누가가 기록한 마가 요한의 집에서 가졌던 최후의 만찬에서 예수님께서 빵을 집으사 그것을 떼어 주신 것은 벳새다에서 어린 아이가 가져온 **빵을 집으사 감사를 드리신 뒤에**(기도하신 뒤에)라는 모습이 너무도 흡사하지 않은가?

벳새다의 오병이어의 기적이 있은지 정확히 1년 후, 그 다음 유월절 기간 중에 예수님은 자신의 몸을 십자가에 내어 드려 찢김 당함으로 세상 모든 사람들의 죄를 담당하셨다. 즉, 벳새다의 오병이어의 기적을 이루실 때 빵을 집으시고 감사 기도를 드리신 후에 빵을 떼어 주신 것은 자신의 찢기신 몸을 상징한 것이었음을 우리는 알아야 한다.

예수님은 벳새다 광야에서 오병이어 기적을 행하신 사건 이후에 가버나움으로 다시 돌아오셨고, 그곳에서 유대인들에게 *"내가 곧 생명의 빵이니 내게 오는 자는 결코 주리지 아니할 것이요, 나를 믿는 자는 결코 목마르지 아니하리라"*고 말씀하셨다(요 6:35). 주님은 말씀하신다.

> *"그들이 배부른 뒤에 그분께서 자기 제자들에게 이르시되, 남아 있는 조각들을 거두어 잃어버리는 것이 없게 하라."* (요 6:12)

나사렛 예수 그리스도 우리 주님은 전지전능하신 하나님이시다. 무엇을 원하시든지 원하시는 바는 언제든지 즉시 이루실 수 있으신 분이시다. 아울러 주님은 자신이 이루신 기적의 결과에 대해서는 언제나 사람들로부터 감사한 마음으로 받아들여지기 원하신다. 또한 그 체험으로 인해 믿음이 더욱 강건해지고 사람들에게 전파되기를 원하신다. 즉, 주님의 행하신 일들에 대하여 존중히 여김 받으시기 원하신다.

종종 우리는 철 지난 것이나 생산량이 너무 많거나 판매되지 않아 '덤핑'(Dumping, 내던져 버린다는 뜻) 처리되는 상품들을 볼 수 있다. 주님은 당신의 기적의 결과들에 대하여 낭비되거나 또는 방치되는 것을 원치 않으신다.

그리스도인들이 주의해야 하는 것은 주님께서 베푸신 은혜에 대하여 당연시 여기는 태도와 생각이다. 예수님은 무리들이 배불리 먹은 후에 남아 있는 조각들을 거두어 잃어버리는 것이 없게 하라고 말씀하셨다. 예수님이 원하시면 언제든 돌로도 떡 덩이가 될 수 있게(참조/ 마 4:3) 하실 수 있는 능력의 주님이시다. 예수님은 베푸는 것은 관대하시지만 그러나 낭비는 금하시는 주님이심을 알아야 한다. 오병이어의 기적을 행하신 예수님께서 13절을 기록해 두신 의미는 우리로 하여금 많은 것을 생각하게 한다.

"그들이 그것들을 다 거두고 충분히 넘치게 먹은 자들이 남긴 보리 빵 다섯 개의 조각들로 열두 바구니를 채웠더라."

수많은 군중이 넘치게 먹고도 남긴 음식은 열두 바구니를 가득 채웠다. 열둘이란 숫자는 아주 특별한 숫자이다. 1년이 12달인 것을 시작해서 이스라엘의 12지파, 천국의 12대문과 12기초석 등은 우연의 조합이 아니기 때문이다. 그리고 숫자 12는 '충만함'과 '완전함'을 나타낸다.

한 작은 소년이 가지고 온 적은 양의 음식이 주님께 드린바 되었고 그리고 주님은 그 빵을 손에 집으사 기도를 드렸을 때 기적이 이루어졌다. 사람의 부족함이 주님의 손에 들려졌을 때 충만하게 되었고 완전하게 된 것이다. 우리 인생의 모든 부족함과 허물과 추함과 연약함이 그분께 드려지고 맡겨지게 되면 정결하게 되고, 온전해지고, 거룩하게 되는 역사가 일어난다.

남은 열두 광주리에 가득한 빵과 물고기는 누구의 몫이 되었을까? 군중들 가운데 있는 할머니들이 손주들 생각해서 챙겨갔을까? 한국의 할머니들이 하는 습관처럼… 아니다! 남은 몫은 제자들의 것이 되었을 것이다. 왜냐하면 유대인들의 풍속에는 식사 후에 남은 음식은 봉사자들의 분깃이 되기 때문이다. 제자들은 모두 공평하게 한 바구니씩 특별 '보너스'를 받았다. 그리고 수일 간 그 음식을 먹으면서 많은 생각을 하였을 것이다.

독자들이 그 자리 현장에 있던 제자들이라고 생각하고, 주님이 하셨던 아래의 말씀을 다시 묵상해보자.

"우리가 어디서 빵을 사서 이들을 먹이겠느냐?"

"그들이 떠날 필요가 없다. 너희가 그들에게 먹을 것을 주라."

제자들은 수일 간 거두어들인 열두 광주리의 음식을 먹을 때마다 두 가지 마음, 부끄러움과 환희가 교차되었을 것이다. 무명의 한 작은 소년이 주께 드린 보리떡 다섯 개와 물고기 두 마리는 주님의 손에서 기적으로 변했고 열두제자의 손끝을 거쳐 다시 벳새다 언덕의 푸른 풀밭에 그룹으로 둘러앉은 수많은 군중들의 손에서 손으로 전달되었다. 나는 작고 보잘 것 없는 것을 드렸지만 주님은 나의 부족함을 통해서 완벽한 일을 이루시는 주님이시다. 우리의 인생을 더욱 주께 드려야 할 이유가 바로 여기에 있다.

갈릴리 호수의 저녁노을에 비친 군중들의 행복과 기쁨으로 밝게 빛나던 모습은 영원히 잊지 못할 교훈과 추억으로 제자들의 가슴에 남았을 것이다. 주님은 가장 자비로우시며 지혜로우신 교사가 아니신가!

아, 벳새다여!

이 바닷가 마을의 이름은 로마황제 아구스도(Augustus, B.C. 31-A.D. 14 재위. 로마의 첫 황제 옥타비아누스를 말함)의 딸 벳새다 율리오의 이름에서 유래되었다. 벳새다란 '어부의 집'이란 뜻이다. 그래서인지 이곳엔 전업 어부들이 많이 살고 있었고 안드레와 빌립 나다나엘 그리고 베드로가 이곳 출신이다.

벳새다는 '사도들의 고향'이라고 불러도 과언이 아닐 정도로 다수의 제자들을 배출한 어촌이다. 예수님께서는 요한복음에 나타난 7가지 기적 중 네 번째 기적인 오병이어 기적을 벳새다에서 행하셨지만 그 명성에 어울리지 않게 벳새다는 주님을 불신하고 배척하였다.

> *"고라신아, 네게 화가 있을지어다! 벳새다야, 네게 화가 있을지어다! 너희 안에서 행한 능력 있는 일들을 두로와 시돈에서 행하였더라면 그들이 벌써 오래 전에 굵은 베옷을 입고 재 속에 앉아 회개하였으리라. 그러나 심판 때에 두로와 시돈이 너희보다 견디기 쉬우리라. 가버나움아, 네가 하늘에까지 높여졌으나 지옥에까지 쫓겨 내려가리라."* (눅 10:13-15)

누가복음과 마태복음에 언급된 이 세 개의 도시는 모두 갈릴리 바다에 근접한 도시들이다. 가버나움은 갈릴리 바다를 끼고 있는 북부 지역에서 제일 번화하여 수도와 같은 큰 성읍으로 자리 잡았다.

고라신은 "나무가 많은 곳"이라는 뜻이다. 고라신에 대해서는 자료가 없어 상세한 지역정보를 알 수 없다. 고라신은 가버나움 북쪽 3킬로미터 지점에 위치해 있는데 밀을 경작하였으며 갈릴리 어부들의 거주지였다. 그리고 벳새다는 가버나움에서 오른 쪽 동편에 위치해 있는데 요단강을 사이에 두고 고라신에서 5킬로미터가량의 거리에 벳새다가 자리하고 있으니 이 세 도시는 삼각형 구조로 자리 잡고 있다.

예수님께서 가장 많은 기적과 치유와 말씀을 전하셨을 만큼 사역의 전초기지로 삼으신 곳이 가버나움이었다. 그리고 벳새다에서는 오병이어의 기적을 일으키셨다. 그러나 이 세 도시의 공통점은 한결같이 예수님을 배척하였고 주님을 불신했기 때문에 예수님은 이 도시들을 저주하셨다.

저들은 정작 주님께서 행하신 기적과 이적을 경험하였고, 새로운 가르치심을 듣고 놀랐으며, 그리고 배고플 땐 주님이 베푸신 기적을 통해 직접 자신들의 손으로 받아 배부르게 빵과 물고기를 먹었다. 경험해 볼 것은 다해 보았지만 예수께서 하나님의 아들 되시며 유대인의 왕으로 오신 사실에 대해서는 의지적으로 완악하게 믿지 않았다.

오늘날도 저들과 크게 다를 바 없는 사람들이 참 많이 있다. 하나님은 때마다 우리에게 비와 햇볕을 주시고 바람을 불게 하셔서 우리로 하여금 살아가도록 쉬지 않고 일하시는 하나님이시다. 기나긴 무더위가 지나고 가을철 선선한 바람이 일 때에 그 바람이 얼마나 고맙고 감사한지는 더위를 겪어봐야 알게 되는 법이다. 그러나 주님을 삶의 주인으로 받아들이지 않는 많은 사람들은 유대인들과 다를 바가 없다. 차이가 있다면 다른 시대 다른 장소에서 살고 있다는 것뿐이다.

장차 부활하신 주님께서 다시 오셔서 세상을 심판하실 때에 주님을 부인한 자들은 결코 공의로운 주님의 심판을 견딜 수 없을 것이다. 단 한 사람도… 당신이 만일 예수님을 그리스도로, 즉 구원의 주로 마음에 모시지 않았다면 당신도 예외는 아닐 것이다.

"누구든지 주의 이름을 부르는 자는 구원을 받으리라!" (롬 10:13)

- For whosoever shall call upon the name of the Lord shall be saved.

... 4장

변화산의 예수 그리스도

(마 17장)

• 변화산 •

어느 산이 변화산인지는 정확히 알려져 있지 않지만 다볼 산 또는 이스라엘에서 가장 높은 헬몬산으로 추정하고 있다. 헬몬산에서 요단강이 발원하며 이스라엘에 풍성한 생명력을 제공하고 있다. 헬몬산 남쪽에 가이샤라 빌립보가 있는데 이곳에서 “주는 그리스도시요 살아 계신 하나님의 아들이시니이다”라는 고백이 있었다. 예수님께서 변화하신 이유를 생각하면서 세상으로 향하는 우리의 시선을 주님께 고정해야 한다.

| 4장 |

변화산의 예수 그리스도

"엿새 뒤에 예수님께서 베드로와 야고보와 그의 형제 요한을 데리고 따로 높은 산에 올라가사 그들 앞에서 모습이 변하시매 그분의 얼굴이 해같이 빛나고 그분의 옷이 빛같이 희게 되었더라." (마 17:1-2)

2년 전의 일이다. 그해 마지막 날 자정에 송구영신 예배를 드렸다. 예배를 마치고 집으로 돌아오니 새벽 2시가 다 되었다. 며칠 전 교회 집사님과 했던 약속으로 인해 제대로 쉴 수가 없었다. 집사님 한 분이 새해 첫날 새벽, 도봉산에 올라간다고 말씀하셨다.

"몇 시에 가시려구요?"

"네 시 삼십 분에 출발합니다."

집사님의 대답에 가고는 싶었지만 너무 이른 시각이라 망설여졌다. 또한 일기예보는 새해 첫날 아침 온도가 영하 10도로 뚝 떨어진 강추위를 거듭 예고했기 때문이다.

예배를 마치고 식당에서 떡 만둣국을 들고 계신 성도님들과 대화를 나누고, 등산을 가시려는 집사님과 시간을 조절하여 6시에 산행을 함께 가기로 약속했다. 정초의 새벽 6시는 여전히 어둠이 가시질 않았지만 새해 첫날이라는 기분에 발걸음 가볍게 집사님 부부와 우리 부부는 도봉산 입구에 들어섰다.

새해 일출 기원을 위해 산행에 나선 인파로 붐볐다. 입구 초입부터 포장마차는 즐비하게 불을 밝히고 장사를 하고 있었다. 상인들은 추위에 아랑곳하지 않고 대목을 맞은 듯 했다. 어디서 몰려들었는지 사람이 너무 많아 제대로 오를 수가 없었다. 사람들로 인해 가다 서다를 반복하다가 우리는 한가한 코스를 선택해서 자운봉으로 향했다.

서서히 날이 밝아오자 계곡 틈마다 쌓여있는 눈들이 선명하게 시야에 들어왔다. 어느덧 시계는 아침 7시 35분을 가리키고 있었다. 자운봉 중턱에 다다랐을 무렵 뒤에 오던 사람이 내게 시간을 묻더니 잠시 후면 해가 뜰 것이라고 말했다. 그런데 바로 그때였다. 나뭇가지 사이로 첫 해가 막 떠오르고 있었다. 새해 초하루 산행에서 바라보는 일출은 벅찬 희열을 주었다. 칼바람 속에서 핸드폰으로 사진 몇 장을 찍느라 금세 손이 얼어 버렸지만 기대치 않았던 장관에 감동을 받았다.

수많은 사람들이 산을 오른다. 독자가 이 책을 읽는 이 순간에도 누군가는 산에 오르고 있을 것이다. 봄, 여름, 가을, 그리고 겨울… 그저 산이 좋기 때문에 시간과 경비를 아끼지 않는다. 그 안에서 무언가 얻고 배우는 가치가 있기 때문이다. 산을 오르는 이유는 무엇 때문인가? 그것은 산을 오르는 사람만이 알고 있는 공통적인 답이 있다.

엄홍길 대장! 전 세계적으로 알려진 산악인이다. 1988년 에베레스트산 등정 이후 2001년에는 아시아 최초이자 세계 8번째로 히말라야 8,000미터급 14개 봉우리를 완등하였다. 그리고 또 다른 8,000미터급 위성봉인 얄룽캉과 로체샤르를 등정하여 세계 최초로 16좌 등정에 성공한 대한민국 산악계의 살아있는 전설로 알려진 인물이다. 현재 그는 자신과 함께 등반하다가 목숨을 잃은 셀파들을 생각하며 네팔의 어린이들을 위한 교육 사업으로 학교를 지어주는 일에 전념하고 있다.

그의 시샤팡마 등정은 1993년에 이루어졌으나 등정의혹으로 공인을 받지 못해 논란이 있었다. 그러나 2001년 히말라얀 데이터베이스에서 그의 재등정을 인정하여서 진정으로 한국인의 기상을 세계에 떨칠 수 있었다. 그는 텔레비전의 한 프로그램에 출연하여 그가 등정한 산 가운데 로체샤르가 지금까지 오른 산 중에 제일 힘들었다고 밝혔다. 다른 산은 보면 볼수록 익숙해지고 정이 가는데, 로체샤르 만큼은 정나미가 떨어진다고 소감을 밝혔다. 로체샤르에서 엄홍길 대장이 오른 루트는 수직 빙벽의 높이만도 무려 3,500미터이다.

엄홍길 대장, 그는 대한민국 해군, 그것도 특수전전단(UDT) 출신으로서 바다와 전혀 다른 8,000미터 고산을 등반하는 이색적인 경력으로도 화제가 된 산악인이다. 산에 오르던 그는 넓은 바다를 경험해 보고 싶어서 해군에 수병으로 입대했으며, 갑판병이 되어 함정 근무를 하다가 막상 배를 타고 지내는 것이 지루하게 느껴져 특수부대에 지원하게 되었다고 한다. 그는 해군에서 혹독한 훈련을 받으면서 경험한 것들이 훗날 히말라야를 오르는 데 큰 도움이 되었다고 했다. 그는 군 시절 경주 감포에서 독도까지 5박 6일 동안 수영해서 가기도 했다고 하니 괴력을 지닌 사람인 것은 분명하다.

그가 많은 생각을 하게 하는 말을 했다. 목숨을 내걸고 마침내 산의 정상에 올랐을 때 느끼는 감정을 실감나게 전했다. 그는 산 정상을 정복한 것이 아니라 산이 잠시 자리를 내어주었다는 소감을 밝혔다. 왜냐하면 산이 허락해 주지 않으면 자기가 아무리 경험이 많은 산악인이라도 정상에 오르는 건 불가능하다고 생각했기 때문이다.

흔히들 신의 영역이라 부르는 8,000미터에서는 인간이 어떻게 할 수 없는 영역이기에 자연의 섭리에 따라 움직여야 한다. 그래서 자연스레 자신을 낮추고 겸허한 자세로 산을 올라야 한다. 우주 만물을 지으신 전능하신 하나님 앞에서 우리가 그런 겸손한 자세로 살아야만 하는 것처럼 말이다.

전문 산악인들이 고산을 등정할 때 가장 고민하는 것은 정상 정복에 대한 방법과 과정이라고 한다. 왜냐하면 정복여부가 성패로 연결되기 때문이다. 어떻게 정상을 정복할 것인가가 최대의 관건이라고 생각한다. 그러나 일반적으로 산을 오르는 것 자체를 즐기는 사람은 꼭 정상 도달보다는 왜 산에 가야 하는지에 더 큰 의미를 부여하기도 한다.

미국인과 영국인은 같은 서양인이지만 미국인의 의식구조는 약간의 차이가 있다. 미국인들은 방법적인 영역의 문제인 '어떻게'(How)가 강조되지만, 영국인은 원인을 중요시하기 때문에 '왜?'(Why)라는 질문을 더 많이 한다. 그래서 영국의 뉴턴(Isaac Newton)은 사과가 떨어질 때 '사과는 왜 위에서 아래로 떨어지는 것인가?'를 생각함으로써 만유인력을 발견하게 되었다. 이런 측면에서 예수님은 제자들을 데리고 왜 산에 오르셨는가를 독자들과 함께 생각하고자 한다.

변화산은 어느 산인가?

마태는 산에 오르신 예수님을 이렇게 묘사하였다.

"엿새 뒤에 예수님께서 베드로와 야고보와 그의 형제 요한을 데리고 따로 '높은 산'에 올라가사." (마 17:1)

마태가 말한 높은 산은 어느 산을 말하는 것인가? 혹자는 이 산을 '다볼산'이라고 말한다. 다볼산은 이스르엘 계곡의 북동쪽 나인성 맞은편에 위치한 산으로서 히브리어 이름으로는 '하르다볼'이라고 하는데 의미는 '높은 산'이란 뜻이다. 다볼산은 주변 평지에 종 모양으로 우뚝 솟아 있어 주변에서는 어디에서나 볼 수 있다. 산 정상에 콘스탄티누스의 모친인 헬레나가 주후 326년에 기념교회를 세웠다. 이후 많은 순례자들이 방문하는 장소가 되었는데 570년에 기록된 어느 순례자의 기행문에 예수와 모세, 엘리야를 기념하는 3개의 교회가 세워져 있다는 문헌이 있다. 십자군 전쟁 당시 이슬람

군에 의해 모두 파괴되었지만, 십자군이 1099년 이곳을 정복한 후 교회와 수도원을 세웠다. 이후 1113년 이슬람 군이 이곳을 기습 공격하여 수도자들을 모두 학살하고 건물을 파괴했다. 여러 차례의 십자군 전쟁을 거치면서 건물이 파괴되었지만 프란체스코 수도회의 노력으로 1921년 예수변화기념교회를, 그리스 정교회에서 엘리야기념교회를 세웠다.

예수변화기념교회의 특징은 예배당 정면 양 입구에 각각 엘리야와 모세의 방을 만든 것이다. 예수님의 방을 따로 만들지 않은 이유는 예배당 전체가 주님을 위하여 만들어졌기 때문이다. 그 건축가가 누군지는 모르지만 믿음의 통찰력이 돋보인다.

초대 교부들은 변화산의 위치를 다볼산과 헬몬산으로 추정하고 있는데 4세기 교부 씨릴(Cyril)과 제롬(Jerome)은 다볼산을 변화산으로 보았으나 역사가 유세비우스(Eusebius)는 헬몬산도 변화산으로의 가능성을 배제하지는 않았다. 그러나 예수님 당시 다볼산 정상에는 열심당원들의 전초기지가 있었기 때문에 예수님께서 한적한 장소로 선택한 산으로 보기에는 가능성이 적다. 다볼산이 예수님께서 오르신 변화산이라고 볼 수 없는 몇 가지 또 다른 이유는 다볼산은 해발 570미터로 높은 산이라고 볼 수 없으며 당시 예수님께서 제자들과 여행 중이시던 곳은 가이사랴 빌립보였는데(마 16:13), 그곳에서 다볼산까지는 일주일의 여정이 소요되기 때문이다(지도 참조).

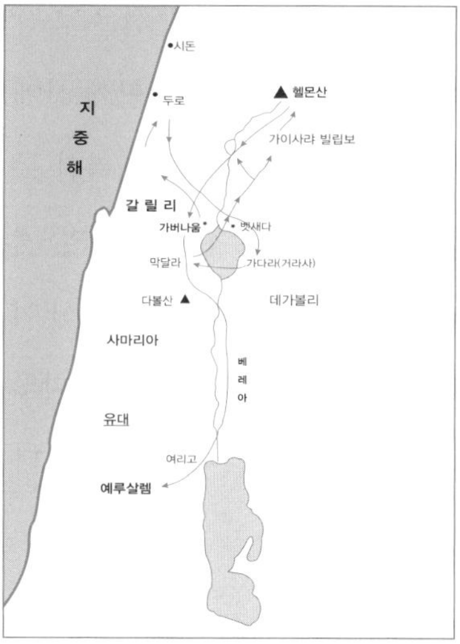

▶그리스도의 갈릴리 사역

▼다볼산

참고로 다볼산은 갈릴리 바다 서남쪽에 위치해 있고 헬몬산은 가이사랴 빌립보 북부지방에 자리하고 있다. 이는 당시 마태가 언급한 가이사랴 빌립보 지방에서부터 가장 가까운 산은 헬몬산(해발 2,850m)이기 때문에 유력한 변화산으로 추정하고 있다. 이스라엘의 최고봉인 헬몬산은 갈릴리 호수 북방 안티레바논 산맥에 위치하고 있는데 만년설로 뒤덮여 봄이 되어 기온이 상승하면 정상에 있는 눈이 녹아 요단강 줄기를 따라 남쪽에 있는 사해까지 흘러 내려 이스라엘 지역에 물을 공급해 주는 수원지 역할을 하기 때문에 이스라엘 백성들에게는 특별한 의미를 지닌다(시 133:3).

여호수아 시대에 이스라엘 백성들은 보리를 추수할 시기에 요단강을 건너 가나안에 진입하였다. 요단강이 범람한 이유도 그 때문이다(수 3:15).

헬몬산은 구약에서는 '시온산'(신 4:48)으로 불렸다. 오늘날 헬몬산은 '족장의 산' 또는 '설산' 그리고 '거룩한 산'으로 불리고 있다. 예수님과 함께 산에 올랐던 주님의 제자 세 사람 중에 한 명인 베드로는 훗날 자신이 기록한 두 번째 서신을 기록할 때 예수님의 변모되신 모습을 보고 그 산을 가리켜 '거룩한 산'(벧후 1:18)이라고 언급하였는데 오늘날에도 헬몬산을 '거룩한 산'이라고 부르는 것은 우연의 일치가 아니라고 믿는다. 이러한 정황으로 미루어 보아 필자는 예수께서 제자들을 데리고 오르신 산은 헬몬산이라고 본다(앞쪽 지도 참조).

"너희는 나를 누구라 하느냐?"

헬몬산 위에서 변모하신 예수 그리스도에 대하여 살펴보기 전에 마태복음 16장 13절 이하에 언급된 예수님과 제자들이 방문했던 도시인 가이사랴 빌립보에서 나눈 대화의 의미들을 잠시 생각해 보자.

"예수님께서 가이사랴 빌립보 지방에 들어오사 자기 제자들에게 물어 이르시되, 사람들이 나 곧 사람의 아들을 누구라고 하느냐? 하시니 그들이 이르되, 어떤 이들은 침례자 요한이라 하고 어떤 이들은 엘리야라고도 하며 다른 이들은 예레미야나 대언자들 중의 하나라고 하나이다. 하거늘 그분께서 그들에게 이르시되, 그러나 너희는 나를 누구라고 하느냐? 하시니 시몬 베드로가 대답하여 이르되, 주는 그리스도시요 살아 계신 하나님의 아들이시니이다. 하매 예수님께서 그에게 응답하여 이르시되, 바요나 시몬아, 네가 복이 있도다. 그것을 네게 계시한 이는

살과 피가 아니요 하늘에 계신 내 아버지시니라."

왜 예수님은 가이사랴 빌립보 지방에 들어오셔서 제자들에게 이 질문을 하셨을까? 가이사랴 빌립보는 이스라엘 북부 지역인 갈릴리 호수 북동쪽 40킬로미터가량 떨어진 곳에 위치한 도시이다. 이 도시는 처음에 '판'(Pan, 자연의 신)이라는 신의 이름을 따라 '파네아스'라고 불렸다. 그러나 갈릴리의 북동부 지역인 이두래아(또는 이두래) 지방을 다스리던 분봉왕 빌립이 자신의 이름과 로마황제 카이사의 이름을 합하여 가이사랴 빌립보라고 부르면서 지명이 바뀌었다. 이곳 말고도 가이사랴라 불리는 곳이 하나 더 있는데 예루살렘 남서쪽 지중해 연안에 있다. 헬몬산 부근의 가이사랴 빌립보와 그리고 티베리아(갈릴리 바다의 또 다른 이름) 등은 모두 로마황제 카이사르(또는 씨저, Caesar, B.C. 100-B.C. 44)를 기념하여 만든 지명들이다.

여기에서 질문하신 예수님의 의도를 유추해 볼 수 있다. 즉, *"사람들이나 곧 사람의 아들을 누구라고 하느냐?"*라는 질문을 던지시고 자연(풍요)의 신과 로마황제를 숭배하는 이 도시에서 자신을 분명하게 드러내고자 하신 것이다. 예수님은 세상의 우상숭배자들과 권력가 앞에서 자신을 믿고 따르던 제자들 한 사람 한 사람에게 예수님을 향한 믿음을 견고히 심어주기 위해 질문을 하셨다.

세상이 예수님에 대하여 어떻게 인식하든지 그것은 예수님께는 그리 중요하지 않다. 예수님은 세상 사람들의 판단을 신경 쓰시지 않으셨다. 왜냐면 세상은 본래 아버지를 알지 못하기 때문이다(요 17:25). 그러나 예수님은 주님의 열두제자들에게 있어서만큼은 다르시다. 세상이 예수님에 대하여 어떻게 생각하고 평가하든 예수님의 신분 자체에는 영향을 미치지 못한다. 13절의 예수님의 질문에 당시 세상 사람들이 예수님에 대하여 인식하고 있던 바를 제자들은 아래와 같이 대답하였다.

"그들이 이르되, 어떤 이들은 침례자 요한이라 하고 어떤 이들은 엘리야라고도 하며 다른 이들은 예레미야나 대언자들 중의 하나라고 하나이다, 하거늘."

예수님은 15절에서 재차 물으신다. *"그분께서 그들에게 이르시되, 그러나 너희는 나를 누구라고 하느냐? 하시니."* 중요한 것은 *'그러나 너희는 나를 누구라고 하느냐?'* 하는 질문이다.

"시몬 베드로가 대답하여 이르되, 주는 그리스도시요 살아 계신 하나님의 아들이시니이다, 하매 예수님께서 그에게 응답하여 이르시되, 바요나 시몬아, 네가 복이 있도다. 그것을 네게 계시한 이는 살과 피가 아니요 하늘에 계신 내 아버지시니라." (16-17절)

십자가에 달려 죽으실 때가 가까이 이르렀음을 인식하셨던 예수님은 당신의 사랑하는 제자들에게 거듭해서 믿음의 확신과 정체성을 심어주기 원하셨다. 이런 이유로 주님은 베드로와 요한과 그리고 야고보를 데리고 헬몬산에 오르신 것이다. 그곳에서 변모된 자신의 모습을 통해서 하나님의 영광스런 모습을 보여 주시고자 하셨기 때문이다.

"따로 높은 곳에 올라가사"

예수님께서 높은 산에 오르셨다고 하는데 그렇다면 예수님은 헬몬산의 정상에 오르셨다는 말인가? 우리는 예수님께서 정확하게 얼마나 높이 오르셨는지 알 수 없다. 중요한 것은 산의 높이가 아니라 주님의 의도하신 목적이기 때문이다. 무엇을 위하여? 앞서 언급했듯이 성육신 이전의 성자 하나님의 영광스러운 모습을 보여주시기 원하셨던 것이다(요 1:14).

높은 산일수록 산세가 험하고 오르기는 더 힘들지만 그러나 높은 산에 오를수록 더 많은 시야가 확보되어 멀리까지 볼 수 있게 됨은 당연한 이치이다. 산을 좋아하는 독자라면 이미 경험한 것처럼 높은 산에 오르면 오를수록 그 기쁨과 정상을 정복한 성취감은 더욱 큰 것이다.

중국을 상징하는 것들 중에 제일로 꼽는 것은 단연 만리장성일 것이다. 북경 부근의 장성을 관람할 수 있는 곳은 대략 12곳이나 된다. 일반적으로 제일 많이 방문하는 장성은 북쪽으로는 사마대(司馬台)와 모전욕(慕田峪) 장성이며, 서쪽으로는 팔달령(八達嶺)과 거용관(居庸關) 장성이다. 거용관과 팔달령 장성은 북경에 근접한 장성이다. 거용관 장성 입구에는 장쩌민(江澤民)의 휘호 '불도장성비호한'(不到長城非好漢)이 큼직한 바위에 새겨져 있다. '장성에 올라가보지 않은 자는 대장부가 아니라'는 뜻이다. 과거 진의 시황제가 나라를 통일하고 흉노족의 침입을 막기 위해 떨어져 있던 산성들을 연결하기 위해 백성들을 강제로 동원하였다. 깎아지른 듯한 능선에 백성들의 피땀으로 쌓아올린 이면은 잊혀지고, 세계문화유산으로 달에서도 볼 수 있는 지구 유일의 건축물이라 하니 중국인들의 자부심이 대단할 것 같다.

필자 장성을 처음 올라가 본 것은 1998년도였다. 처음 장성에 올라갔을 때 별다른 느낌은 없었다. 그러나 두 번을 오르고, 세 번을 오르면서 중국인들의 대국적 기질에 도전을 받지 않을 수 없었다. 여건이 된다면 다른 장성보다 이곳 사마대 장성을 방문하기를 추천한다. 장성의 기개와 위용은 북경 부근의 장성 중에 백미이기 때문이다.

이 책의 제1장에서 언급한 것처럼 예수님은 공생애 사역 초기에 사탄에게 시험을 받으시면서 여리고 근처에 있는 높은 산의 꼭대기에 서신 적이 있으셨다.

"마귀가 다시 그분을 데리고 심히 높은 산으로 올라가 세상의 모든 왕국들과 그것들의 영광을 그분께 보여 주며 그분께 이르되, 네가 만일 엎드려 내게 경배하면 내가 이 모든 것을 네게 주리라, 하매."

필자는 1999년 여리고를 방문하였다. 예수님께서 시험을 받으셨던 여리고의 높은 그 산을 지금도 현지 유대인들은 '시험산'이라고 부른다. 예수님께서 여리고산 꼭대기에 서서 당신이 말씀으로 창조하신 비옥한 요단강 주변과 멀리 온 세상을 바라보시면서 사탄의 유혹을 받으실 때 주님은 어떤 심정이셨을까? 주님은 이제 사랑하는 수제자 셋을 데리고 헬몬산의 높은 곳에서 계신다. 나사렛 출신 목수의 아들의 모습이 아닌 온 우주 만물을 지으신 창조주 하나님의 영광스런 모습으로 말이다!

"그들 앞에서 모습이 변하시매 그분의 얼굴이 해같이 빛나고 그분의 옷이 빛같이 희게 되었더라."

마태와는 달리 마가는 이렇게 기록하였다.

"그분의 옷이 빛나며 땅 위의 어떤 세탁공도 희게 할 수 없을 만큼 눈처럼 매우 희게 되었더라." (막 9:3)

죄인이 하나님을 마주 대하여 볼 수 있다는 것은 어느 누구라도 감히 상상할 수 없는 문제였다. 사실 성경에서 하나님을 직접 대면하여 주를 본 사람은 야곱, 모세, 이사야 등 몇몇 경우다. 야곱은 하나님을 뵌 이후에 무엇이라고 고백하는가?

"야곱이 그곳의 이름을 브니엘이라 하였으니 이는 그가 이르기를, 내가 얼굴을 마주 대하여 하나님을 보았으나 내 생명이 보존되었다, 하였기 때문이더라." (창 32:30)

야곱은 본능적으로 죄를 범한 사람이 지극히 높고도 거룩하신 하나님을 대면하고 아무도 살 수 없음을 알았기 때문에 그와 같은 고백을 한 것이다. 모세는 어떠했는가?

모세는 이집트의 공주에게 입양되어 이집트의 언어와 문화와 종교의 영향아래 성장하였지만 그의 내면에는 히브리적 세계관이 자리 잡고 있었다.

그는 고통 받고 압제 받고 있던 자신의 민족을 한 번도 잊은 적이 없었다. 이 부분에서는 사도행전 7장에 기록된 신약 초대 예루살렘교회의 순교자 스데반의 '명품설교'를 통해 모세의 정황을 살펴본다.

"그때에 모세가 태어났는데 그는 심히 아름답더라. 그가 자기 아버지 집에서 석 달을 양육 받다가 버려지니 파라오의 딸이 그를 데려다가 자기 아들로 양육하였으며 모세가 이집트 사람들의 모든 지혜를 배워 말과 행동에 능력이 있었느니라. 그가 정확히 사십 세 되었을 때에 자기 형제 이스라엘 자손을 돌아볼 생각이 그의 마음에 들더라. 그들 가운데 한 사람이 부당한 일 당하는 것을 그가 보고 그를 옹호하여 학대당한 자의 원수를 갚아 이집트 사람을 치니라. 그는 자기 형제들이 하나님께서 자기 손을 통하여 그들을 건지려 하심을 깨달을 줄로 생각하였으나 그들은 깨닫지 못하였더라. 다음 날 그들이 다툴 때에 모세가 직접 그들에게 나타나 그들을 다시 하나로 만들고자 하여 이르되, 선생들아, 너희는 형제이거늘 어찌하여 서로에게 부당한 일을 하느냐? 하나 자기 이웃에게 부당한 일을 한 사람이 모세를 밀치며 이르되, 누가 너를 치리자와 재판관으로 세워 우리를 다스리게 하였느냐? 네가 어제 이집트 사람을 죽인 것 같이 나를 죽이려 하느냐? 하니 이에 모세가 이 말을 듣고 도망하여 미디안 땅에서 나그네가 되고 거기서 두 아들을 낳으니라. 사십 년이 지난 뒤에 주의 천사가 시내 산 광야에서 떨기나무 불꽃 가운데서 그에게 나타나거늘 모세가 그것을 보고 그 광경에 놀라 자세히 보려고 가까이 가니 주의 음성이 그에게 임하여 이르시되, 나는 네 조상들의 하나님 곧 아브라함의 하나님이요, 이삭의 하나님이요, 야곱의 하나님이니라, 하시매 이에 ***모세가 떨며 감히 자세히 보지 못하였느니라."*** (행 7:20-32)

32절을 자세히 관찰해 보자. 모세가 하나님과 대화를 나눌 때 그는 기뻐 환호하였는가? '드디어 하나님께서 내게도 나타나셨고 나도 조상 야곱과 같이 하나님을 뵈었다'라고 말이다. 아니다! 모세는 거의 오금이 저릴 정도로 떨었고 감히 하나님을 자세히 보지 못하였다고 성경은 기록하고 있다. 왜냐면 그것이 죄성이 있는 인간의 본래의 모습이며 더욱이 하나님을 경외하는 히브리인들이 간직하고 있는 여호와 하나님을 향한 마음과 태도였기 때문이다. 성경은 하나님을 보고 살 수 있는 사람이 없다고 말씀하신다.

모세가 광야에서 떨기나무 불꽃 가운데 하나님을 뵌 이후 다시 하나님을 몇 차례 더 뵐 수 있었다. 출애굽기 33장에서 모세는 다시 하나님의 영광을 보여 달라고 간청한다.

"모세가 이르되, 간청하오니 주의 영광을 내게 보여 주소서, 하매." (18절)

이에 하나님께서는 이렇게 응답하신다.

"그분께서 이르시되, 내가 내 모든 선함을 네 앞에 지나가게 하고 주의 이름을 네 앞에 선포할 것이요, 또 내가 은혜를 베풀 자에게 은혜를 베풀고 내가 긍휼을 베풀 자에게 긍휼을 베풀리라, 하시고 또 이르시되, ***나를 보고 살 자가 없을 터이므로 네가 내 얼굴을 보지 못하리라, 하시니라."*** (19-20절)

하나님은 분명히 말씀하셨다. *"나를 보고 살 자가 없을 터이므로 네가 내*

얼굴을 보지 못하리라, 하시니라."

분명한 것은 죄인이 하나님을 보게 되면 살지 못한다는 사실이다. 그러나 하나님께서 주도적으로 당신의 모습을 보여주시게 될 때는 예외적일 수 있다. 그 경우는 하갈에게서 찾아볼 수 있다. 하갈은 이집트의 여인으로 사라의 몸종이며 이스마엘의 어머니이다. 그런데 하나님은 이방여인 하갈에게 나타나셔서 자신을 보여주셨다.

> *"하갈이 자기에게 말씀하신 주의 이름을 나를 보시는 하나님이라 하였으니 이는 그녀가 이르기를, 나도 여기에서 나를 보시는 하나님을 뵈었는가? 하였기 때문이더라."* (창 16:13)

이스라엘 사람의 관점에서 볼 때 이방사람 그것도 여자에게 하나님이 나타나셨다는 것은 아주 매우 특별한 사건이 아닐 수 없다. 하나님은 광야로 쫓겨난 가련한 이방여인에게 은혜를 베풀기 위해 직접 그녀 앞에 나타나셨다. 비록 하갈이 광야로 쫓겨난 것은 자업자득일지라도 말이다.

하갈은 그녀의 여주인 사라로부터 아브라함과의 동침을 허락 받고 후손을 생산하라는 특명을 부여 받았다. 그리고 임신을 하고 아들을 출산하게 되자 교만해져서 자식을 낳지 못하는 사라를 괄시했기 때문에 어린 아들과 함께 광야로 쫓겨난 것이다. 그럼에도 불구하고 하나님은 하갈을 불쌍히 여기셨다. 그녀에게 '브엘라헤로이'라는 샘을 발견하게 하시고 구원하여 주셨기 때문이다(14절).

물론 하갈이 본 것은 하나님이 아니라 천사였다(16:9). 어쨌든 13절에서 하갈이 말하기를 하나님께서 보내신 천사를 대면한 것을 하나님을 뵌 것과 동일시하고 있기 때문이다. 이와 유사한 경우를 성경의 여러 곳에서 발견할 수 있다(참고/ 창 30:32; 삼하 24:17; 사 6:1-5; 눅 1:38).

한 가지 경우를 더 찾아보기로 하자. 이사야는 성전에 거하시는 하나님을 뵙고 두려워서 이렇게 고백하였다.

*"웃시야 왕이 죽던 해에 또 내가 보니 주께서 높이 들린 왕좌에 앉으셨는데 그분의 옷자락은 성전에 가득하고 그것 위에는 스랍들이 저마다 여섯 날개를 가진 채 서 있더라. 그가 두 날개로는 자기 얼굴을 가리고 두 날개로는 자기 발을 가리며 두 날개로는 날더라. 하나가 다른 하나에게 크게 외쳐 이르되, 거룩하다, 거룩하다, 거룩하다, 만군의 주여, 그분의 영광이 온 땅에 충만하도다, 하더라. 그 외치는 자의 음성으로 인해 문기둥들이 흔들리며 그 집이 연기로 가득하게 되니라. 그때에 내가 이르기를, 내게 화가 있도다! **나는 입술이 부정한 사람이요, 입술이 부정한 백성의 한가운데 거하므로 망하게 되었나니 내 눈이 왕 곧 만군의 주를 보았도다, 하였더라.**"* (사 6:1-5)

사도 요한은 어떠했는가? 그가 환상 가운데 해같이 세차게 빛나는 부활하신 예수 그리스도를 보았을 때 그는 너무 두려운 나머지 거의 혼절하여 죽은 자 같았다고 요한은 당시 자신의 상황을 요한계시록에서 묘사하였다.

"내가 그분을 볼 때에 죽은 자같이 그분의 발 앞에 쓰러지니 그분께서 오른손을 내 위에 얹으시며 내게 이르시되, 두려워하지 말라. 나는 처음이요 마지막이니." (계 1:17)

자, 이제 다시 헬몬산 위의 제자들과 예수님께 시선을 더욱 집중해 보자. 구약의 개념으로 말한다면 베드로와 요한과 야고보는 이제 모두 죽은 목숨이다. 왜냐하면 저들은 두 눈 똑바로 뜨고 지척의 거리에서 살아계신 전능하신 하나님을 보았기 때문이다. 그러나 오히려 베드로는 신이 나서 감격하여 말한다.

"주여, 우리가 여기 있는 것이 좋사온즉 만일 주께서 원하시면 우리가 여기에 장막 셋을 짓되 하나는 주를 위하여…" (마 17:4; 참고 막 9:5; 눅 9:33)

이것은 분명 예수 그리스도께서 제자들에게 베푸신 은혜인 것이다. 그렇지 않고서는 베드로와 요한 그리고 야고보는 살 수가 없기 때문이다. 이는 분명 눈물의 대언자(선지자) 예레미야가 고백한 하나님의 긍휼이며 은혜이기 때문이다.

"주의 긍휼로 말미암아 우리가 소멸되지 아니하였나니 그분의 불쌍히 여기심은 끝이 없도다. 그것들이 아침마다 새로우니 주의 신실하심은 크시나이다." (애 3:22-23)

모세와 엘리야 그리고 예수 그리스도

"보라, 모세와 엘리야가 그분과 이야기하는 것이 그들에게 보이거늘." (마 17:3)

▶라파엘로 작 〈그리스도의 변모〉

바티칸 미술관에는 르네상스 3대 거장인 화가 라파엘로 산치오(Raffaello Sanzio)가 1520년에 그린 〈그리스도의 변모〉라는 그림이 있다. 라파엘로는 지상이 아닌 공중에 흰 빛으로 찬란하게 빛나는 예수님을 중심으로 좌우에 모세와 엘리야를 배치함으로 시간과 공간을 초월하는 예수 그리스도의 신성(神性)을 삼각구도를 이루며 탁월하게 묘사하였다.

예수님의 좌우에 모세와 엘리야가 서서 예수님과 함께 이야기를 나누는 모습을 제자들이 보았다. 어떤 대화를 나누었을까? 서로 각기 다른 시대에 살았고 하나님으로부터 받은 사명과 역할은 다르지만 구약의 대표성을 지녔다. 한 사람은 율법을 또 다른 한 사람은 대언자(선지자)를 대표한다.

예수님은 마태가 앞서 5장 17-18절에서 언급한바 있는 *"내가 율법이나 대언자들의 글을 폐하러 온 줄로 생각하지 말라. 나는 폐하러 오지 아니하고 성취하러 왔노라. 진실로 내가 너희에게 이르노니, 하늘과 땅이 없어지기 전에는 율법의 일 점 일 획도 결코 없어지지 아니하고 마침내 다 성취*

되리라"는 말씀을 나누셨을 것이다. 너무도 뜻밖의 일이었고 당황한 베드로는 세 분의 나눈 대화가 무엇이었는지 제대로 이해하지 못했다. 이에 성부 하나님은 세 명의 제자들에게 분명하고 위엄서린 목소리로 말씀하신다.

> *"그가 아직 말할 때에, 보라, 빛나는 구름이 그들을 덮더니, 보라, 그 구름 속에서 한 음성이 나서 이르시되, 이 사람은 내 사랑하는 아들이라. 내가 그를 매우 기뻐하노니 너희는 그의 말을 들으라, 하시므로."*

요한복음 6장에 보면 예수님께서 벳새다 오병이어의 기적을 행하신 그 다음날 가버나움에 돌아오신 것을 알게 된 군중들은 예수님께서 언제 오셨는지 물었다. 그때 예수님은 그들이 예수님을 찾는 것은 빵을 먹고 배불렀기 때문이라고 말씀하시면서 그들을 책망하셨다. 그리고는 *"썩어 없어지는 양식을 위해 수고하지 말고 영존하는 생명에 이르도록 항상 있는 그 양식을 위해 수고하라"*(요 6:27)고 교훈하셨다. 그러자 저들은 자신들의 조상 모세를 자랑스럽게 이야기한다.

> *"그들이 그분께 이르되, 그러면 선생님께서 우리에게 무슨 표적을 보이사 우리가 보고 선생님을 믿게 하시겠나이까? 선생님이 행하시는 일이 무엇이니이까? 기록된바, 그가 그들에게 하늘로부터 빵을 주어 먹게 하였도다, 한 것 같이 우리 조상들은 사막에서 만나를 먹었나이다, 하매…"* (30-31절)

그만큼 이스라엘 사람들의 생각 속에서 모세는 구약의 가장 위대한 하나님의 종이자 이스라엘의 지도자임에 틀림이 없다. 그러나 히브리서 3장에서는 모세와 예수 그리스도를 비교하고 있다.

"그러므로 거룩한 형제들 곧 하늘의 부르심에 참여한 자들아, 우리의 신앙 고백의 사도시며 대제사장이신 그리스도 예수님을 깊이 생각하라. 그분께서는 모세가 하나님의 온 집에서 신실했던 것 같이 자기를 세우신 분에게 신실하셨느니라. 집을 지은 자가 그 집보다 더 존귀하므로 이 사람이 모세보다 더 많은 영광을 받을 자로 인정받았느니라." (1-3절)

베드로를 비롯한 두 제자가 들어야 할 목소리는 모세나 엘리야의 목소리가 아니었다. 즉, 모세를 통한 율법의 가르침도 그리고 구약 모든 대언자들을 대표하는 엘리야를 통한 예언들일지라도 성취는 하나님의 아들 되신 예수 그리스도를 통해서 완성될 것이기 때문이다. 변화산의 영광스런 주님의 모습은 장차 십자가에서 죽으신 이후 부활하실 영광의 주님을 암시하고 있는 것이다. 훗날 베드로는 인기 최고 절정의 시기를 보낼 수 있었다. 그러나 베드로는 예수님만 높여 드리고, 사람들에게 인기를 누리고 존대를 받는 일에서 자신을 철저하게 배제하였다. 그러한 겸손은 사도행전의 여러 사건에서 볼 수 있다. 과정을 설명하자면 다음과 같다. 주께서 약속하신 대로 성령이 오셨다. 특히 그가 오순절에 하나님의 말씀을 전했을 때 3천 명이 회개하여 예루살렘교회가 부흥하는 놀라운 역사가 있었다(행 2:41).

또한 그와 사도들을 통해 성령께서 많은 기적을 행하셨다(43절). 그리고 3장에서는 날 때부터 걷지 못하던 사람이 베드로가 내민 손을 붙잡고 일어나 걷고 뛰는 놀라운 기적도 일어났다(3:8). 의사 누가는 사도행전 5장에 성령께서 사도들을 통해 이루신 일을 아래와 같이 기록하였다(12절).

"사도들의 손을 통하여 백성 가운데 많은 표적들과 이적들이 일어나매 그들이 모두 한마음이 되어 솔로몬의 주랑에 있었고"

그리고 15-16절을 보면 베드로는 사람들의 생각 속에 거의 전능한 능력을 지닌 사람으로 인식되어 있었다.

"심지어 그들이 병든 사람들을 거리로 데리고 나가서 침상과 자리에 누이고 베드로가 지나갈 때에 최소한 그의 그림자라도그들 중의 몇사람에게 덮이기를 바라더라 주변 여러 도시에서 나온 무리도 예루살렘에 이르러 병든 사람들과 부정한 영들에게 괴로움을 당하던 사람들을 데리고 왔는데 그들도 다 고침을 받으니라."

얼마나 많은 기적들이 사도들(베드로를 주축으로)을 통해서 이루어졌으면 베드로가 지나갈 때에 그의 그림자라도 병자들의 몸에 덮이기를 바랐을까 상상을 해보자. 나아가 베드로는 죽은 다비다도 살려내는데 쓰임 받았다(9:40). 이야기는 거기서 끝이 아니다. 죽은 다비다가 살아났다는 소문은 날개를 단 듯 온 욥바 성읍에 퍼져 나갔다. 그리고 하나님의 성령의 역사하심은 가이사랴 해변에 주둔하고 있던 로마군대의 장교인 고넬료가 욥바에 머물고 있던 베드로를 자신의 집으로 초청하기에 이른다. 그리고 베드로는 그의 초청을 받고 고넬료의 집을 방문하였다. 누가는 베드로를 맞이하는 고넬료의 태도를 다음과 같이 기록했다.

"베드로가 들어올 때에 고넬료가 그를 맞이하며 그의 발 앞에 엎드려 그에게 경배하거늘." (10:25)

고넬료는 누구인가? 그는 세계 최강 로마제국의 군 지휘관이다. 백 명의 수하를 거느리는 그의 위치는 갈릴리 어부 출신 베드로와 비교할 수 없이 높은 신분의 사람이다. 그러나 고넬료는 자신의 집을 방문한 하나님의 사람 베드로를 최고의 예우로 맞이하였다. 고넬료의 영접을 받은 베드로의 반응을 주목해 보자.

"베드로가 그를 일으키며 이르되, 일어서라. 나도 사람이라." (26절)

베드로는 성격이 급하고 말실수가 많아 예수님을 세 번씩이나 부인하긴 했어도 그는 이제 겸손한 하나님의 종이었다. 수많은 사람을 구원시켰고 기적을 행하면서 사회적 명사들에게 극진한 존중을 받을만큼 명성이 커졌지만, 그는 주님의 자리를 탐하지 않았고 하나님을 높였다. 이것은 베드로가 바라보고 경험한 변화산에서의 깨달음이 깊게 뿌리박혀 있었기 때문이다. 그러므로 우리의 삶에 있어서도 진정한 경배의 대상은 모세도 엘리야도 그리고 실존하는 오늘날의 그 어떤 유명한 사람도 아닌 부활하신 우리 주 예수 그리스도 한 분뿐이시다!

오늘날 목회자뿐만 아니라 특정한 분야에서 인기 절정을 누리는 기독교인들도 매스컴을 통해서 명성이 높아지면 교만해지기 쉽다. 목회자가 큰 교회를 담임할수록 소위 '감투'를 많이 쓰게 되면서 자리가 주는 명예와 권위 때문에 '교만의 구덩이'에 빠질 위험은 크다. 그러므로 베드로와 같이 겸손함으로 하나님을 높여 드리고 자기는 낮아져서 사람들을 섬기는 종들이 되어야 할 것이다. 마태복음 17장의 변화산에서 당시 베드로가 느꼈을 심정으로 주님의 음성을 들어보자.

"그때에 베드로가 응답하여 예수님께 이르기를, 주여, 우리가 여기 있는 것이 좋사온즉 만일 주께서 원하시면 우리가 여기에 장막 셋을 짓되 하나는 주를 위하여, 하나는 모세를 위하여, 하나는 엘리야를 위하여 짓게 하옵소서, 하더라. 그가 아직 말할 때에, 보라, 빛나는 구름이 그들을 덮더니, 보라, 그 구름 속에서 한 음성이 나서 이르시되, 이 사람은 내 사랑하는 아들이라. 내가 그를 매우 기뻐하노니 너희는 그의 말을 들으라, 하시므로 제자들이 그 음성을 듣고는 얼굴을 대고 엎드려 심히 두려워하더라." (17: 4-6)

모세와 엘리야의 언급이 나왔으니 이참에 잠시 모세의 무덤에 대해서 생각해 보고자 한다. 신명기 34장에 보면 모세가 가나안 입성을 앞에 두고 120세에 느보산에서 죽는 장면이 기록되어 있다. *"모세가 죽을 때에 나이가 백이십 세였으나 그의 눈이 어둡지 아니하였고 타고난 힘이 줄지 아니하였더라"*(7절).

“이와 같이 주의 종 모세가 주의 말씀대로 거기서 모압 땅에서 죽으니라. 그분께서 벧브올 맞은편 모압 땅에 있는 골짜기에 그를 묻으셨으나 아무도 이 날까지 그의 돌무덤에 대해 알지 못하느니라.” (5-6절)

그런데 그를 묻어 장사 지낸 것은 사람이 아니라 주께서 친히 모세를 벳브올 맞은 편 모압 땅에 있는 골짜기에 묻으셨다고 한다. 그로 인해서 이스라엘의 영웅인, 위대한 하나님의 종 모세의 돌무덤은 어디에 있는지 아무도 모르게 되었고 영원한 비밀이 되었다. 모세의 장례 기간은 30일, 꼭 한 달이었다. *“이스라엘 자손이 모압 평야에서 모세를 위해 삼십 일 동안 슬피 우니 이로써 모세를 위해 슬피 울며 애곡하는 일이 끝나니라”(8절).*

야곱이나 요셉이 이집트에서 죽었을 때와 비교한다면 초라한 장례였다. 야곱의 장례는 어떠했는가? 그의 몸에 향료를 넣는 시간만 40일이 소요되었고 이집트 백성들은 70일 동안 곡을 했다(창 50:3). 파라오의 장례일이 72일이니 거의 국왕급의 장례를 치룬 셈이다. 그리고 수많은 병거들과 기병들이 운구행렬을 이루어 가나안까지 동행하였는데 그의 장례는 파라오에 뒤지지 않을 만큼의 매우 성대한 장례였다. 그러나 모세의 장례는 어떤가? 단출한 장례를 마친 이후에는 그의 무덤이 어디 있는지조차 알려지지 않았다. 6절 말씀에 따르면 모세의 무덤의 위치를 알아낼 길이 없어진 것이다.

이스라엘 백성들이 430년간 이집트에서 노예로 살면서 땀 흘리며 고생하며 목격하고 체험한 가장 대표적인 일은 무엇일까? 그것은 바로 이집트의 '무덤축조'다. 피라미드는 이집트 파라오들의 무덤이다. 피라미드는 주전 2700년경부터 만들기 시작했다. 이집트 전국에는 피라미드가 모두 94개나 된다. 피라미드는 세계 불가사의 중 하나다. 피라미드의 규모와 건축방식은 실로 엄청나다. 피라미드 중에서 가장 대표적인 것은 쿠퍼 왕의 피라미드인데, 사용된 돌 한 개의 무게가 각각 2.5톤에서 큰 것은 10톤이나 된다. 그리고 피라미드 1기에 사용된 화강암은 모두 2백 60만여 개라고 한다. 그의 무덤은 원래 210계단으로 지었으나 오랜 세월의 풍상과 재해로 소실되어 지금은 203계단으로 줄었다. 그의 피라미드를 만드는데 하루 10만여 명이 1년에 3-4개월씩 20년, 총 2천 일간 연인원 2-3억 명이 동원되었던 상상을 초월하는 무덤축조 프로젝트였다.

이스라엘 백성들은 이집트에서 국고성 비돔과 라암셋을 건축하는데 동원되기도 했지만 피라미드 축조에 강제 동원되었을 것이다(14절). 이런 경험을 지닌 이스라엘 백성들에게 있어서 모세의 무덤이 의미하는 것은 두 가지 측면일 것이다. 하나는 너무 초라하다는 점이며 또 다른 하나는 그의 무덤이 얼마든지 훗날 우상으로 변할 수 있다는 것을 상상하고도 남음이 있을 것이다.

모세의 무덤의 행방이 묘연하게 된 이유는 무엇인가? 하나님은 모세의 무덤이 이스라엘 백성들에게 있어서 우상이 될 가능성이 있기 때문에 아무도 알 수 없게 하셨음이 틀림없다. 그러므로 우리 삶에 있어 중심이 되시는 분, 집중해서 경배하고 높여 드려야 할 분은 오직 예수 그리스도 한 분 뿐이시다!

변모되신 예수 그리스도

변화와 변모에 대하여 생각해 보기로 하자. 예수 그리스도가 헬몬산에서 변화되신 모습에 대하여 한국어 성경은 '변화'(變化: Transformation)라는 단어를 사용하고 있다. 그런데 어떤 경우는 '변모'(變貌: Transfiguration)라는 단어를 사용하기도 하였는데 두 단어의 뜻은 기본적으로 다르지 않다. 그러나 그 차이를 이렇게 설명할 수 있다. '변화'나 '변모' 중 어떤 단어를 사용하든 신학적으로 문제를 유발시키지 않는다.

영어 번역본 성경 KJV, NIV, NASV는 Transformation이란 단어가 아닌 Transfiguration란 단어를 사용했다. Transformation이란 단어는 변화 또는 변형이라는 뜻으로 사전에서는 형태, 외관, 성질의 변환 또는 변용이라고 설명하고 있다. (예/ 동물이나 곤충의 변태, 전류의 변압이나 변류, 유전형질의 변환) 그래서 변화는 가지고 있는 본래의 본질은 그대로 두고 점진적인 과정을 거쳐 가면서 외형이나 겉모습이 바뀜을 뜻한다. 그러나 변모는 사람으로 오신 예수님을 하나님으로서, 즉 'Godman'이 되신 현성화(顯聖化)에 의미를 강조하고자 사용하였다고 본다.

그러므로 변모와 변화는 기본적으로 의미상에는 큰 차이는 없지만 변모는 바울 사도가 빌립보서 2장 7절에서 *"스스로 무명한 자가 되사 자기 위에 종의 형체를 취하시고 사람의 모습이 되셨으며"*라고 언급한 것처럼 예수님의 육신에 평소 볼 수 없던 하나님의 영광스런 모습이 나타난 점에 있어서 '변화'라는 단어보다 '변모'가 더 적절한 표현으로 예수님 안에 내재하고 있는 하나님의 거룩한 신성의 모습을 보여준다고 생각한다. 이 두 단어의 차이를 다른 각도에서 생각해 본다면 이렇게 구분할 수 있을 것이다.

"변화"(Transformation)는 처음부터 로고스, 즉 말씀으로 계셨던 주님께서 사람의 몸을 입고 오신 도성인신(道成人神, 요 1:14)하심, 즉 인자로서 세상에 오신 예수님을 설명하는 용어로 본다면 "변모"(Transfiguration)는 인자(人子; the Son of man) 예수님 안에 본래부터 갖고 계신 바뀔 수 없는 하나님의 신성을 강조하여 나타낸 의미인 것이다.

예수님은 열두제자들 중에 일반적으로 알려진 '수제자'인 베드로와 야고보 그리고 그 형제 요한을 데리고 산에 오르셨다. 이 세 사람은 모두 갈릴리 어부 출신들로서(눅 5:10) 복음서에서 모두 세 차례 특별히 구별되어 주님으로부터 특별 현장교육을 받은 제자들이다(마 26:37; 막 5:37; 눅 8:51).

예수님께서 이들 세 사람을 따로 선택하여 산에 오르신 것은 이들이 다른 아홉 사도들보다 더욱 탁월해서가 아니라 주 예수님의 절대적인 주권에 의한 것이며 특별한 사명을 주시기 위함이시다. 예수께서는 그들에게 영광스런 변모를 목격하는 특권을 허락하시는 동시에 그들 각자에게 당신의 영광을 세상에 전파할 책무를 맡기셨다. 세 명의 제자를 데리고 오르신 또 다른 이유는 어떤 중요한 사건에 대하여 증인을 세울 때는 두세 사람의 목격자가 있어야 진실한 증인이 될 수 있기 때문이었다(신 19:15; 요 8:17; 고후 13:1).

예수님은 십자가 죽음을 앞두고 자신이 이 세상에 육신을 입고 오신 하나님의 아들 되심을 적어도 당신의 사랑하는 세 명의 제자에게 보여 주신 것이다. 이들 세 사람을 증인으로 제한시킨 것은 혹시 발생하게 될 오해의 소지를 없애고 또한 아직은 십자가의 위대한 사건을 비밀에 붙여 두실 것을 염두에 두셨기 때문이다(마 17:9).

"여기 있는 것이 좋사오니…"

베드로가 헬몬산에 오르기 약 2년 전의 일이다. 전문 어부였던 베드로는 게네사렛이라고도 불리는 갈릴리의 호수에서 밤이 새도록 그물을 내려 많은 수고를 했으나 한 마리의 물고기도 잡지 못했다. 어느덧 길고 긴 밤이 지났고 따스한 아침 햇살 아래서 베드로는 어구를 정리하며 하루의 일과를 마감하고 있었다. 그때 예수님은 시몬의 배에 오르신 후 육지에서 거리를 두고 해안에 있는 군중에게 말씀을 증거할 수 있기를 부탁하셨다. 그리고 시몬에게 다음과 같이 말씀하신다.

"깊은 데로 가서 너희 그물들을 내려 한 번 끌어당기라!" (눅 5:4)

이 말씀을 들은 베드로는 주님의 말씀에 논쟁하지 않았다. 베드로는 *"선생님이여, 우리가 밤새도록 수고하였어도 아무것도 잡지 못하였으나 그럼에도 불구하고 선생님의 말씀에 따라 내가 그물을 내리리이다"* 하고 순종하여 그물을 내렸다. 베드로의 순종의 결과는 자신의 일생 가운데 한 번도 겪어보지 못한 놀라운 기적을 경험하였다. 갈릴리 바다에서 전문 어부로 잔뼈가 굵어온 베드로에게 도무지 믿을 수 없는 일이 일어난 것이다. 그날 이후부터 베드로는 나사렛 예수께서 세상을 구원하기 위하여 하늘로부터 오신 진정한 메시아이심을 믿게 되었다. 베드로는 예수님의 부르심에 자신의 삶을 드렸고 어디든 마다하지 않고 그리스도를 따르게 되었다. 베드로가 알고 있는 주님의 모습은 평범하다 못해 자신들보다 더 가난한 차림의 '단벌 길손'의 모습이셨다. 구약의 대언자 이사야는 예수님에 대하여 다음과 같이 묘사하였다(사 53:2).

"그가 그분 앞에서 연한 초목같이, 마른 땅에서 나온 뿌리같이 자랄 터이니 그에게는 모양도 없고 우아함도 없으며 우리가 그를 볼 때에 그를 흠모할 만한 아름다움이 없도다."

그러나 지금 온 세상을 발아래에 두고 자신들의 목전에 우뚝 서 계신 예수님은 더 이상 그들이 본 예수님이 아니셨다. 베드로는 위엄 있게 우뚝 서 계신 예수님에 대하여 지금처럼 자부심을 느끼고 감격과 충만한 기쁨을 느껴본 적이 없었을 것이다. 사람들이 말하는 요셉의 아들이자 목수 출신이란 꼬리표가 따라붙던 나사렛의 순박하신 예수님이 아니라 전능하시고 거룩하신 창조주 하나님의 모습으로의 주님의 모습을 확실하게 보고 있기 때문이다. 베드로는 자신의 삶을 그분께 모두 드리고 그분의 제자가 되었다는 것에 오늘 이 순간처럼 확신과 기쁨에 감격 겨운 날은 없었기에 그는 지체 않고 이런 고백을 한 것이다.

"베드로와 또 그와 함께한 자들은 깊이 잠드니라. 그들이 깨어나서 그분의 영광과 그분과 함께 선 두 사람을 보더니 두 사람이 그분을 떠날 때에 베드로가 예수님

께 이르기를, 선생님이여, 우리가 여기 있는 것이 좋사온즉 우리가 장막 셋을 짓되 하나는 선생님을 위하여, 하나는 모세를 위하여, 하나는 엘리야를 위하여 짓게 하옵소서, 하나 그는 자기가 말한 것을 알지 못하더라." (눅 9:32-33)

그런데 베드로가 얼마나 흥분하였으면 33절 하반절에서 자기가 말한 것을 알지 못하더라고 했겠는가? 그만큼 감격이 크고 깊었기 때문일 것이다.

헬몬산은 계절과 상관없이 언제나 정상에는 만년설로 덮혀있다. 특히 우기가 되면 더욱 풍부한 물을 주변으로 흘려보내게 되는데 헬몬산은 요단강의 원류를 이룬다. 그래서 헬몬산은 영적으로 볼 때 은혜의 원천이 되는 산이다.

예수님은 그런 연유에서 요한복음 7장 38절에서 *"나를 믿는 자는 성경 기록이 말한 것 같이 그의 배에서 생수의 강들이 흘러나오리라, 하시니라"*고 말씀하심을 기억하셨으리라 생각한다. 생수의 강이 흐르는 사람은 다른 사람을 윤택하게 하고 예수 그리스도의 은혜의 복음을 전하여 영혼을 구원할 수가 있다.

여기서 잠시 강에 대한 추억을 회상한다. 필자는 오엠 선교 단체와 일하면서 파키스탄 사역을 앞두고 인도에서 무슬림을 위해 6개월간 복음을 전한 적이 있었다. 인도로 향하기 전에 영국 런던에서 유럽과 미주에서 온 35명가량의 팀원들과 함께 설명회를 마치고 뉴델리로 향했다.

인도의 북부 지역인 우타프라데쉬 주에서 무슬림들에게 복음을 전하는 것이 팀의 주된 사역이었다. 인도에 도착해서는 뉴델리에 머물며 예방접종 주사를 맞아야 하는데 미국에서 백신이 올 때까지 두 달을 기다려야 했다. 두 달 동안 뉴델리 북부지역의 데라둔(Derahdun)이라는 곳에 가서 6주간 힌디어를 배우게 되었다. 6주간 학습으로 읽고 쓸 수 있게 되었는데 그 시간이 얼마나 유익했는지 모른다. 인도에 도착하기 전에 유일하게 배운 힌디어 인사말 한 마디는 "나마스데"였다.

힌디어는 남성명사, 여성명사와 그리고 중성명사에 따라 말하는 법이 다소 차이가 있는 점을 제외하면 한국어와 어순이 동일하기 때문에 한국 사람이 제일 배우기 쉬운 외국어가 아닐까 생각한다. 유창하지는 않았으나 쇼핑을 하고 대중교통을 이용할 수 있을만큼 기본적인 의사소통을 할 수 있게 되었다.

당시 영어로 인해 스트레스를 받던 중에 또 다른 외국어를 배워야 하는 고충이 있긴 했지만 그래도 제3의 언어를 접하면서 현지 사람들과 대화를 나눌 수 있었다는 것이 즐거웠다. 당시 힌두어를 배우기 위해 다닌 학교는 서구인들이 주로 다니고 있는 데라둔 언어학교(Derahdun language school)였다. 학교를 가려면 등성이를 하나 넘어가야 했기에 매일 산길을 20분 이상 걸었다. 길을 가다가 간혹 전나무 가지 위에 앉아있는 긴꼬리원숭이들이 송곳니를 드러내 놓고 위협하듯 바라보면 적잖은 공포감에 걸음을 재촉하기도 했다. 그러나 산마루에 다다르면 숲 사이로 탁 트인 히말라야산맥의 설산들이 파노라마처럼 한 눈에 들어왔다. 10월의 청명한 가을 하늘 아래 멀리서 햇볕 아래 빛을 발하는 수많은 설산들은 너무도 아름답고 평온해 보였다.

힌디어 6주 과정이 끝나 갈 무렵 캐나다에서 온 팀리더가 갠지스강의 발

〈갠지스강의 발원지 고묵 빙하: 해발 3,892m〉

원지가 있는 힌두교 성지 강고트리(델리 지역에서 북쪽으로 530킬로미터 거리)와 보즈바사라는 곳을 방문하는 트레킹 계획을 세웠다. 갠지스강은 인도인들이 어머니처럼 상징적 존재로 여기고 있다. 인도인들은 힌두교의 여신 쉬바의 신비스러운 영혼이 그곳에 깃들어 있다고 굳게 믿고 있기 때문이다.

인도의 힌두교 세계관에 대하여 공부하기 원한다면 갠지스강을 방문하는 것은 필수코스라고 생각한다. 갠지스강은 인도의 북부를 동서로 2,500킬로미터를 흐르는데 서울과 부산을 3번 왕복하는 긴 거리다. 갠지스강 주변에서 벌어지는 힌두교의 의식을 관찰한다면 인도인들의 세계관과 문화의식을 알 수 있기 때문이다. 갠지스강은 매년 수백만 명 이상의 순례자들이 방문하는데 도심지 부근의 강물은 차마 눈 뜨고 보기 어려울 만큼 심각하게 오염이 되었다.

갠지스강변을 따라 소위 '가트'(강으로 내려가기 쉽게 만든 층계)가 만들어져 있고, 이곳에서 사람들이 모여 종교 의식을 행한다. 유족들은 시신을 운구해와서 강변에서 화장을 한다. 화장할 때 강가에 쌓아둔 땔감의 나무 높낮

이에 따라 빈부의 차이를 알 수 있다. 땔감을 넉넉히 준비해서 화장을 치룰수록 경제적으로 여유가 있기 때문이다. 화장이 끝나면 유골을 모아 강물에 흘려보낸다. 그러나 어떤 경우는 땔감이 부족하여 제대로 태우지 못한 시신들을 그냥 방치하듯 내버리는 경우도 있다. 이해가 되지 않겠지만 한 쪽에선 어떤 사람은 그 강물로 머리를 감고 목욕도 하고 또 어린이들은 신나게 물놀이를 하고 있다.

인도인의 생활상을 이해하기란 쉽지가 않다. 강에 깃든 인도 사람들의 풍습은 기절초풍할만하다. 생활 여건이 열악하여 집에서 목욕을 하거나 씻는 것이 불편한 탓도 있겠지만, 그들은 마시고 씻는 물에 화장을 한 유골을 버려도 불길하거나 꺼림칙하지 않게 여기고 있다. 그 이유는 갠지스는 성스러운 강이기 때문이다.

힌두교에 뿌리를 둔 불교나 힌두교 모두 윤회설을 믿는다. 인도인들이 생각하는 윤회는 죽은 자가 다시 내세의 좋은 신분 계급으로 태어나려면 갠지스강을 건너가야 한다고 믿는다. 힌두교 사람들은 소를 신성시한다. 그것은 망자의 혼이 소의 꼬리를 붙들고서 강을 건너간다고 믿기 때문이다.

우리 팀원들은 각자 배낭을 메고 이른 아침에 떠나는 버스에 몸을 싣고 갠지스강의 발원지인 고묵(Gaumukh Glacier)으로 향했다. 비포장도로를 수 시간 달려 더 이상 차가 갈 수 없는 곳까지 들어갔다. 그리고 곧바로 본격적인 트래킹을 시작하였다. 10월 중순이었지만 해발 3,700미터를 넘는 고지대이기 때문에 한밤에는 수은주가 영하로 떨어졌다. 겨울옷을 준비하지 않았으면 낭패를 볼 뻔하였다. 드디어 우리는 강고트리(3,048m)를 지나 보즈바사(3,792m)에서 1박을 했다. 이튿날 드디어 고묵 빙하에 다다랐다. 10월 중순이었지만 초목을 일체 볼 수 없었다.

보이는 것은 흙으로 뒤덮여 있는 거대한 빙하뿐이었다. 고묵에 이르러 계곡으로 내려가니 갠지스강의 발원지가 그 모습을 드러내고 있었다. 흙먼지로 덮여 있어서 가파른 절벽처럼 보였지만 거대한 빙하라는 사실이 믿기지가 않았다. 빙하의 입구는 마치 거대한 괴물의 입과 같은 모습을 하고 방문자들을 삼키려는 듯 기다리고 있었다. 빙산은 일부가 붕괴되어 꺼져 있었고 지면과 맞닿은 부분에서 빙산이 녹아 흙과 뒤섞인 시퍼런 물이 흘러나오고 있었다.

고묵에 당도하여 갠지스강의 발원지를 내 눈으로 직접 보았지만 힌두교도들이 왜 갠지스강을 그처럼 성스럽게 생각하는지 여전히 잘 이해가 안 되었다. 갠지스강은 하늘에서 내린 비 한 방울, 눈송이 하나하나가 땅에 떨어져 얼음이 되었다가 오랜 세월이 지난 후 녹아내려서 물줄기를 이룬다. 그리고 대지를 적시며 동으로 동으로 흘러 방글라데시의 벵골만을 거쳐 넓은 바다로 흘러간다. 그렇게 흘러간 물은 다시 수증기로 하늘에 올라가 비와 눈이 되어 다시 대지를 적시는 과정을 이루기 때문에 윤회설을 믿는 힌두교도들이 흠모하는 강이 되지 않았나 추측해 볼 따름이다. 고묵을 떠나오면서 마지막으로 뒤돌아 보았던 바기라티봉(6,856m)과 쉬블링봉(6,543m) 정상에 덮인 만년설이 한낮의 햇볕에 반사되어 눈이 부시도록 아름다웠다.

예수 그리스도께서 말씀하셨다.

"누구든지 목마르거든 내게로 와서 마시라. 나를 믿는 자는 성경 기록이 말한 것 같이 그의 배에서 생수의 강들이 흘러나오리라, 하시니라." (요 7:37)

성경은 분명히 창조주와 피조물의 관계를 명확히 하고 있다. 자연은 그저 자연일 뿐 인생들을 영생의 길로 인도하는 분은 예수 그리스도 한 분 뿐이라는 사실을 말씀하고 있다. 오직 예수 그리스도 한 분만이 천국으로 인도하시는 유일하신 중보자로서 길이요, 진리요, 그리고 생명이신 우리 주님께 감사드린다. 뿐만 아니라 예수 그리스도를 믿어 죄 용서 받고 하나님의 자녀가 된 그리스도인들이 다른 사람에게 생수의 강물을 넘쳐 흘려보낼 수 있다고 말씀하시니 그 또한 감사하다.

한 번은 뉴델리 근교의 갠지스강변의 힌두교 사원을 방문하였다가 어처구니없는 모습을 보았다. 사원의 건물 안쪽 벽면에 힌두교의 여러 신들을 액자에 담아 일렬로 걸어 두었다. 사진들 가운데는 석가모니를 비롯해 힌두교의 3대 신으로 손꼽는 '브라흐마', '비슈누', '쉬바' 등이 진열되어 있었다. 그런데 눈에 익은 액자 하나가 있었다. 누가 봐도 예수님이라고 말할 수 있는 초상이 힌두교의 여러 신들과 나란히 걸려 있었다.

힌두교도들을 전도하기가 어려운 이유를 느낄 수 있다. 힌두교를 믿는 인도인들은 생명체든 비생명체든 모든 것을 신이라고 믿고 있는 범신론적 세계관을 가지고 있다. 이러한 이유로 힌두교는 결국 혼합주의 신앙으로 바뀔 수밖에 없다. 예를 들면, 요한복음 3장 16절을 힌두교도들에게 전한다면 하나님이 세상을 사랑하셔서 독생자를 주셨다는 말을 저들도 믿고 있다고 말할 것이다. 그러나 문제는 저들의 개념 속에서 세상의 구세주는 예수 그리스도 이외에도 아주 많이 있다고 믿고 있는 것이다. 예수님은 사람의 몸을 입고 세상에 내려온 여러 신들 중의 하나라고 믿고 있다.

다시 팔레스타인의 헬몬산으로 가보자.

그렇다! 예수님께서는 세상의 유일하신 한 분 구세주가 되시며 하나님이시라는 사실을 우리는 인정해야 한다. 베드로가 주님을 따라 나선 것은 다른 계산이나 동기가 있어서가 아니었다. 물질적인 어떤 이득이나 세상의 권세를 염두에 두고 주님을 따른 것이 아니라 주님 왕국의 복음전파를 통해 사람을 낚는 어부가 되기 위해서 따라 나섰던 것이다.

오늘날 주님의 일을 한다고 하면서도 세상적인 호사를 염두에 두는 사람이 있다. 소명 그 자체보다는 목회자가 되는 것을 생활의 수단 또는 직업으로 선택하는 사람들이 있으니 안타깝기만 하다. 요즘 신학교에서는 "부름 받아 나선 이 몸 어디든지 가오리다. 소돔 같은 거리에도 사랑 안고 찾아가서"라는 찬송이 농담이겠지만 금지곡으로 통한다고 한다.

나는 신학생 시절 나를 가르쳐준 교회 중고등부 전도사님이 결혼할 때 축가를 불러달라는 부탁을 받고 순진하게도 "부름 받아 나선 이 몸 어디든지 가오리다!"를 선곡하여 씩씩하게도 불렀다. 결혼식 축가로 어떻게 그 곡을 선택해서 불렀는지 지금도 생각하면 이해가 잘 안 된다. 그때 나의 모습을 본 어른들이 성악을 공부하면 가능성이 있을 것이라는 말도 했지만…

아무것도 없는 산 중에 영광스럽게 변모하신 하나님의 아들 한 분 만으로 만족하고 기뻐하기에 *"주여, 우리가 여기 있는 것이 좋사온즉"*이라고 한 베드로의 고백은 이 시대를 살아가는 모든 그리스도인들이 진실한 마음으로 외쳐야 할 고백이 되기를 바란다.

성도들이 즐겨 부르는 '내 영혼이 은총 입어'라는 찬송이 있다. 3절 가사에 *"초막이나 궁궐이나 내주 예수 모신 곳이 그 어디나 하늘나라"*라는 표현이 있다. 나는 이 찬송을 부를 때마다 너무 은혜가 넘친다. 내가 있는 곳이 바로 예수님 계신 곳이고 하늘나라가 되기 때문이다.

예수님께서는 세 명의 제자들에게 주님의 영광스런 본래의 모습을 바라볼 수 있는 특권을 허락하셨고 동시에 예수님께서 하나님 되심을 세상에 전해야 할 사명을 맡기신 것이다. 이스라엘에서는 어떤 사건에 있어서 유효한 증언이 되려면 두세 사람이 증인으로 나서야 했다(신 19:15; 요 8:17; 고후 13:1). 이처럼 예수 그리스도께서 베드로, 야고보, 요한을 세 사람의 증인으로 제한시킨 것은 혹시 발생하게 될 오해의 소지를 없애고 그 중요성을 강조하시기 위함이었다.

베드로의 고백을 다른 각도에서 생각해 보고자 한다. 베드로의 고백은 어찌 보면 대단히 희생적이고 헌신적인 것처럼 보인다. 왜냐면 산 위에 나타난 모세와 엘리야 그리고 그 중앙에 서 계신 예수님을 위하여 초막 셋을 지어 살겠다고 말했기 때문이다. 예수님은 변화산을 오르시기 전 가이사랴 빌립보 경내에 들어오시면서 어떤 일이 예수님께 발생할 것인지를 이미 언급하셨다. 그러나 베드로는 금세 그 일을 까마득히 잊어버리고 자신의 기쁨과 유익만을 위해서 산 아래로 내려가기를 거부한 고백이 아닌가?

예수님께서 제자들에게 하신 말씀을 당시 우리가 그곳에 주님과 함께 거닐고 있던 현장의 제자라고 생각하며 귀를 기울여보자.

"그때부터 예수님께서 자기가 반드시 예루살렘으로 올라가 장로들과 수제사장들과 서기관들에게 많은 일들로 고난을 당하고 죽임을 당하며 셋째 날 다시 일으켜질 것을 자기 제자들에게 보이기 시작하시니 그때에 베드로가 그분을 붙잡고 꾸짖기 시작하여 이르되, 주여, 그럴 수 없나이다. 이 일이 결코 주께 임하지 아니하리이다, 하거늘 그분께서 돌이키사 베드로에게 이르시되, 사탄아, 너는 내 뒤로 물러가라. 너는 내게 실족거리니라. 네가 하나님에게서 난 일들을 좋아하지 아니하고 사람들에게서 난 일들을 좋아하는도다, 하시니라. 그때에 예수님께서 자기 제자들에게 이르시되, 어떤 사람이 나를 따라오려거든 자기를 부인하고 자기 십자가를 지고 나를 따를지니라. 누구든지 자기 생명을 구원하려 하는 자는 그것을 잃을 것이요, 누구든지 나로 인해 자기 생명을 잃으려 하는 자는 그것을 찾으리라." (마 16:21-25)

예수님께서는 십자가 고난의 길을 말씀하셨다. 이에 베드로는 사탄의 간계에 넘어가 그 뜻을 가로막았다. 예수님은 *"사탄아 너는 내 뒤로 물러가라"* 고 호통을 치셨다. 이처럼 베드로는 예수님의 마음을 좁쌀만큼도 헤아리지 못했다. 그저 황홀경에 빠져 있었다. 예수님께서는 하늘의 모든 영광을 버리고 십자가 고난의 길을 갈 때에 베드로를 포함한 열두제자들이 자기 십자가를 지고 그 길을 따라오기를 원하셨지만, 베드로는 즉흥적으로 그곳에 초막을 짓고 살겠다고 고백한 것이다.

주님의 영광을 보는 일은 정녕 성도의 특권이자 영광스러운 일이 아닐 수 없다. 그러나 하나님이 우리에게 원하시는 뜻은 세상 부귀영화 내려놓고 십자가의 길을 가신 주님의 뒤를 따라가라는 것이 변화산에 오르신 예수님의 목적이라고 믿는다. 사도 바울은 변화산에 있었던 세 명의 사도처럼 주님의 영광스런 변모의 모습을 직접 자신의 눈으로 보진 못했지만 그에 못지않게 바울은 천국을 다녀온 경험이 있는(고후 12:1-3) 사람이다. 바울 사도가 직접 하나님의 영에 이끌려 천국을 다녀와 자신이 친히 목격한 천국의 아름다움을 생각하면 그는 한시라도 빨리 천국에 가서 주님과 더불어 사는 것을 염원하였다. 그러나 빌립보교회 성도들의 유익을 위하여서는 여전히 육체 가운데 거하면서 빌립보교회를 위하여 수고를 마다하지 않겠다고 다음과 같이 고백하였다(빌 1:23-24).

"떠나서 그리스도와 함께 있기를 바라며 내가 둘 사이에 끼어 있느니라. 그것이 훨씬 더 좋으나 그럼에도 불구하고 육체 안에 거하는 것이 너희를 위해 더 필요하니라."

그리스도인들의 믿음은 눈으로 보고 믿는 것이 아니라 보지 않고 믿는 것이다. 그럼에도 불구하고 예수님께서 베드로와 요한과 야고보에게 변모되신 주님의 모습을 보여주심에는 분명히 선한 목적과 뜻이 있으신 것이다. 산 위에서의 예수님의 변모를 경험하게 하신 것은 주님에 대한 확신을 갖게 함이며 주님을 본받아 주님이 가신 섬김의 길을 가라는 뜻이다.

진정한 신앙은 산꼭대기에서 유유자적하게 있으면서 주님의 영광 가운데 만족하고 즐기는 것이 아니다. 그것은 장차 우리가 문자 그대로 천년왕국과 사람의 손으로 짓지 아니한 새 하늘과 새 땅에 들어가서 영원한 복락을 누릴 때이다. 그러나 지금은 다시 산 아래로 내려가 주님의 현성(現聖)을 경험하지 못한 동료 제자들을 격려하며 산 아래 수많은 병자들과 복음을 들어야 할 사람들을 섬기며 할 일을 감당해야 하는 것이다. 그럼에도 불구하고 산 아래로 내려간 직후에 베드로가 주님께 드리는 질문이 무엇인지 살펴보자.

"그때에 베드로가 그분께 응답하여 이르되, 보소서, 우리가 모든 것을 버리고 주를 따랐사오니 그런즉 우리가 무엇을 얻으리이까? 하매." (마 19:27)

베드로는 재빠르게도 자신이 받게 될 하나님 나라의 상속을 염두에 두었다. 예수님은 베드로의 질문에 다음과 같이 말씀하셨다(28-30절).

"예수님께서 그들에게 이르시되, 진실로 내가 너희에게 이르노니, 다시 나게 하는 때 곧 사람의 아들이 자기의 영광의 왕좌에 앉을 때에 나를 따른 너희도 열두 왕좌에 앉아 이스라엘의 열두 지파를 재판하리라. 또 내 이름으로 인해 집이나 형제나 자매나 아버지나 어머니나 아내나 자녀나 토지를 버린 모든 자는 백 배를 받고 또 영존하는 생명을 상속받으리라. 그러나 처음인 자로서 마지막이 되고 마지막인 자로서 처음이 될 자가 많으니라."

하나님 나라에서는 먼저 부름 받은 자라고 '좋은 자리'에 앉게 되는 것이 아니라 성실히 주의 복음을 위해 일한 사람이 상급과 그 자격을 얻을 것이라고 주님이 말씀하신다. 마태복음 20장 20절을 보면 사도 요한의 어머니는 예수님께 자신의 두 아들 야고보와 요한을 주님의 나라가 임할 때에 예수님의 좌우편에 앉게 해달라고 긴밀한 부탁을 드린다. 그녀가 예수님께 드린 '청탁' 사실이 밝혀지자 나머지 제자들은 모두 격노했다. 이런 모습을 보면 열두제자는 모두 공통적으로 상급과 지위에 대하여 초월한 사람들이 아니라 다른 사람들과 크게 다를 바가 없는 평범한 사람들이었다는 것이다.

오늘 주님을 섬기는 우리는 어떤가? 특히 교회의 직분을 맡은 성도들은 어떤 자세로 주님의 교회를 섬기고 있는가를 살펴 보아야 할 필요가 있다.

"너희는 그의 말을 들으라!"

변화산에서의 예수님은 모세와 엘리야와 대화를 나누셨는데 특별한 의미를 복음서 독자들에게 전하고 있다. 모세는 주전 1500년경의 인물로 당시 세계 최강의 군사력과 경제력을 지닌 이집트 파라오 공주의 아들로 입양되어 40년간 세계 일류의 교육과 정치 그리고 경제를 섭렵했다. 아울러 40세 이후 80세까지는 미디안 광야에서 목동으로서의 경험도 쌓았다. 그는 광야에서 양떼를 칠 때 하나님을 직접 뵙고 대화를 나누기도 했다.

엘리야는 어떠한가? 그는 주전 500년경의 사람으로 아합왕 시절 진리에 굳게 서서 타협을 몰랐던 '불의 사자'다. 엘리야는 또한 모든 구약 대언자들을 대표하는 인물이다. 모세와 엘리야가 주님과 대화를 나누는 장면이 나타난 것은 예수님은 시공을 초월하여 성경이 강조하는 율법과 예언의 중심이시며 주제가 되고 완성이 되시는 분이심을 직간접적으로 증거하고 있는 것이다.

베드로와 요한과 야고보가 산 위에서 이 놀라운 광경을 바라보고 있을 때 이전에 요단강에서 들었던 위엄있는 음성이 하늘로부터 들려왔다(마 17:5).

"그가 아직 말할 때에, 보라, 빛나는 구름이 그들을 덮더니, 보라, 그 구름 속에서 한 음성이 나서 이르시되, 이 사람은 내 사랑하는 아들이라. 내가 그를 매우 기뻐하노니 너희는 그의 말을 들으라, 하시므로."

이 사건을 통해 분명히 주의 제자 세 사람은 예수 그리스도께서 하나님에 의해 보냄 받으신 메시아 되신 줄을 확신하게 되었다. 이제 '변화산 사건' 이후 마태복음 17장의 끝부분인 24절부터 마지막 절까지 공세(Tribute money, 성전세)를 내는 문제를 살펴보고자 한다.

"그들이 가버나움에 이르렀을 때에 공세 돈 받는 자들이 베드로에게 나아와 이르되, 너희 선생님은 공세를 내지 아니하시느냐? 하니." (24절)

공세 받는 자들이 제자들에게 시비를 걸듯 따졌다. 예수님은 이런 사소한 문제에 있어서도 사람들을 실족시키지 않기 위하여 특별한 방법으로 공세를 지불하는 문제를 해결하셨다. 주님은 참으로 신실하시고 위대하신 우리의 본이 되시는 분이시다.

"그럼에도 불구하고 우리가 그들을 실족시킬까 염려하노니 너는 바다에 가서 낚시 바늘을 던져 처음 올라오는 물고기를 잡으라. 네가 그것의 입을 열면 돈 하나를 발견하리니 그것을 가져다가 나와 너를 위해 그들에게 주라, 하시니라." (27절)

그런데 베드로의 입장에서 낚시는 익숙하지 않을 수 있다. 베드로에게는 차라리 그물을 던져 고기를 잡는 것이 훨씬 더 쉬울 것이다. 나는 바다낚시를 좋아한다. 바다낚시의 관건은 물때를 잘 맞춰야 한다. 뿐만 아니라 고기를 잘 낚으려면 고기들의 이동경로나 식성도 알아야 한다. 대부분 사람들이 낚시를 좋아하지 않는 이유는 낚시를 물에 드리우고 기다리는 것이 지루해서 일 것이다. 베드로의 기질로 보아 충분히 그러고도 남았을 일이다.

이성적으로 생각해 볼 때 물고기 중에 황동이나 은으로 주조한 동전을 입에 물고 있는 고기가 세상에 어디 있단 말인가? 지혜의 왕이신 예수님께서 분명한 목적을 염두에 두고 명령하셨을 것이다. 마태복음 17장 5절의 말씀을 보면 베드로에게 하늘에서 들려온 성부 하나님의 말씀은 이렇다.

"그가 아직 말할 때에, 보라, 빛나는 구름이 그들을 덮더니, 보라, 그 구름 속에서 한 음성이 나서 이르시되, 이 사람은 내 사랑하는 아들이라. 내가 그를 매우 기뻐하노니 너희는 그의 말을 들으라, 하시므로…"

"너희는 그의 말을 들으라!"라는 말씀이 단서가 된다. 예수님께서 어떤 말씀을 하시든지 되묻지 말고, 이유를 불문하고 순종하라는 명령이다. 당시 성전세라고 부르는 공세는 이스라엘 성인 남자들은 예외 없이 모두 반 세겔을 내야 했다(마 17:24-27). 그런데 한 드라크마는 헬라 사람 하루 품삯을 나타내는 동전 명칭으로서 유대인에게도 사용되는데 일반적으로 사분의 일 세겔로 취급되었다. 반면에 이 '반 세겔'은 유대인들이 출애굽을 하고 시내산에서 인구조사를 마친 후에 모든 유대인 남자들이 냈던 생명의 속전, 즉 이집트에서 건져주신 생명의 대가로 여호와께 바쳤던 속죄양과 같은 것이다(출 30:11-16). 또한 성전세는 선민 이스라엘에게는 의무적으로 부과된 것이기도 했다. 바벨론 포로시기 이후 그 의무는 20세 이상 된 자로서 삼분의 일 세겔로 조정되었다(느 10:32).

예수님 당시에도 느헤미야 시대에 수정된 의무조항에 따라 매년 봄철 유월절 전(아달월 15일) 모세 당시의 환율에 근거하여 세금이 부과되었다. 이러한 이유로 반 세겔을 바꾸려는 사람들로 인해 환전상은 수수료를 남기며 많은 수익을 남길 수 있었다(요 2:14).

아무튼 이 반 세겔은 로마에 바치는 공공의 세금이라기보다 당시 주로 성전 유지비용으로 사용되었다. 참고로 여기에서 '반 세겔 받는 자들'은 일반적으로 국세를 거두는 '세리'와는 다른 사람들임을 알아야 한다(마 9:10). 이것은 반 세겔을 거두는 자들이 신분상 로마 위해 세금을 거두는 자들이 아니라, 이스라엘의 성전을 위해 거두는 다른 계층의 사람들임을 암시하기 때문이다. 주님께서 베드로에게 *"그것을 가져다가 나와 너를 위해 그들에게 주라"*고 말씀하신 '나와 너'란 예수님과 베드로가 비록 동일하게 반 세겔의 성전세를 내심으로써 인자로서 본분을 다하심을 보여 주시기 위해서다. 뿐만 아니라 예수님은 하나님의 아들의 신분으로서 성전세를 내지 않아도 문제 될 것은 없었다. 그럼에도 불구하고 사람들이 실족 당하지 않도록 세금 문제를 매우 특별한 방법으로 해결하신 것이다. 마태복음 17장 27절처럼 그렇게 성전세의 문제가 일단락되었다.

자, 그렇다면 베드로는 주님의 명령에 순종하여 물고기를 낚았고 물고기 입에서 과연 동전을 꺼내 세금을 지불하였는가 하는 문제다.

마태는 베드로가 주님의 명령에 따라 갈릴리 바다에 가서 낚시를 드리웠고 그리고 주님께서 말씀하신 것과 같이 동전을 입에 물고 있던 고기를 잡았다는 기록은 없다. 과연 베드로는 예수님의 말씀처럼 갈릴리 바다에 가서 낚시를 드리었고 첫 번째 올라오는 고기 입 속에서 동전을 발견해서 그것으로 세금을 내었을까? 이 기적이 성립되려면 다음과 같은 조건이 반드시 선행되어야 한다. 물고기 입에 동전이 있기 위해서는 누군가 고의로 동전을 넣어야만 한다. 그렇다면 하나님의 섭리하심 가운데 누군가는 물가에서 동전을 잃어 버려야 했고 그 시간 물속에 떨어진 동전을 물고기가 먹이인줄 알고 물어서 삼켜야 가능한 일이다. 그리고 그 물고기는 동전이 입에 들어갈 만큼 적당한 크기여야 했고 동시에 뱃속으로 삼키지 못하고 아가리에 걸쳐 있어야 한다. 그리고 베드로가 낚시를 드리우고 물고기가 미끼를 제대로 물었을 때 발생할 수 있는 일이다.

농어과의 민물고기들은 식성이 아주 좋아 아무것이나 잘 무는 특성이 있다. 대표적인 것이 베스인데, 큼직한 베스나 농어는 어린이 주먹도 능히 삼킬 만큼 입이 큰 물고기들이다. 갈릴리 호수에 어떤 종류의 물고기가 있는지는 모르지만 전능하신 주님은 선포하신 그대로 베드로가 순종하여 낚시를 던졌을 때 완벽하게 타이밍을 맞춰 동전을 준비해 주실 수 있는 주님이심을 믿는다.

베드로의 '낚시 기적'이 가능할 수 있도록 이 모든 일련의 일들이 자연적으로 우연히 발생할 확률은 0%이다. 그러나 전지전능하신 하나님이신 예수님께서 말씀하신 바와 같이 베드로가 의심치 않고 순종하여 갈릴리 바다에 나가서 낚시를 던져 첫 번째 오르는 고기의 입을 열었을 때 반짝이는 동전이 나왔을 것이고 베드로는 그것을 가져다가 자신과 예수님 몫의 세금을 지불했다는 사실에는 추호도 의심이 없다. 마태복음 16장 21-23절에서 베드로는 주님으로부터 예수님의 고난과 죽음을 예고 받았을 때 어떤 반응을 보였는가?

"그때부터 예수님께서 자기가 반드시 예루살렘으로 올라가 장로들과 수제사장들과 서기관들에게 많은 일들로 고난을 당하고 죽임을 당하며 셋째 날 다시 일으켜질 것을 자기 제자들에게 보이기 시작하시니 그때에 베드로가 그분을 붙잡고 꾸짖기 시작하여 이르되, 주여, 그럴 수 없나이다. 이 일이 결코 주께 임하지 아니하리이다, 하거늘 그분께서 돌이키사 베드로에게 이르시되, 사탄아, 너는 내 뒤로 물러가라. 너는 내게 실족거리니라. 네가 하나님에게서 난 일들을 좋아하지 아니하고 사람들에게서 난 일들을 좋아하는도다, 하시니라."

베드로는 예수님의 수난과 부활하심이 믿겨지지 않을 뿐 아니라 결코 그런 일이 발생해서는 안 되는 것으로 간주하고 예수님의 계획을 막고 나선 것이다. 심지어 베드로가 예수님을 붙잡고 꾸짖기 시작하였다고 마태는 당시의 상황을 묘사하였다. 여기서 '꾸짖다'는 헬라어 '에피티마오'(ἐπιτιμάω)란 단어가 사용되었는데 그 의미는 '강력히 책망하다'(rebuke)의 뜻을 갖는다. 이에 대하여 베드로의 입을 통해 십자가의 구속의 계획을 이루시려는 메시아의 역사를 방해하려는 사탄을 간파하시고 *"너는 내 뒤로 물러가라. 너는 내게 실족거리니라"*라고 말씀하신 것이다.

그리고 17장의 변화산 사건에서 언급된 바 있는 *"그 구름 속에서 한 음성이 나서 이르시되, 이 사람은 내 사랑하는 아들이라. 내가 그를 매우 기뻐하노니* ***너희는 그의 말을 들으라,*** *하시므로…"*라는 말씀도 성부 하나님께서 베드로에게 예수님의 말을 들으라고 다시금 상기시켜 주시고 있는 것이다. 그렇다! 우리는 이성으로 하나님의 말씀이 납득이 안되더라도 예수님께서 무엇을 말씀하시든지 반문하지 말고 듣고 순종해야 한다.

베드로가 예수님을 따르기로 결심하기 3년 전의 일이다. 그는 밤새도록 수고했지만 한 마리의 물고기도 잡지 못했었다. 그때 베드로는 예수님께서 깊은 곳에 가서 그물을 내리라는 말씀에 순종하여 그물이 찢어질 정도로 많은 고기를 잡았던 것을 기억하고 있었을 것이다. 베드로는 이번에도 주님께서 말씀하신 그대로 순종하여 낚시를 던졌고 이번에도 다시 한 번 기적을 경험했을 것이다.

오늘날도 신학교에서 많은 졸업생들이 배출되고 있다. 학부와 신학대학원까지 수년간 공부했어도 졸업 이후에 목회할 곳을 찾기는 녹록치 않은 상황이다. 어떤 중형 크기의 교회에서 담임목사를 청빙하는데 제출된 이력서가 수백 통에 이른다는 이야기를 들었다. 그 가운데는 박사 학위 소지자이거나 박사 과정 중에 있는 후보자가 상당수라고 한다. 그리고 경쟁이 심해지다 보니 목사의 부인까지도 스펙을 쌓고 있다. 그만큼 목회자들이 일할 수 있는 자리가 좁아지고 있다는 것을 단적으로 말해주고 있는 것이다. 그러나 전도자들과 신학생들이 기억해야 할 것은 오늘날도 낚싯대를 내리는 마음으로 복음을 전하면 고기를 통해 필요한 '동전'을 얻을 수 있다는 사실을 믿어야 한다.

물론 목회자나 신학생들에게는 각자의 소명이 있다. 그런만큼 저들의 필요는 하나님이 공급하시고 책임져 주실 것을 믿는다. 필자 또한 그런 경험을 해보았고 지금도 여전히 하나님의 공급하심으로 살고 있다.

작은 교회를 담임하는 목회자가 가족들의 생계와 필요를 위하여 사역과 더불어 다른 사업이나 기타 비즈니스를 하다가 결국 목회도 못하고 사업도 안돼서 둘 다 포기한 경우를 보았다. 요즘 한국의 소형교회 목회자들이 경제적 어려움으로 불가피하게 부인이 일하면서 내조하는 경우도 적지 않다. 또는 목회자들이 파트 알바, 심지어 대리운전을 하면서 생계를 위해 애쓰며 사역을 감당하고 있다. 주님께서 은혜를 더하시길 바라는 마음이다. 그럼에도 불구하고 복음을 전하는 하나님의 종들이 확신해야 하는 것은 하나님이 말씀하신 전도자들을 향한 하나님의 공급의 원리이다. 바울도 천막을 만들며 자비량으로 사역을 감당하였지만 바울은 하나님의 공급하심에 대한 확신을 가지고 있었다.

"이와 같이 주께서도 복음을 선포하는 자들이 복음으로 살 것을 정하셨느니라"(고전 9:14). 오늘날 복음 전도가 아무리 힘들어도 복음을 들고 영혼

들을 찾아 나가면 하나님께서 예비하신 사람을 만나게 해주시고 구원의 역사를 이루신다.

모압 여인 룻은 남편이 죽은 이후에 그의 시어머니가 친정과 민족에게 돌아가라고 허락을 하였음에도 불구하고 분명한 믿음으로 시어머니인 나오미를 좇아서 유다 베들레헴으로 갔다(룻 1:16). 나오미가 회개하고 고향 베들레헴에 돌아왔을 때 나오미의 옛 친구들은 나오미를 맞이하였지만 나오미는 더 이상 자신을 나오미(기쁨)라 부르지 말고 마라(쓰다)로 부르라고 당부한다. 현실적으로 나오미와 룻은 남편을 잃은 연약하고 가련한 여인들이다. 두 사람은 옛집에 당도하였지만 당장 먹을 것이 문제였다. 그러나 룻기의 저자는 1장의 처음도 그랬듯이 마지막 부분에서 우리에게 전달하고자 하는 아주 중요한 메시지를 들려준다.

"이같이 나오미가 모압 지방에서 돌아온 자기 며느리 모압 여인 룻과 함께 돌아왔더라. 그들이 보리 수확을 시작할 때에 베들레헴에 이르렀더라." (22절)

나오미는 자신을 '마라'라고 말할 정도로 비관적이고 자책하는 마음으로 베들레헴 고향 땅을 밟았다. 그럼에도 불구하고 하나님은 나오미의 남편 엘리멜렉의 집에 은혜의 빛줄기를 비치셨다. 그것은 룻기의 아름다운 이야기의 토대가 된다. 추수가 시작될 무렵에 베들레헴(떡집)에 당도한 이방 여인 룻은 시모 나오미에게 보리밭에 가서 이삭줍기를 위해 허락을 구한다. 여기서 말하고 싶은 것은 추수 밭에 빈손으로 나갔다가 풍성한 손으로 돌아오게 하시는 하나님의 은혜를 볼 줄 알아야 한다는 것이다.

오늘날 복음 전도하는 일도 동일하다. 복음을 들고 영적인 추수 밭인 세상에 나가면 하나님은 우리에게 열매를 허락하신다는 사실을 잊지 말아야 한다. 룻은 성실하게 추수 밭에 나갔기 때문에 자신과 시어머니의 양식을 구할 수 있었고 나아가 그는 보아스를 통해서 놀라운 하나님의 은총을 입게 되고 다시 결혼하는 놀라운 축복을 받았다.

갈릴리 바다에는 항상 고기가 있듯이 이 세상에도 우리가 예수 그리스도의 복음으로 건져내야 할 사람들이 많다. 낚시로 고기를 낚으려면 준비와 인내가 필요하다. 그 수고로 잡은 물고기로 인해 동전, 즉 우리의 필요가 공급된다는 것이 예수님의 가르침이다. 예수님은 베드로를 처음 만나 부르실 때 *"나를 따르라 내가 너희를 사람들을 낚는 어부가 되게 하리라"*고 말씀하셨다(마 4:19). 사람을 낚는 일은 열두제자들에게만 주신 사명이 아니다. 구원받은 하나님의 모든 자녀들에 그리고 지구상에 존재하는 모든 교회에게 주신 지상사명인 것이다(마 28:19-20; 행1:8).

앞서 제2장에서 언급한 바와 같이 예수님은 '산상수훈'(The Sermon on the Mount : 마 5-7장)과 '다락방 강론'(The upper room discourse : 요 16장) 그리고 '감람산 교훈'(The Olivet discourse : 마 25장)으로 특별한 가르침을 제자들에게 들려주셨지만 소위 말하는 '성장'과 '경쟁'을 위한 가르침은 성경에 없다.

신약성경은 예수님과 사도들의 복음 전도를 통한 개인 구령뿐만 아니라 베드로를 통해 영혼들이 구원받아 교회가 확장되는 과정을 기록하고 있다.

예를 들면, 요한복음 3장의 니고데모, 4장의 수가성 여인에게 개인전도를 통해서 구원받는 장면과 사도행전 2장에서의 베드로의 설교로 3천 명 이상이 구원받은 사건이다. 또한 8장에서는 빌립의 전도 사역이 기록되었다.

"그러므로 널리 흩어진 사람들이 각처로 다니며 말씀을 선포하니라. 그때에 빌립이 사마리아 시로 내려가 그들에게 그리스도를 선포하매."

의사 누가는 예루살렘교회의 빌립이 이디오피아의 국고를 맡은 내시에게 복음을 전하여 침례까지 베푸는 장면을 심도 있게 기록하였다(38절). 그리고 10장에서는 고넬료의 구원받는 사건, 16장에서는 빌립보 감옥의 간수와 그의 가족이 구원받고 빌립보교회가 세워지는 배경을 보여주고 있다. 나아가 사도행전의 마지막 장인 28장의 끝 부분에서는 바울 사도가 빌린 집에 머물면서 복음을 증거하는 일에 전념하고 있는 모습을 기록하였다. 이는 교회 또한 궁극적으로 힘써야 할 일은 주님의 왕국의 복음을 전하는 일(아래 행 28:31의 밑줄 친 부분 : 주 예수 그리스도에 관한 그것들)에 집중해야 함을 강조하고 있는 것이다(30-31절).

"바울이 자기 셋집에서 만 이 년을 거하며 자기에게 오는 사람을 다 받아들이고 전적으로 확신 있게 하나님의 왕국을 선포하며 ***주 예수 그리스도에 관한 그것들*** *을 가르치되 아무도 그를 막지 못하더라."*

그러므로 예수님은 사역에 있어서 다른 어떤 일보다도 중요하게 생각하신 것은 하나님의 말씀을 가르치고 선포하여 사람들을 구원하는 일이었다.

예수 그리스도는 한 사람 한 사람의 영혼 구원에 대하여 관심을 가지셨고 복음 전하는 일을 결코 소홀히 하지 않으셨다.

목회자에게 있어서나 모든 그리스도인에게 있어서 예수 그리스도의 은혜의 복음을 증거하는 일인 사람을 낚는 일에 집중하게 되면 주님은 교회를 축복하시고 목회자들의 필요를 놀라운 방법으로 공급하실 것이다. 이것이 바로 물고기 입을 통한 놀라운 동전의 비밀을 오늘을 살아가는 현대 목회자들에게 말씀하고 계신 것이다.

우리 교회는 2년 전부터 전방 군부대 선교를 시작했고, 그 사역을 통해 하나님께서 젊은이들을 구원하시고 계심에 얼마나 감사한지 모른다. 하나님은 2015년, 한 해 동안에 우리 교회 전도 사역을 통해 557명의 영혼이 구원받게 하셨다. 2016년엔 700명의 영혼이 구원받기를 기도했는데 1,100명 이상의 영혼을 주님께 인도하여 구원받게 하였다.

군부대 선교는 물질적 지원이 병행되어야 한다. 전도서 11장 1절에서 *"네 빵을 물들 위에 던지라. 여러 날 뒤에 네가 그것을 찾으리라"*고 말씀하신다. 우리 교회가 군부대 선교를 위해 물질적 지원을 투자하였을 때 좋으신 하나님은 우리 교회 재정을 더 넉넉히 채워주심을 경험하고 있다.

"어찌하여 우리는 그를 내쫓지 못하였나이까?"

예수님과 제자 세 사람은 변화산 자락 아래에서 기다리고 있던 제자들과 다시 합류하였다. 그때 어떤 사람이 주님과 제자들 앞에 나아와 엎드려 자신의 아들을 치료해 주시기를 부탁하였다.

"그들이 무리에게 오니 어떤 사람이 그분께 와서 그분께 무릎을 꿇으며 이르되, 주여, 내 아들에게 긍휼을 베푸소서. 그가 미친 증세로 심히 시달리고 자주 불 속에 쓰러지며 종종 물 속에 빠지나이다. 내가 그를 주의 제자들에게 데려왔으나 그들이 그를 고치지 못하더이다, 하매." (마 17:14-16)

예수님께서 제자 셋을 데리고 변화산에 가 계실 때 어떤 사람이 자신의 병든 아들의 치료를 위해 제자들에게 절박하게 도움을 요청하였으나 제자들은 아무런 도움을 주지 못했다. 예수님께서 산에서 내려오시자 그 사람은 이제 직접 예수님 앞에 나와서 다시 한 번 간곡히 주님의 도우심을 요청하게 되었다. 그때 예수님께서 무엇이라고 말씀하셨는지를 유의해서 보아야 한다.

"이에 예수님께서 응답하여 이르시되, 오 믿음이 없고 비뚤어진 세대여, 내가 언제까지 너희와 함께 있으리요? 언제까지 너희를 용납하리요? 그를 이리로 내게 데려오라, 하시고 예수님께서 마귀를 꾸짖으시니 그가 그에게서 떠나가고 아이가 바로 그 시각부터 나으니라." (17-18절)

그리고 예수님께서 그의 아들을 치료하신 후에 바로 이어지는 19절에서 제자들은 왜 그를 치료하지 못했는지 예수님께 은밀하게 여쭙고 있다. *"그때에 제자들이 따로 예수님께 나아와 이르되, 어찌하여 우리는 그를 내쫓지 못하였나이까? 하매."* 제자들의 질문에 대한 예수님의 답을 들어보자.

> *"예수님께서 그들에게 이르시되, 너희가 믿지 아니하기 때문이로다. 진실로 내가 너희에게 이르노니, 너희에게 만일 겨자씨 한 알만 한 믿음이 있을진대 너희가 이 산에게 말하여, 여기서 저 너머로 옮겨 가라, 하면 그것이 옮겨 갈 것이요, 또 너희에게 불가능한 것이 아무것도 없으리라.* ***그럼에도 불구하고 이런 종류는*** *기도와 금식을 통하지 않고는 나가지 아니하느니라, 하시니라." (20-21절)*

문제의 원인은 두 가지였다. 하나는 제자들의 믿음이 너무 약했기 때문이었으며, 또 다른 원인은 기도(금식)가 부족했기 때문이다. 이 부분에서 우리가 특히 주의 깊게 살펴보아야 할 주님의 말씀은 '그럼에도 불구하고'와 '이런 종류는'이다.

믿음이 있으면 역사가 일어나지만 더 많은 기적들이 예수님의 이름으로 시행되려면 기도와 금식이 있어야 한다고 주님께서 말씀하신 것이다. 즉, 믿음은 기도와 함께 역사한다는 것이다. 기도를 믿는 사람은 믿음의 사람이며, 믿음의 사람은 일하기에 앞서서 기도에 우선하는 사람이다.

이 시기의 제자들은 이미 예수님을 따르며 하나님 나라에 관한 말씀과 예수님께서 행하신 기적들을 보았을 터인지라 *"어찌하여 우리는 그를 내쫓지*

*못하였나이까?"*라는 질문을 던질 만큼 제자들 스스로 느끼는 당혹감과 동시에 자신들의 한계를 느꼈을 것이다.

> *"내가 그를 주의 제자들에게 데려왔으나 그들이 그를 고치지 못하더이다, 하매…"*

이 말을 들었던 제자들은 예수님과 사람들 앞에서 체면이 땅에 떨어졌을 것이다. 그 동안 예수님의 제자라는 명분을 가지고 주를 따랐던 시간과 경험들이 백지화되는 듯한 생각도 들었을 것이다. 동시에 예수님의 제자로서의 위상이 여지없이 실추되었음을 서로의 표정에서 읽을 수 있었을 것이다. 제자들은 이 때문에 부끄럽기도 하고 궁금하기도 하여 예수님께 은밀히 나아와서 여쭤본 것이다.

악한 영에게 붙들린 영혼을 치료하는 비결은 신분이나 이성적인 지식이 아니라 얼마만큼 기도했는가의 문제이다. 다시 말하면 지식적으로 성경을 많이 배워서 알고 있는가가 아니었다. 또한 제자의 신분으로 오랜 시간 동안 주님을 따라 다닌 것과 상관이 없다. 성령에 사로잡힘 가운데 능력을 행하는 것이 핵심이라는 것이 본 사건의 교훈이다. 그 사건 이후 제자들은 아주 큰 깨달음과 확신을 가지게 되었을 것이라고 믿는다.

동일한 원리로, 우리가 얼마나 오래 예수님을 믿었든 또는 교회에서 받은 직분이 어떠하든 기도하는 사람이 하나님의 능력을 이루는데 쓰임 받는 사람이 될 수 있다는 사실을 확신해야 한다.

변화산에서 내려오신 예수님은 70명의 제자들을 둘씩 짝지어 도시와 성읍으로 보내셔서 복음을 전하게 하셨다. 그리고 전도의 일을 마친 후에 제자들은 돌아와서 사탄이 자신들에게 굴복함을 경험하고 기쁜 마음으로 보고를 하였다.

> *"칠십 명이 기뻐하며 돌아와 이르되, 주여, 주의 이름으로 말미암아 마귀들도 우리에게 굴복하나이다, 하니."* (눅 10:17)

제자들은 주님의 이름을 힘입어 마귀들을 물리치게 된 것이다. 참된 주의 제자는 가르침을 받을 만한 사람이어야 하며 그리고 변화되어 역사를 이룰 수 있는 사람이어야 한다.

약 5년 전 우리 교회에서 미얀마로 파송한 선교사님이 계신다. 최근에 카톡 문자로 사역을 위해 중보기도 요청을 전해오셨다. 선교사님께서 기도하는 가운데 약 3년 전에 수도 양곤 외곽에 땅을 구입했고 현지식 목조건물로 교육관을 지었다. 그리고 그곳에 교육관을 관리하는 일꾼을 한 사람 두었는데 그분의 이름이 '파티'라고 한다. 이분이 그곳에서 일하게 되면서 공교롭게도 그의 아들이 정신적인 질환에 걸려 어려움에 처하게 되었다. 파티라는 분이 오기 전에 그곳에 일하던 사람이 원인 모를 병을 시름시름 앓다가 세상을 떠났기에 엎친 데 덮친 격이 되었다. 지난 주말에 다시 카톡 문자로 기도부탁을 받았다. 파티라는 분이 건강이 악화되어 지금은 고향에서 요양중이며 중풍으로 거동할 수 없다는 소식이었다.

엊그제는 또 다른 일로 기도 요청을 받았다. 선교사님 부부가 고아원 사역을 하고 있는데 청소를 하는 한 여성이 귀신들려 소란이 일어났다고 긴급 연락이 왔다. 이분은 원래 천주교 신자였지만 고아원에서 매일 아침저녁으로 드리는 예배에 참석을 하였다고 한다.

그런데 갑자기 속이 불편하다고 괴성을 계속 지르다가 몸을 굴리면서 대문 밖으로 나갔다고 한다. 함께 예배를 드리던 지체들은 계속 기도하고 찬송을 했는데 한참 후에 정신을 차린 그녀가 되돌아 왔다고 한다. 예배를 마친 후 마침 옆에서 행동을 지켜보았던 사람이 핸드폰에 찍어둔 동영상을 보여 주었다. 그녀는 자신의 과거 이야기를 했다고 한다. 자신이 어릴 때 아파서 아버지가 자신을 무당에게 데리고 갔는데 무당은 자기에게 코브라 신을 주었다고 했다. 저녁에 고아원을 관리하는 자매가 그녀에게 복음을 전하였고 그녀는 예수님을 영접하여 표정도 밝아지고 정신도 맑아지게 되었다. 이러한 소란을 겪고 복음 전도의 순간을 확인한 선교사님은 생생하게 은혜 체험을 전달해 주었다.

선교지에서 특히 가난한 나라이거나 또는 제3국에서는 이런 영적인 공격들이 많이 일어난다. 필자도 중국에서 사역할 때 여러 지방과 시골 지역들을 방문하며 강의도 하였고 집회에서 말씀을 선포하는 일들을 하였다. 그런데 상해나 북경 같은 큰 도시보다는 시골의 가난한 사람들에게 더욱 사탄이 역사하는 모습을 보았다. 그때마다 예수님의 이름으로 기도하고 선포하면 악한 영이 쫓겨나가는 것을 수차례 경험하였다.

오늘날도 여전히 우리가 "주의 이름"을 선포하고 사탄(마귀)들을 책망하고 명령하면 사탄들도 굴복하여 쫓겨나감에 감사를 드린다. 부활하신 우리 주 예수 그리스도는 오늘도 우리와 함께 하심에 찬양을 드린다!

...5장

감람산의 예수 그리스도: 부활 이전

(마 24장)

• 감람산 •

예루살렘 전체를 조망할 수 있는 산으로 감람나무가 많으며 올리브산으로도 불린다. 예수님께서는 유월절 최후의 만찬을 마치시고 베드로와 야고보, 요한을 데리고 감람산에 올라 올리브 기름을 짜듯 땀이 핏물처럼 떨어지는 최후의 기도를 드리셨다. 예수님은 이곳 정상에서 천국으로 승천하셨다. 정면에 만국교회가 보인다.

| 5장 |

감람산의 예수 그리스도: 부활 이전

"예수님께서 올리브 산으로 가시니라." (요 8:1)

"그들이 찬송 하나를 부른 뒤 올리브 산으로 가니라 ; 그때에 예수님께서 그들과 함께 겟세마네라 하는 곳에 이르러 제자들에게 이르시되, 내가 저 너머에 가서 기도할 동안 너희는 여기 앉아 있으라, 하시고." (마 26:30; 36)

예루살렘이 내려다 보이는 감람산 언덕 아래에는 '겟세마네'라 불리는 동산이 있다. 겟세마네(Gethsemane)라는 뜻은 '기름 짜는 틀'(Oil press)인 '착유기'를 뜻한다. 지금도 겟세마네 동산에는 예수님 당시에 존재하던 감람나무들이 여전히 그 자리를 지키고 서 있다. '명불허전'이 아닐 수 없다. 감람원에 기름틀을 두었을 만큼 올리브 생산이 풍부했던 동산이다.

예수님은 가끔 제자들과 함께 이 동산에 가서 기도하셨다. 예수님은 마가의 다락방에서 사랑하는 제자들과 마지막 만찬을 끝내신 후 감람원으로 가셨다. 감람원의 겟세마네 동산에서 주님은 십자가 고난을 앞두고 마지막으로 성부 하나님께 기도를 드리셨다. 예수님은 가룟 유다에게 배반당하실 것도 알고 계셨으며 그리고 제자들이 주님을 버리고 달아나 모두 뿔뿔이 흩어질 것도 알고 계셨다. 그럼에도 불구하고 *"일어나라 우리가 함께 가자!"*(마 26:46)고 말씀하시며 고난의 십자가의 길을 마주 대하여 나아 가셨다.

지나친 상상일지는 모르겠지만 예수님께서 목수로 일하시던 기간 중에 로마의 관원들이 십자가 형틀을 제작해 달라는 요구에 십자가를 만드셨을 가능성도 배제할 수 없을 것이다. 예수님은 하나님께서 정하신 십가가를 통한 세상의 죄를 담당해야 할 때가 오면 온 세상의 죄를 위하여 자신이 십자가에 매달리실 것도 아셨다. 그럼에도 불구하고 그리스도는 십자가 고난의 길을 마다 않으시고 갈보리 십자가의 길을 외롭게 걸어가셨다.

"내 뜻대로 마옵시고"

예수님은 성부 하나님의 뜻에 복종하셨다. 사도 요한은 예수님을 다음과 같이 묘사하였다.

> *"처음에 말씀이 계셨고 말씀이 하나님과 함께 계셨으며 말씀이 하나님이셨더라."*
> *(요 1:1)*

예수님은 영원부터 영원까지 항상 살아 계신 전능하신 하나님이시다. 예수님은 천지창조 이전부터 늘 존재하고 계셨으며 또한 언제나 하나님과 함께 계셨다. 그러면서도 예수님은 로고스, 즉 말씀으로 계셨음을 서술하고 있는 것이다.

예수님은 얼마든지 하나님으로서 당신의 뜻대로 원하시는 것은 어떤 것이라도 이루실 수 있는 권능과 자유의지가 있으신 분이시다. 왜냐하면 예수님은 전지전능하신 하나님이시기 때문이다. 그러나 예수님은 사람의 몸을 입고 이 땅에 오셔서 계시는 동안에 성부 하나님께 자신의 뜻을 맡기셨고 모든 것을 순복하셨고 마침내는 십자가에서 죽으셨다.

바울은 골로새서 1장에서 예수님의 모습을 아래와 같이 묘사했는데 사도 요한의 언급과 유사하다.

"그분께서는 보이지 아니하는 하나님의 형상이시요 모든 창조물의 처음 난 자이시니." (15절)

모세가 언급한 창조 당시 삼위 하나님을 표현한 것을 보면 위의 말씀이 더 쉽게 이해가 가리라 생각한다.

"하나님께서 이르시되, 우리가 우리의 형상으로 우리의 모양에 따라 사람을 만들고 그들이 바다의 물고기와 공중의 날짐승과 가축과 온 땅과 땅에서 기는 모든 기는 것을 지배하게 하자, 하시고." (창 1:26)

'우리가', '우리의 형상으로', '우리의 모양에 따라' 세 번 거듭 언급된 '우리'는 1인칭 복수 주격 대명사이다. 즉, 하나님은 세 인격체로 존재하시는 삼위일체의 주 하나님이심을 대변하고 있는 구절이다. 예수님은 창조의 주로 모든 만물은 예수님을 위하여 지음 받았다. 예수님은 만물의 존재 원인이 되시며 또한 만물은 예수님을 위해 지음 받았기에 예수님은 창조의 주체가 되시는 분이시다.

"이는 그분에 의해 모든 것이 창조되었기 때문이라. 하늘에 있는 것들과 땅에 있는 것들, 보이는 것들과 보이지 아니하는 것들 곧 왕좌들이나 통치들이나 정사들이나 권능들이나 모든 것이 그분에 의해 창조되고 그분을 위하여 창조되었노라. 또한 그분께서는 모든 것보다 먼저 계시고 모든 것은 그분으로 말미암아 존재하느니라." (골 1:16-17)

하나님이신 예수님은 십자가에 못 박히실 때 그 고통이 얼마나 고통스러운 것인지 잘 알고 계셨다. 그러기 때문에 예수님께서 당면해야 했던 십자가의 '고난의 잔'을 지나갈 수만 있다면 지나가기를 간구하셨던 것이다.

재회를 약속하시다

"또 잔을 집으사 감사를 드리시고 그들에게 주시며 이르시되, 너희는 다 그것을 마시라. 이것은 죄들의 사면을 얻게 하려고 많은 사람을 위하여 흘린 나의 피 곧 새 상속 언약의 피니라. 그러나 내가 너희에게 이르노니, 내가 이 포도나무 열매에서 난 것을 이제부터 내 아버지의 왕국에서 너희와 함께 새롭게 마시는 그 날

까지 마시지 아니하리라, 하시니라. 그들이 찬송 하나를 부른 뒤 올리브 산으로 가니라." (마 26:27-30)

예수님은 요한 마가의 다락방에서 사랑하는 제자들과 최후의 만찬을 나누시면서 십자가에서의 죽으심과 부활을 언급하셨다. 나아가서는 천년왕국의 영광스런 잔치를 언급하시면서 장차 있을 기쁨의 재회를 강조하셨다. 그러나 안타깝게도 제자들은 그것이 무엇을 의미하는 것인지 이해하지 못했다.

이 책을 읽고 있는 독자 여러분은 어떠한가? 그리스도는 성경의 약속과 예언 그대로 이 세상에 오셨다. 그리고 하나님의 때에 세상의 죄를 모두 담당하시고 십자가 위에서 죽으셨다. 그리고 놀랍게도 성경의 예언처럼 무덤에서 사흘 만에 다시 살아나셨다. 또한 구약의 예언처럼 천국으로 승천하셨다. 그리고 머지않은 미래의 어느 날, 아니 오늘 밤이라도 예수 그리스도는 성경의 예언과 같이 다시 오실 것이다. 독자는 그날을 맞이할 준비가 되어있는지 자문해 보며 영광스런 천년왕국에 참여할 수 있는 축복이 임하기를 바란다.

"내게, 주여, 주여, 하는 자가 다 하늘의 왕국에 들어가지 아니하고 오직 하늘에 계신 내 아버지의 뜻을 행하는 자라야 들어가리라." (마 7:21)

...6장

갈보리산의 예수 그리스도

(마 26장)

• 갈보리산 •

갈보리산(골고다 언덕)은 예루살렘 성벽 바깥에 있는 해골 모양의 언덕으로 주님은 이곳에서 십자가의 대속을 완성하셨다. 예수님께서는 기도하신 바대로 하나님의 뜻에 따라 이곳에서 십자가에 매달리사 인류의 죄를 대속하셨다. 예수님께서 묻히신 무덤의 위치에 대해서는 많은 논란이 있지만 골고다 언덕으로 추정하고 있다.

| 6장 |

갈보리산의 그리스도

"그분께서 자기 십자가를 지고 해골의 장소라 하는 곳으로 나가셨는데 이곳은 히브리어로 골고다라 하더라. 그들이 거기서 그분을 십자가에 못 박고 다른 두 사람도 그분과 함께 양쪽에 하나씩 못 박았으며 예수님은 한가운데 두었더라." (요 19:17-18)

이제 우리는 예수님께서 오르신 산 가운데 가장 의미 있고 중요한 산이라고 할 수 있는 갈보리산으로 올라가 보자. 성경에 실제로 '갈보리'로 일컫는 산은 없다. 갈보리산은 골고다산을 의미하고 있기 때문이다.

골고다라는 말은 '해골의 장소'를 뜻하는 아람어로서 '갈보리'(Calvary), '벗겨진 머리' 혹은 '해골'이라는 뜻의 라틴어 '칼바리아'(Calvaria)에서 유래한 명칭이다. 골고다산이 이런 이름을 얻게 된 이유는 흡사 두개골 모양을 한 언덕과 바위가 그곳에 있었기 때문이다. 이런 지형적인 이유 때문에 로마제국이 팔레스타인을 통치하던 때에 반란을 일으켰거나 사형수에 해당하는 사람들을 이곳에서 십자가에 못 박아 처형하였다.

전승에 의하면 이곳에 아담의 묘가 있었다고 한다. 왜 골고다 또는 갈보리산이 예수님께나 우리에게 중요한 산인가? 지형적으로나 외관상으로 골고다산은 해골 같은 모양의 음산한 분위기를 띠고 있고 실제로 많은 사람이 그곳에서 십자가 처형을 당했다. 갈보리산이 중요한 것은 바로 골고다산 위의 십자가에서 위대하신 하나님의 사랑이 확증되었기 때문이다. 그러므로 갈보리산은 세상의 모든 사람들에게 시간과 장소와 그리고 언어와 문화를 초월하여 매우 뜻깊고 놀라운 장소가 되었다.

시내산과 갈보리산

구약은 신약의 그림자요, 신약은 구약의 실체이다. 신구약성경 66권은 모두 성령의 영감을 받은 하나님의 사람들에 의해 기록된 진리의 말씀이다. 신구약성경은 서로 모순이나 충돌을 일으키지 않으며 온전한 조화를 이루며 하나님께서 당신의 종들을 통해서 선포하신 계시와 예언들은 때가 되면 정확하게 성취되었다.

성경에 많은 산들이 있지만 시내산과 갈보리산만큼 극명한 대조를 이루는 산은 없다. 시내산에서는 모세를 통해서 이스라엘 백성들에게 율법이 주어졌다(출 19:5-9). 그러나 갈보리산에서는 하나님의 은혜 안에서 그 아들 예수 그리스도의 피를 통해 죄 용서가 이루어졌다. 시내산은 율법의 요구로 인한 정죄와 심판과 저주가 있는 산이지만 갈보리산은 사랑과 희생과 죄의 용서가 있는 구속의 산이다.

시내산으로 말미암은 율법과 갈보리산의 은혜를 비교해 살펴보자. 디한(M. R. Dehann) 목사의 명저인 「율법이냐 은혜냐」(생명의말씀사 역간)에서는 율법과 은혜를 대조하였는데 그중에 몇 개의 문구들을 뽑아 보았다.

- 율법은 "이것들을 행하라"고 명하나 은혜는 "다 이루었다"고 말한다.
- 율법은 죄인을 죽이나, 은혜는 죄를 회개하고 믿는 자들을 구원한다.
- 율법은 가장 선한 사람도 정죄하지만, 은혜는 가장 악한 사람도 구원한다.
- 율법은 "빚을 갚으라"고 말하나, 은혜는 "죄의 값은 온전히 지불되었다"고 말한다.
- 율법이 "죄의 삯은 사망"이라고 말할 때, 은혜는 "하나님의 선물은 영생"이라고 말한다.
- 율법은 "죄 짓는 자마다 죽을 것"이라고 하나, 은혜는 "믿으면 영원히 살리라"고 한다.
- 율법은 절대적 '복종'을 요구하지만, 은혜는 '순종'할 수 있는 의지와 능력을 준다.
- 율법은 우리를 '속박'하지만, 은혜는 우리를 '자유'롭게 한다.

그러므로 구약의 시내산에서 주어진 율법은 사람을 죄에서 구원하지 못한다. 그러나 율법이 하는 일은 궁극적으로는 죄인을 갈보리산의 은혜의 십자가로 인도한다. 나아가 갈보리산의 십자가는 죄인을 새롭게 하여 하나님 앞에 자녀의 신분으로 서게 한다(갈 3:25).

이 놀라운 골고다 십자가에 나타난 하나님의 구원과 사랑의 출발점을 자세히 살펴보면 시내산도 갈보리산도 아니다. 하나님의 위대한 구원의 사랑은 이미 천지가 창조되기 전부터 하나님의 계획 안에서 준비되었기 때문이다. 바울 사도는 하나님의 위대하신 구원의 계획을 에베소교회 성도들에게 증거하고 있다.

"우리가 사랑 안에서 자신 앞에 거룩하고 흠이 없게 하시려고 창세 전에 그분 안에서 우리를 택하셨으며 자신의 크게 기뻐하시는 뜻에 따라 우리를 예정하사 예수 그리스도를 통해 자신의 아이로 입양하심으로써 자신의 은혜의 영광을 찬양하게 하셨느니라. 그 은혜 안에서 그분께서 그 사랑하시는 자 안에서 우리를 받아 주셨으니 그 사랑하시는 자 안에서 우리가 그분의 풍성한 은혜를 따라 그분의 피를 통해 구속 곧 죄들의 용서를 받았도다." (엡 1:4-7)

성경의 첫 번째 책인 창세기에서는 무엇이라고 말하고 있는가?

"내가 너와 여자 사이에 또 네 씨와 여자의 씨 사이에 적개심을 두리니 여자의 씨는 네 머리를 상하게 할 것이요, 너는 그의 발꿈치를 상하게 할 것이니라, 하시고." (3:15)

하나님의 위대하신 구속사는 이미 에덴동산에서 시작하여 시내산을 거쳐 갈보리산에 이르도록 계획되어 있었다. 이에 대하여 히브리서 기자는 이렇게 서론을 전개하였다.

"지나간 때에는 여러 시대에 다양한 방식으로 대언자들을 통하여 조상들에게 말씀하신 하나님께서 이 마지막 날들에는 자신의 아들을 통하여 우리에게 말씀하셨으며 그분을 모든 것의 상속자로 정하시고 또 그분으로 말미암아 세상들을 만드셨느니라." (1:1-2)

히브리서는 시내산과 갈보리산을 명확하게 이해할 수 있는 완벽한 시청각 자료와 같은 책이다. 10장 1절을 예를 들어보자.

"율법은 다가올 좋은 일들의 그림자는 가지고 있으나 그 일들의 형상 그 자체는 아니므로 그들이 해마다 계속해서 드린 그런 희생물들로는 거기로 나아오는 자들을 결코 완전하게 할 수 없느니라."

희생제물로 드려지는 동물과 그 동물의 피는 사람의 죄를 온전히 그리고 영원히 용서하지 못한다. 일시적이고 반복적으로 희생제물을 드려야만 하는 수고가 뒤따르기 때문이다. 히브리서 기자는 율법은 다가올 좋은 일들의 그림자를 가지고 있다고 말한 것은 정확하게 시내산과 갈보리산을 대조적으로 설명하고 있는 것이다. 시내산은 갈보리산의 그림자이다.

구약은 신약의 그림자이며 신약은 구약의 완성이 되는 이유가 바로 여기에 있다. 성경의 모든 문제들은 시내산으로 가지고 가면 답을 찾을 수가 없다. 그곳에는 원망과 저주와 판단과 정죄만이 기다리고 있다. 그러나 갈보리산으로 우리의 문제를 들고 나아갈 때 죄의 문제가 풀리고 용서와 사랑과 용납과 자유 그리고 영생을 얻게 되는 것이다.

율법이나 희생제사, 즉 양이나 송아지 또는 염소의 피가 아닌, 점도 없고 흠도 없으신 예수 그리스도의 보배로우신 피로 말미암아 구원받음에 대하여 히브리서 기자가 언급하고 있는 은혜의 말씀들 가운데 절정을 이루는 구절들을 살펴보기로 하자.

"그러나 그리스도께서는 다가올 좋은 일들의 대제사장으로 오시되 손으로 만들지 아니한 성막 곧 이 건물에 속하지 아니한 더 크고 더 완전한 성막을 통해 오셔서 염소와 송아지의 피가 아니라 자기 피를 힘입어 단 한 번 거룩한 곳에 들어가사 우리를 위하여 영원한 구속을 얻으셨느니라. 황소와 염소의 피와 암송아지의 재를 부정한 자에게 뿌려 육체를 거룩히 구별하고 정결하게 하거든 하물며 영원하신 성령을 통해 자신을 점 없이 하나님께 드린 그리스도의 피는 죽은 행위로부터 너희 양심을 얼마나 더 많이 깨끗하게 하여 살아 계신 하나님을 섬기게 하겠느냐?" (9:11-14)

히브리서 기자는 계속해서 9장 24-26절에서 예수 그리스도께서 갈보리산 십자가 위에서 죽임 당하심으로 단번에 영원한 속죄 제사를 완성하셨다고 강조하고 있다.

"그리스도께서는 손으로 만든 거룩한 처소들 곧 참된 것의 모형들 안으로 들어가지 아니하시고 하늘 그 자체 안으로 들어가사 이제 우리를 위하여 하나님 앞에 나타나시느니라. 또 그분께서는 대제사장이 해마다 다른 것들의 피를 가지고 거룩한 곳에 들어가는 것 같이 자주 자신을 드려야 할 필요가 없으시니 그랬더라면 그분께서 반드시 창세 이래로 자주 고난을 당하셨어야 할 것이라. 그러나 이제 세상 끝에 그분께서 단 한 번 나타나사 자신을 희생물로 드려 죄를 제거하셨느니라."

"황소와 염소의 피로는 죄들을 제거함이 불가능하나." (10:4)

갈보리산의 예수 그리스도의 보혈은 영원한 속죄제를 이루심에 찬양과 감사를 올려 드린다. 그러므로 '시내산'은 죄인들을 정죄와 심판과 저주의 길로 이끌어 왔다면 이제 예수 그리스도께서 열어 놓으신 '갈보리산'의 길은 새롭고 살아 있는 길이다. 그 길은 이제 우리 모두를 언제든지 하나님의 보좌 앞에 담대히 나아갈 수 있도록 인도할 것이다.

"그러므로 형제들아, 우리가 예수님의 피를 힘입어 새롭고 살아 있는 길로 지성소에 들어갈 담대함을 얻었는데 이 길은 그분께서 우리를 위하여 휘장 곧 자기의 육체를 통해 거룩히 구분하신 것이니라." (10:19-20)

복음 찬송가 〈슬픔 걱정 가득차고 내 맘 괴로와도〉는 미국의 찬송 작사가 존 무어(John M. Moore)의 시로 많은 그리스도인들이 힘들때 위로를 받는 곡이다. 우리 인생의 죄짐이 풀리는 곳은 오직 갈보리산이기 때문이다.

시내산에서도 죽음이 있었고(출 32:28) 갈보리산에서도 죽음이 있었다(막 15:27). 그러나 시내산 아래서의 죽음은 죄로 인한 하나님의 징계로 인한 형벌의 죽음이었다면 갈보리산 위에서 그리스도의 죽음은 우리 모두가 받아야 할 형벌을 대신 한 것이다. 아울러 죄와 율법의 저주를 대신하는 죽음이 있던 곳이다. 그래서 갈보리산은 놀랍고 위대한 하나님의 사랑이 표현된 장소이며 회복와 은혜가 있는 축복의 산이다.

"슬픔걱정 가득 차고 내 맘 괴로와도, 갈보리 십자가 위에서 죄 짐이 풀렸네
놀라운 사랑의 갈보리 갈보리 갈보리, 놀라운 사랑의 갈보리 영원한 갈보리"

시내산과 갈보리산은 단순한 두 산의 비교가 아니라 구약과 신약에서 나타나는 상반된 사건과 의미들을 대조적으로 보여주고 있음을 알아야 한다. 구약의 시내산은 율법 시대의 막이 올랐음을 보여주고 있다면 신약의 골고다산(갈보리산)은 율법의 완성인 사랑과 은혜의 시대가 도래하였음을 말하고 있다.

성부에게서 시작된 구약은(창 1:1) 이제 신약시대를 맞아 성자 예수 그리스도의 시작을 마태는 기록하였다(마 1:1). 구약은 죄를 향한 율법의 '저주'(헤렘, חרם, herem)으로 끝나고 있지만(말 4:6), 신약은 갈보리로 말미암아 완성된 은혜와 축복을 기원하는 아멘(계 22:21)으로 끝이 났다. 뿐만 아니라 구약은 이스라엘 민족을 초점으로 기록되어 있다면 신약은 세상의 모든 민족에게 초점을 두고 있다. 구약은 첫 사람 아담으로 시작된 범죄로 말미암아 송아지

를 만들고 우상숭배를 하여 하나님의 진노를 입은 사람들이 하루에 3,000명이 죽었지만(출 32:28) 신약에서는 오순절 성령이 강림한 날 3,000명이 구원받는 놀라운 역사를 기록하고 있다.

끝으로 구약은 이스라엘을 중심으로 역사가 전개되고 있다면 신약은 예수 그리스도의 신부인 교회가 역사를 마무리하고 있다. 이것이 갈보리 십자가 위에서 구속을 완성하신 예수 그리스도의 위대하신 희생과 사랑의 결과인 것이다.

부당한 재판

예수님은 역사상 도덕적으로 윤리적으로 그 어떤 법에도 저촉됨 없이 완벽한 삶을 살아가신 유일한 분이셨다. 그럼에도 불구하고 주님은 체포되셨고 재판을 받으셨다. 그러나 그 재판은 불공정한 재판이었다. 예수 그리스도는 불의한 재판을 거쳐서 사형에 해당하는 판결을 받으시고 당시의 흉악범들을 처형하는 십자가 형틀에 달려 죽임당하셨다.

복음서를 유의 있게 관찰하여 읽어보면 예수님이 받으신 재판은 모두 정당하지 않은 재판이었음을 알 수 있다. 복음서 기자들은 예수님께서 부당한 대우를 받으면서 재판 받으신 장면을 모두 여섯 차례 기록하여 두었다. 순서대로 정리하면 다음과 같다.

1) 임기 만료된 대제사장인 안나스(A.D. 6년~15년)의 재판(요 18:12-23)

2) 대제사장인 가야바(A.D. 18년~36년; 안나스의 사위)의 재판(마 26:57-68; 막 14:53-65; 요 18:24)

3) 산헤드린 앞에서의 재판(막 15:1; 눅 22:66-71)

4) 유대 총독 빌라도(A.D. 26년~36년)의 재판(마 27:11-14; 막 15:2-5; 눅 23:1-7; 요 18:28-38)

5) 갈릴리 총독 헤롯 안티파스(B.C. 4년~A.D. 39년)의 재판(눅 23:8-12)

6) 빌라도에게 두 번째이자 마지막 재판(마 27:15-26; 막 15:6-15; 눅 23:13-25; 요 18:39-19:16)

위에 언급된 여섯 차례의 재판들은 모두 비합법적인 절차를 거쳐서 재판이 진행되고 있었음을 성경은 간접적으로 보여주고 있다. 위에 언급된 순서대로 무엇이 잘못된 재판이었는지 살펴보자. 먼저 안나스의 재판이다.

그는 현직 대제사장도 아닌데 겟세마네 동산에서 기도하시던 예수님을 체포한 자체가 불법으로 엄연한 '월권행위'였다. 그는 이미 임기가 만료된 대제사장으로 예수님을 체포할 실제적인 법적 권한이 없는 사람이었다. 예수님 당시 주전 1세기 이스라엘의 대제사장이란 직분은 로마제국의 승인을 받아야 하는 직책이긴 하지만 사실상은 이스라엘 민족에게 있어서는 왕과 다름없는 실권을 지닌 사람이었다. 안나스는 주전 6년에 로마의 구레뇨(퀴리니우스)가 대제사장으로 임명하였으나 주후 16년에 발레리우스 그라투스가 해임시켰다. 그럼에도 불구하고 안나스는 여전히 그의 사위 가야바를 등에 업고 실권을 행사하고 있었고 예루살렘의 모든 부정부패는 그의 일가에서 비롯되어 악취를 풍기는 썩은 물과도 같았다.

역사가들의 기록에 의하면 안나스 가문의 수탈과 탐욕은 이스라엘 백성들을 더욱 궁핍하게 만들었다고 한다. 감람산의 네 곳에 차린 '안나스의 아들들의 천막'에서 성전 제사에 필요한 희생제사의 대부분 동물들을 독점 취급했다. 그가 소유한 희생제사를 위한 동물 매매의 독점권은 당시에 그가 제사장으로서 하나님을 향한 열정보다는 금전적인 탐욕에 깊이 빠져 있었음을 말해 주고 있다.

모세의 율법에 따르면 제물로 드려지는 동물의 호불호는 제사장들이 직접 보고 결정하였다. 안나스의 막강 권력과 제사장들의 유착관계는 상상 이상으로 부패하였다. 이스라엘 민족 중에서 당대 최고의 실세인 안나스가 한밤중에 자신의 집에서 메시아로 오신 예수님을 죽이기로 결의하고 공모를 꾸미는 것은 일도 아니었을 것이다. 또한 안나스가 사법권을 행사하여 임의로 재판할 권한은 없지만 그를 가로 막을 사람은 아무도 없다는 것은 불문가지였다.

안나스는 무례하고 오만한 태도로 예수님을 공박하고 심문하였지만(요 18:19) 예수님의 죄목을 구체적으로 제시하지는 못했다. 오히려 예수님께서 스스로 답변하신 변호에 대답을 하지 못하자 그는 재판을 포기하였다. 결국 그는 예수님을 그의 사위 가야바에게 보낼 수밖에 없었던 것이다(23-24절). 뿐만 아니라 재판이 진행되는 가운데 대제사장의 수행자는 예수님에게 폭행을 가했다(22절). 결국 예수님을 '불경죄'로 판결한 후 가야바에게 넘겼다. 가야바와 산헤드린의 재판은 어떤가? 그는 예수님께서 하나님의 아들 메시아로 자청한 것을 신성 모독으로 간주하였다. 가야바 역시 밤중에 재판을 열었고 거짓 증인들을 내세우기 급급했다. 그럼에도 불구하고 그는 예수님께 공식적인 죄목을 제시하지 못했다. 그러나 재판중에 학대가 가해졌고 죄목도 바뀌어졌다. 이런 상황 가운데 세 번째 재판은 산헤드린에게 넘어간다. 산헤드린의 최종 판결은 증인도 세우지 않은 가운데서 부당한 표결 이후에 로마인들에게 넘겨 처형하기로 선고하였다.

산헤드린 앞에 서신 예수님의 죄목은 신성모독에서 로마제국을 향해 혁명을 일으키려는 반역으로 바뀌었다. 앞장에서 이미 언급했듯이 헤롯 안티파스는 갈릴리 지역을 관할하는 분봉왕이다. 그는 예루살렘에서 일어난 형사재판에 있어서는 재판권이 없는 사람이었다. 그럼에도 불구하고 그는 구체적인 죄목을 제시하지 못하고 예수님을 길게 심문하면서 학대하고 비웃고 놀렸다. 안티파스는 예수님에게서 이렇다 할 범죄 사실을 발견하지 못하고 판결 없이 다시 빌라도에게 예수님을 돌려 보냈다.

마지막으로 다시 빌라도의 재판 모습을 보자. 빌라도는 분명히 자신의 입으로 예수님은 죄가 없다고 선언하였지만 성난 군중들을 달래려고 로마 형법상 최고의 법인 십자가형을 선고하였다. 예수 그리스도께서 받으신 재판은 재판이라고 할 수 없는 모두 불법적인 재판을 받으신 것이다. 그럼에도 불구하고 예수님은 요한복음 18장 32절에서 이렇게 말씀하셨다.

> *"이것은 예수님의 말씀 곧 그분께서 자기가 어떤 죽음으로 죽을지 표적으로 보여주시며 하신 말씀을 성취하려 함이더라."*

"내가 쓴 것을 내가 썼다, 하니라"

헬라 세계의 이방인들을 위해 복음서를 기록한 사도 요한은 예수님께서 십자가에 달리실 때 빌라도가 명패를 쓰는 장면을 정확하게 묘사하고 있음에 유의해 볼 필요가 있다. 십자가의 명패는 세 나라 언어로 기록되었다. 유대인을 위하여 히브리어로, 헬라인을 위하여 그리스어로 기록하였으며 그리고 로마인을 위하여 라틴어로 기록하였다. 이 의미는 예수 그리스도는 모든 세상 사람들을 위하여 십자가에서 우리 인생들의 죄를 담당하신 구세주이시자 동시에 진정한 온 세상의 왕이심을 간접적으로 나타내고 있는 것이다.

"빌라도가 명패를 써서 십자가 위에 붙였는데 거기의 글은 유대인들의 왕 나사렛 예수라 하더라. 예수님께서 십자가에 못 박히신 곳이 그 도시에서 가까우므로 그 때에 많은 유대인들이 이 명패를 읽더라. 그것은 히브리어와 그리스어와 라틴어로 기록되었더라." (요 19:19-20)

세 나라 언어로 기록된 명패를 누가 기록했는지를 살피는 것도 의미가 있다. 왜냐면 당시 로마황제로부터 권한을 부여 받고 팔레스타인을 통치하고 있던 빌라도가 십자가 명패를 친히 자필로 기록했다는 것은 역사적인 사건임과 동시에 예수 그리스도의 신분에 대한 공식적인 인정이나 또는 선포와 다를 바가 없는 것이기 때문이다. 또 다른 측면에서 빌라도가 예수 그리스도를 십자가에 처형하면서 친필로 기록했다는 것은 일개 잡범이나 흉악범을 십자가에 못 박아 처형하는 일과는 전혀 다른 차원의 의미를 부여하고 있다는 뜻이기에 상당히 중요한 의미를 담고 있다.

이런 내면에 담긴 의미들을 잘 알고 있던 유대인들의 수제사장과 산헤드린 회원들은 그들 스스로가 빌라도에게 자신들의 왕인 나사렛 예수를 못 박으라고 요청한 것을 직접적으로 인정하는 셈이 되는 것이기 때문에 대제사장들은 자신들의 책임을 면하고자 곧 바로 빌라도에게 명패의 문구를 수정해 줄 것을 요청하였다.

"그때에 유대인들의 수제사장들이 빌라도에게 이르되, 유대인들의 왕이라 쓰지 말고 그가 이르기를, 나는 유대인들의 왕이라, 했다고 쓰소서, 하니." (21절)

그러나 빌라도의 반응은 요지부동이다. 수제사장들의 간계를 익히 알고 있는 빌라도는 다음과 같이 말하면서 강경하게 자신의 결정을 양보하지 않았다. 빌라도가 응답하되, *"내가 쓴 것을 내가 썼다,* 하니라"(22절). 뿐만 아니라 요한복음 19장 4절에서 빌라도는 그리스도에게는 죽일 사유가 없다는 사실을 군중들 앞에 선포하였다.

"보라, 내가 이 사람을 데리고 너희에게로 나오나니 이것은 내가 그에게서 아무 잘못도 찾지 못함을 너희가 알게 하려 함이라, 하더라."

즉, 요한복음의 저자 사도 요한이 본 구절을 통해서 성경의 독자들에게 전하고자 하는 메시지는 무엇일까? 예수 그리스도는 죄가 없으시지만 스스로 온 세상의 죄를 담당하시고 십자가에 못 박혀 죽으신 하나님께서 보내신 속죄양이라는 것이다.

'비아 돌로로사'

예수님께서 골고다산 위의 십자가에 달리시기 전 빌라도의 뜰을 떠나 십자가를 지고 고난의 길을 가신 800미터 거리를 라틴어로 '비아 돌로로사'(Via Dolorosa) 혹은 '비아 크루시스'(Via crucis)라고 부른다. '비아'는 라틴어로 '길'이란 뜻이고 '돌로로사'는 '슬픔'이란 뜻이다. 즉, 예수님께서 걸어가신 '고난의 길', '슬픔의 길'을 말한다.

비아 돌로로사 3 스테이션 : 예수님께서 첫 번째 쓰러지신 곳

전승에 의하면 예수님은 이 과정에서 무거운 십자가를 지고 가시다가 모두세 번을 넘어지셨고, 비아 돌로로사의 열 번째 장소에 도달하셨을 때 로마의 군병들이 그의 겉옷을 벗기고 제비를 뽑아 나누어 가졌고 예수님을 십자가에 못을 박았다고 전해진다.

이 길은 복음서의 기록에 근거한 역사적인 길이라기보다는 순례자들의 신앙적인 길로서 14세기 프란치스코 수도사들에 의해 확정된 길이다. 오늘날 순례자들이 걷는 이 길에는 각각의 의미를 지닌 14개의 지점을 정하여 두었으며, 이 중 일부는 19세기 이후 고고학 발굴을 통하여 예수님께서 실제로 십자가를 지시고 지나간 길이라는 것이 확인되었다.

사람이라면 모두 죄의 수치감이 어떤 것인지 느껴본 적이 있을 것이다. 나는 초등학교 6학년 때, 죄가 만드는 수치를 생생하게 경험해 본 적이 있다. 무더운 여름날 저녁 친구들과 동네 골목길에서 '다방구' 놀이를 하고 있었다. 한참 놀다가 목도 마르고 배도 고픈 차에 누가 먼저인지는 모르나 남의 집 창가에 놓인 우유팩을 발견했다. 우리는 그것을 꺼내 마시기로 했다. 그런데 그 우유팩은 금속 망사로 된 안쪽에 있어서 칼로 찢어야 꺼낼 수가 있었다. 만일 우유를 훔치는 과정에서 발각이 되면 한쪽 방향으로 달아나 다시 모이기로 하고 역할을 분담하였다.

나는 망을 보고 다른 친구들이 우유를 꺼내기로 하였다. 그런데 나중에 알게 된 일이지만 집주인은 우유를 도둑맞은 일이 한두 번이 아니어서 범인을 잡기 위해서 마음을 단단히 먹고 기회를 엿보고 있었다. 창문의 망사를 뜯었을 때 집주인이 밖으로 나오는 인기척이 나자 친구들은 약속한 방향과는 다른 곳으로 달아났고 나는 한쪽 모퉁이에서 태연하게 있다가 집주인 부부에게 붙들리고 말았다. 키 큰 미국 군인인 주인은 결국 경찰을 불렀고 나는 무관하다고 변명했지만 소용이 없었다. 결국 경찰의 위엄에 밀려 겁을 집어 먹고 상습범으로 시인할 수밖에 없었다. 경찰은 내 두 손을 뒤로 돌려서 수갑을 채워 파출소까지 데리고 갔다. 지금 생각하면 그 경찰이 야속하기만 하다… 초등학교 어린이들의 철부지 없는 행동을 가지고 미성년자인 나의 팔을 뒤로 돌려서까지 수갑을 채우고 갔으니 말이다. 해는 져서 이미 어둔 밤이 되었지만 수갑에 채워져 파출소로 연행되는 나의 모습을 아는 사람이 볼까 겁이나 부끄러워 고개를 들지 못했다. 그 당시 몇 분이면 도착할 수 있는 파출소까지 가는 길이 정말 멀게 느껴졌다. 결국 아버지께서 파출소에 오셔야 했고 늦게서야 훈방조치로 일단락되었다. 물론 집에 가서는 엉덩이에 불이 나도록 매를 맞았다.

"그들이 그분을 십자가에 못 박은 뒤에 그분의 옷들을 제비뽑아 나누니 이것은 대언자를 통하여 말씀하신바, 그들이 자기들끼리 내 옷들을 나누며 내 겉옷을 놓고 제비를 뽑았나이다, 하신 것을 성취하려 함이더라." (마 27:35)

2천 년 전의 예수님은 갈보리산 위의 십자가에 달리실 때 거의 발가벗긴 몸으로 말로 표현할 수 없는 수치와 고통을 한 몸에 다 받으셨다. 누구를 위하여서인가? 바로 이 글을 쓰고 있는 필자와 그리고 이 글을 읽고 있는 개개인 모두를 위해서다! 마태는 당시의 상황을 이렇게 상세히 묘사하고 있다.

"이제 여섯 시부터 아홉 시까지 어둠이 온 땅을 덮었더라. 아홉 시쯤에 예수님께서 큰 소리로 외쳐 이르시되, 엘리, 엘리, 라마 사박다니? 하시니 이것은 곧, 나의 하나님이여, 나의 하나님이여, 어찌 하여 나를 버리셨나이까? 라는 말이라." (45-46절)

예수님께서 십자가에 달리신 마지막 세 시간은 왜 어둠이 온 땅을 덮었을까? 나는 이 구절에 대한 이유를 두 가지로 유추해 본다. 첫째는 성부 하나님은 당신의 사랑하는 아들 예수 그리스도께서 십자가에 달려 고난을 받으실 때 너무 마음이 아파서 바라보지 못하신 것이다. 그것은 고통 가운데 있는 독생자 예수 그리스도를 너무 사랑하신 성부 하나님의 마음이기 때문이다. 눈을 감으신 표현으로 받아들이고 싶다.

둘째는 십자가 위에 달리신 예수님은 더 이상 하나님이 사랑하는 아들의 모습이 아니라 세상 모든 사람들의 죄를 한 몸에 짊어진 죄인으로 십자가에 달려있기 때문이다. 그래서 하나님은 어둠과 구름으로 갈보리산을 덮어 버린 것이다. 하나님이신 예수 그리스도께서 나의 죄로 인하여 모든 영광과 권능을 내려놓으시고 이제는 죄인의 모습으로 내가 서야 할 그 형벌의 자리에 서계시니 어찌 감사하지 않을 수 있겠는가?

땅에서 들리신 예수 그리스도

팔레스타인 광야는 사람이 살기에는 너무도 척박하고 열악한 땅이다. 야곱의 가솔 70명이 요셉의 후광에 힘입어 이집트로 '이민'을 가서 그곳에서 정착해 거주한지 무려 430년이 지났다. 그러나 요셉의 공적을 알지 못하는 파라오들의 통치가 계속되어 이스라엘 후손들은 긴 고통의 세월을 보내야 했다. 그럼에도 불구하고 하나님께서 아브라함에게 약속하신 것들은 지속적으로 이루어지고 있었다. 하나님은 아브라함에게 약속하신 바와 같이 이스라엘의 후손들을 70명에서 인구 2백만 명 이상을 이루는 거대한 민족으로 만들어 주셨다(창 15:16). 이처럼 큰 숫자를 이룬 무리가 광야 사막을 지나 가나안 땅을 향해 도보로 이동한다는 것은 그 자체가 기적이 아닐 수 없다. 노약자들과 아녀자들을 거느리고 거기에다 자신들의 분신 같고 생명과도 다름없는 생축떼들을 몰아가면서 사막을 지나야 했기 때문이다. 또한 간단하게 챙겼겠지만 생활에 필요한 필수품들로 거추장스러웠을 것이다.

이집트의 카이로에서 이스라엘 경내까지는 나일강을 건너 지중해 연안을 따라 올라가면 당시의 일반적인 여행 경로의 이동거리는 약 180킬로미터다. 그 정도의 거리면 여유롭게 가도 3주면 충분히 당도할 수 있다. 그러나 하나님은 당신의 백성을 단련시키기 위하여 시내반도를 우회하여 인도하셨다. 시내반도의 드넓은 광야 길을 과학적인 도움 없이 여행한다는 것은 과장이 아니라 말 그대로 사지로 몰리는 것과 다를 바 없는 일이다.

필자는 미국에서 유학하던 시절 중남부의 텍사스 주에서 서북부 오리건 주의 포틀랜드로 이사를 간 적이 있다. 댈러스 신학대학원에서 석사학위를 마치고 웨스턴 침례신학대학원에서 선교학박사 과정을 밟기 위해 94년 6월 중순에 이사를 하였다.

텍사스의 겨울은 눈도 거의 내리지 않고 그다지 춥지 않다. 그러나 여름은 과장된 표현을 하면 불가마와 같이 덥다. 한참 더울 때는 6월부터 40도를 넘을 정도로 불볕 더위는 숨을 막히게 한다. 특히 차에 들어가면 찜질방에 있는 것처럼 금새 옷이 젖는다. 당시 이사를 앞두고 16개월을 맞이한 첫째와 아내를 위해 에어컨디션도 수리를 해두었다. 그런데 정작 뉴멕시코 주의 사막 한 복판을 지날 때 에어컨이 고장이 나서 그야말로 우리는 불가마 열기를 감수해야만 했다.

92년 유학 초기에 교회에서 만난 한국인 성도를 통해 약 8만킬로미터가량을 사용한 현대 액센트 중고차를 1,500달러를 주고 구입했다. 약 1년가량을 사용하면서 잦은 고장에 결국 팔게 되었고, 1984년식 포드 자동차가 생산한 8기통에 제일 큰 엔진이 장착된 '크라운 빅토리아' 중고를 구입했다. 지금까지도 그 차만큼 승차감이 좋은 차는 아직 못 타본 것 같다. 덩치가 크기 때문에 차 뒤에 트레일러(짐칸)를 달고 이사할 계획을 세웠다. 경비를 줄이려고 포장이사나 이삿짐 업체에 부탁하는 것은 고려하지 않았다.

대학원 동기와 이삿짐을 트레일러에 옮겼는데 경험이 없다보니 무게가 앞으로 쏠린 줄도 모르고 차곡차곡 짐을 실었다. 아뿔싸! 트레일러 앞쪽 부분에 짐을 잔뜩 실어 트레일러와 연결한 차 뒷부분이 하중을 받아 눌리게 되었고 그로인해 차의 앞부분은 상대적으로 하늘을 향해 날아가려는 듯한 자세를 하고 있었다.

그러나 사정상 떠나야 했기 때문에, 잠깐 운전을 해보니 별 이상이 없어 바로 출발하였다. 언덕을 오를 때는 가속페달을 바닥에 닿을 정도로 힘차게 계속 밟아도 시속은 45킬로미터를 넘지 못했다. 엄청난 휘발유 손실이 있었음을 뒤늦게 알았다.

뉴멕시코와 애리조나 사막을 향해 가고 있을 때였다. 어느 도시인지 기억이 안 나지만 맥도널드에서 점심을 먹었다. 작은 도시를 지나 사막으로 나가려고 할 때 우리 모습이 불안해 보였는지 경찰차가 한 동안 우리 뒤를 따라오더니 돌아갔다. 지금 생각하면 금세 퍼질 것 같은 모양새로 처자를 데리고 사막을 통과하는 것이 염려가 되었던 것이다. 텍사스의 상징인 별을 가슴에 달고 있던 보안관(경찰관)들의 배려에 고마운 마음이 든다.

뜨거운 차 안에서 빨갛게 달아오른 얼굴로 울거나 보채지도 않고 어디로 가는지도 모른 채 부모를 따라나선 아들을 생각하면 미안하고 또 고맙기만 하다. 작년에 그 아들이 하나님으로부터 소명을 받았다. 한동대를 잠시 휴학하고 신학교에 입학하여 하나님의 말씀을 배우고 있으니 또한 감사하다. 장차 아들의 삶을 통해서 주님께서 영광 받으실 것을 생각하니 우리 부부는 얼마나 감사한지 모른다.

필자는 1999년 10월에 이집트와 이스라엘을 다녀왔다. 중국에 선교사로 가기 전에 '성지순례 여행'을 꼭 하는 것이 좋겠다고 한 성도님께서 경비를 부담해 주셨다. 첫 코스는 이집트였다. 이스라엘이 출애굽 한 경로를 따라 이집트의 홍해를 지나 국경을 통과해 예루살렘으로 들어가는 코스였다. 이집트에 머무는 동안 나일강도 방문했고 이스라엘 백성들이 노역으로 벽돌을 구웠다는 현장도 가보았다.

시내반도를 향해 가는 관광버스 안에서 광야를 바라본 소감은 민수기를 읽으면서 느꼈던 내 생각이 짧았음을 깨닫게 되었다. 이스라엘 백성들이 광야를 지나가면서 자주 하나님을 원망하는 모습에 경솔하고 불경하다고 여겼는데 그들의 고통과 불편을 조금 이해했기 때문이다.

오늘날처럼 에어컨디션이 있는 차를 타고, 목마르면 시원한 얼음냉수를 마실 수 있는 여건이 아닌 상태에서 걸어서 사막을 통과한다는 것은 스스로 무덤으로 내려가는 것과 다를 바 없는 일이다. 그런데 이스라엘 백성들이 낮에는 뜨겁고 밤이면 극히 추운 사막 기후에서 생존할 수 있던 비결은 바로 이 구절에서 답을 찾을 수 있다.

"주께서 그들 앞에 가시며 낮에는 구름 기둥으로 그들의 길을 인도하시고 밤에는 불기둥으로 그들에게 빛을 주사 밤낮으로 가게 하셨으며 낮에는 구름 기둥을 밤에는 불기둥을 백성 앞에서 치우지 아니하셨더라." (출 13:21-22)

영어 킹제임스 성경은 불기둥을 'a pillar of fire'로 그리고 구름기둥을 'a pillar of a cloud'로 표현하였다. 문자 그대로 불기둥, 구름기둥이라는 의미를 지녔다. 미국의 기상학자가 연구한 자료에 의하면 대기에 떠있는 대부분의 구름들은 뭉게구름이거나 수평적으로 펼쳐져 있거나 아니면 안개의 형태를 이루는 일은 있어도 구름이 기둥처럼 수직적으로 존재하는 일을 없다고 한다. 그렇다면 구름기둥들은 우연히 생긴 것이 아니라 하나님께서 이스라엘 백성들을 향해 베풀어 주신 놀라운 은혜의 손길인 것이다. 저들이 불볕 사막을 지나는 동안 강한 자외선과 뜨거운 열로부터 보호하여 주시기 위해서 주께서 기적을 베푸신 것이다. 그렇지 않고서는 모두 열사병에 걸리고 수분 부족으로 죽었을 것은 자명하기 때문이다.

그럼에도 불구하고 이스라엘 백성들은 광야를 여행하는 동안 지도자 모세에게 원망을 늘어놓기가 일쑤였다. 모세는 민수기 21장 5-6절에 당시의 상황을 이렇게 기록하였다.

"백성이 하나님과 모세를 대적하며 말하되, 어찌하여 당신들이 우리를 이집트에서 데리고 올라와 광야에서 죽게 하느냐? 거기에는 빵도 없고 물도 없도다. 우리 혼이 이 푸석푸석한 빵을 싫어하노라. 하매 주께서 불 뱀들을 백성 가운데로 보내어 백성을 물게 하시므로 이스라엘의 많은 사람이 죽으니라."

하나님은 결국 모세를 향해 원망했던 이스라엘 백성들을 징계하셨다. '매 앞에서는 장사 없다'는 말이 있다. 하나님께 징계를 받던 이스라엘 백성은 즉시 모세에게 도움을 요청한다.

"그러므로 백성이 모세에게 나아와 이르되, 우리가 주와 당신을 대적하여 말함으로 죄를 지었사오니 주께 기도하여 그분께서 이 뱀들을 우리에게서 제거하게 하소서, 하매 모세가 백성을 위하여 기도하니 주께서 모세에게 이르시되, 너를 위해 불 뱀을 만들어 장대 위에 달라. 물린 자마다 그것을 쳐다보면 살리라, 하시니라. 모세가 놋 뱀을 만들어 장대 위에 다니 뱀에게 물린 자마다 놋 뱀을 쳐다보면 살더라." (민 21:7-9)

우리는 이 장면을 보면서 하나님이 얼마나 자비하시고 죄 용서하시기를 기뻐하시는 하나님이신지 깨닫게 된다. 원망하는 저들을 불뱀(독사)에 물려 죽게 하심으로 심판하셨으나 하나님의 종이 기도하자 하나님은 치료책을 예비하시고 구원의 길을 열어 주셨다. 하나님께서 제시하신 죄 사함의 조건은 무엇인가? 하나님은 사랑의 하나님이심이 틀림 없다. 그러나 저절로 독사의 독에서 구원하신게 아니라 하나님이 제시하신 방법에 순종할 때 문제를 해결해 주셨다. 그러므로 하나님의 방법은 사람의 방법과 다르다는 것을 알아야 한다. 이 사건이야말로 정확히 믿음이란 어떤 것인지를 분명히 제시하고 있다.

하나님은 뱀에게 물린 자들로 하여금 놋뱀을 바라보게 하셨다. 상식적으로 독사에게 물린 사람이 다시 놋뱀을 바라보는 것 자체가 적합하지 않은 처방이다. 약초를 끓여 먹거나 또는 다른 어떤 의학적 근거에 의해서 치료를 받는 것이 아니라 그저 놋으로 만든 뱀을 바라보기만 하면 몸에 있는 독이 해독이 되어 치유된다는 것은 극히 비상식적이며, 비과학적이다. 그러나 하나님께서 제시하신 조건은 사막 한 복판에서 치료를 받을 수 있는 유일한 방법이었다. 즉, 하나님께 원망하고 도전한 죄인들이 구원받으려면 사람의 방법이 아닌 하나님이 마련하신 십자가의 길을 믿어야만 구원받을 수 있는 것이다. 그래서 바울은 고린도교회에 보낸 편지에서 이렇게 역설적인 의미로 말하고 있다.

"십자가를 선포함이 멸망하는 자들에게는 어리석은 것이로되 구원받은 우리에게는 하나님의 권능이니라." (고전 1:18)

유대인들은 예나 지금이나 율법을 지키고 할례를 받아야 구원받는다고 믿고 있다. 한때 바울 자신도 거듭나기 전에는 율법에 매여 자신의 행위로 의롭게 될 것을 일평생 믿어왔고 또 그것을 외치며 살아왔다. 그러나 바울은 이제 복음 안에 숨겨있는 하나님의 놀라우신 은혜를 체험하였다. 그러기에 율법이나 자신의 행위로 의롭게 될 수 있다고 믿는 자들은 그리스도 십자가의 구원의 은혜를 어리석은 것으로 밖에 볼 수 없는 것이다. 그래서 사도 요한은 구약 민수기 21장의 불뱀 사건을 역사적이며 실제 발생했던 사건으로 제시하면서 갈보리산 위의 십자가에 달리신 예수 그리스도를 개인의 구세주로 믿으면 새 생명을 얻게 된다고 증거하고 있다.

"모세가 광야에서 뱀을 든 것 같이 사람의 아들도 반드시 들려야 하리니 이것은 누구든지 그를 믿는 자는 멸망하지 않고 영원한 생명을 얻게 하려 함이니라." *(요 3:14-15)*

출애굽기 30장 17-21절의 말씀을 살펴보기 원한다.

"주께서 모세에게 말씀하여 이르시되, 너는 또한 놋으로 물두멍을 만들고 그것의 받침도 놋으로 만들어 그것으로 씻게 하며 그것을 회중의 성막과 제단 사이에 두고 그 안에 물을 담으라. 아론과 그의 아들들이 그 물두멍에서 손발을 씻으리라. 그들은 회중의 성막에 들어갈 때에 물로 씻어서 죽는 것을 면할 것이요, 섬기려고 제단에 가까이 가서 불로 예비하여 주께 드리는 헌물을 태울 때에도 그리할지니라. 이와 같이 그들이 손발을 씻어서 죽는 것을 면할지니 그것은 그들에게 곧 그와 그의 씨에게 그들의 대대로 영원한 법규가 될지니라."

이 '물두멍'은 하나님의 말씀을 의미한다. 번제단에서 속죄의 희생제사를 드리는 과정에서 대제사장은 더러워진 손과 발을 성소 안으로 들어가기 전에 물두멍에 있는 물로 닦아야 들어갈 수 있었다. 물두멍의 물은 말씀을 상징한다. 물두멍은 놋으로 만들었다. 이 '놋'은 출애굽 한 이스라엘 백성들 중 여자들이 쓰던 '거울'들을 녹여서 만들었다.

그리스도인들은 날마다 하나님 '말씀의 거울'에 비춰서 자신을 살피고 더러움을 씻어야 하나님과 풍성한 교제를 유지할 수 있다.

"만세, 유대인들의 왕이여!"

"이르되, 만세, 유대인들의 왕이여! 하며 손으로 그분을 때리더라." (요 19:3)

로마제국의 시민들은 당시 로마황제에 대한 인사로 "아베 시저!"(Ave Caesar, 황제 만세)라는 말로 황제의 권위를 칭송했다. 로마 병사들은 유사한 표현 방식으로 그리스도를 조롱하고 있는 것이다. 세계대전을 일으켰던 히틀러는 숭배자들로부터 동일한 표현인 "하일 히틀러!"(히틀러 만세)로 높임을 받았다. 참고로 성악가들이 애창하는 가곡 가운데 '아베 마리아'라는 곡이 있는데 높임 받으실 분은 마리아가 아니라 오직 하나님이신 우리 주 예수 그리스도이시다(눅 1:38).

"그 날에 사람의 거만한 모습이 낮아지며 사람들의 오만함이 고개를 숙이고 주만 홀로 높여지리라." (사 2:11)

그리고 저들의 거짓된 입술과 조롱이 담긴 외침은 곧 바로 폭력을 휘두르는 주먹질로 예수님의 얼굴을 내려치는 폭행으로 나타났다. 유대인들은 불과 이레 전, 예수께서 어린 나귀를 타고 예루살렘에 입성할 당시 "호산나"(지금 구원하소서) 외치며 예수님이 오시는 그 길에 자신들의 옷을 벗어 바닥에 깔아드렸고 종려나무 가지를 펴서 왕의 오심을 환영하지 않았던가? 그러나 이제 저들은 돌변하여 예수님을 조롱하였다.

입술로는 왕이라고 하지만 그들의 겉과 속은 달랐다. 카이사에게 경배의 표시로 입맞춤 하는 것과 달리 예수님에게는 침을 뱉고 그의 얼굴을 쳤다. 그리고 광란에 가깝게 돌변한 유대인들은 메시아로 추종했던 예수 그리스도를 향하여 십자가에 못 박으라고 아우성을 치고 있다.

> *"그들이 소리를 지르되, 그를 없애 버리소서, 그를 없애 버리소서, 그를 십자가에 못 박으소서, 하니 빌라도가 그들에게 이르되, 내가 너희 왕을 십자가에 못 박으랴? 하매 수제사장들이 대답하되, 카이사르 외에는 우리에게 왕이 없나이다, 하니라."* (요 19:15)

유대인들이 언제부터 카이사를 이스라엘 민족의 왕으로 인정하고 옹호했던가? 카이사 외에는 우리에게 왕이 없다고 말하는 저들의 고백은 하나님께서 예비하신 영광스러운 하나님 나라의 임재 자체를 거부하고 있는 것이다. 이에 대하여「요한복음」의 주석가 비슬리 머리(G. R. Beasley Murray)는 본 구절에 나타난 유대인들의 고백에 관하여 다음과 같이 주해를 하였다(「WBC 성경주석」솔로몬출판사 역간). "황제에게 충성한다는 명목으로 예수를 거부한 것은 하나님 나라의 약속에 대한 그들의 거부를 의미한다.

사실 하나님 나라의 떡과 함께 메시아의 은혜는 불가분 유대인들의 신앙에 자리 잡고 있었는데, 그들이 메시아이신 예수를 거부한 것은 하나님 나라의 상속자요 도구요 주장자가 된다고 하는 이스라엘의 소명을 스스로 거부한 것이다."

"그를 십자가에 못 박으소서!"

로마의 정치철학가 키케로(Cicero)는 십자가형은 가장 잔인하고 혹독한 형벌이라고 언급하였다. 십자가형은 고대 동방(아시리아, 페니키아, 페르시아)에서 생겨난 형벌이었으나, 로마제국은 기원전 1세기 말에 식민 통치의 방법으로 광범위한 지역에서 십자가형을 적용하였다. 처음에는 노예들을 나무에 묶어 놓고 고통을 주는 체벌이었지만 기원 후 1세기부터 로마제국에 대항하여 폭동이나 반란을 선동한 자들에게 실행하였다. 십자가형은 너무도 잔인하고 고통스러운 것이어서 로마의 시민권을 가진 자들에게는 금지시켰고 로마제국의 노예들과 피지배자들에게만 집행하였다.

유대가 로마제국을 향해 독립항쟁을 하던 기간 동안에 수천 명이 십자가형에 처해졌으며, 2차 유대 독립항쟁 당시인 하드리아누스 황제(Hadrianus, 117-138년 재위) 때에는 하루에 5백여 명이 십자가형에 처해지기도 하였다. 당시 역사학자 요세푸스(Josephus)의 기록에 의하면 '더 이상 십자가를 세울 만한 공간과 나무를 구할 수 없을 정도'로 많은 사람들이 십자가형에 처해졌다고 한다.

십자가형은 사형수를 발가벗겨 인간적인 수치심과 조소의 대상이 되게 하는 한편, 육체적인 고통을 가장 오랫동안 느끼게 하면서 죽음을 맞게 하는 공포의 형벌이었다. 또한 십자가형은 죄인에게 극도의 고통을 가하는 도구일 뿐만 아니라 보는 사람들에게 강한 경고의 메시지를 전할 수 있는 전시효과를 꾀하는 형벌이었다. 죄인이 십자가형을 선고 받게 되면 자신이 매달릴 가로막대를 짊어지고 형장까지 걸어가도록 했는데 이것은 로마제국에 도전하는 대가가 어떠한 것인지 식민지 국가에게 경각심을 세우기 위한 것이었다.

예수님은 아침 아홉 시에 십자가에 못 박히셨고, 오후 세 시에 숨을 거두셨다. 예수님께서 빨리 운명하신 것은 밤새도록 심판을 받으셨고 혹독한 채찍에 맞으면서 이미 체력이 고갈되었기 때문이다. 십자가형이 성서고고학을 통해 실상이 밝혀지게 되었다. 1968년 예루살렘 부근의 마을에서 발견된 26살가량의 남자 유골을 통해 실상이 드러났다. 유대인들은 일반적으로 사람이 죽으면 석회석 동굴이나 바위를 파서 만든 돌무덤에 시신을 안치했다가 뼈만 남으면 다시 유골함에 뼈를 넣어 두는 것이 관례다. 그런데 이곳에서 발견된 시신의 발뒤꿈치에 박힌 철못과 손목에 남아있는 날카로운 흠집으로 십자가형의 방법을 구체적으로 알 수 있게 되었다. 십자가형은 손목과 발뒤꿈치에 못을 받아 집행하였다. 그리고 무릎 아래 두 개의 정강이뼈가 부러져 있음을 발견한 학자들은 십자가형을 집행한 자들이 해가 지기 전에 시신을 거둬 매장하기 위해서 사형수의 다리를 고의로 부러뜨렸을 것으로 추정하였다. 실제로 요한복음에 따르면 예수와 함께 십자가형을 당한 두 강도들도 안식일이 되기 전 시체를 거두기 위해 다리를 부러뜨렸다(19:31-33).

잔인한 십자가의 형벌은 4세기경 콘스탄티누스(Constantine, 409-411년 재위) 황제에 의해서 완전히 폐지되었다. 동시에 십자가가 그리스도 예수의 고난의 상징으로 사용하게 된 것은 4세기 초 기독교가 국가교회로 공인된 뒤부터 시작되었다. 그리고 주후 692년 트룰라눔(Trullanum) 교회회의를 통해 십자가 숭배는 강화되었고, 787년 제2차 니케아 공의회에서 공식적으로 인정되어 오늘에 이르고 있다.

신약성경의 4복음서는 십자가 처형에 대한 과정을 상세하게 설명하지 않고 있다. 그 이유는 당시 로마제국이 통치하던 팔레스타인에는 십자가형으로 사형당하는 사람이 다반사였고 그만큼 생소하지 않았기 때문이었을 것이다. 십자가형 판결을 받은 죄수는 자신의 목에 죄목이 적혀 있는 패를 걸고 어깨에는 자신이 달려 죽게 될 십자가의 가로막대(patibulum, 파티블룸)를 메고 채찍을 맞으며 처형 장소까지 걸어가야 했다. 일반적으로 십자가 처형 장소는 예루살렘 성 밖의 '해골의 장소'라 알려진 골고다이었다. 그곳에는 죄수들을 처형하는 수직기둥(stipes, 스티페스)이 항시 준비되어 있어서 사형수가 형장에 도착하면 자신이 메고 온 가로막대를 수직기둥에 연결한 후 사형을 집행하였다. 십자가에 달린 사형수의 머리 위에는 죄목이 적혀있는 패를 박아둠으로 죄인이 십자가에 달려 죽게 된 이유를 알게 했다. 죄인을 나무에 매달 때는 먼저 가로막대를 내려놓은 후에 수직기둥에 가로막대를 연결하여 T자형이 되게 하였다. 그리고 사람을 수직기둥에 매달 때는 죄인이 입고 있던 옷을 남김없이 발가벗겨 눕히고 두 팔은 곧게 펴서 줄로 묶어 두었다. 그렇게 하는 이유는 십자가에 달린 죄수가 가능한 죽음의 시간을 연장해서 장시간 고통 받게 하기 위해서였다. 십자가에 오래 달려 있는 사람의 눈은 맹금류들이 날아와서 파먹기도 하였다.

예수님은 십자가에 달리실 때 줄로 묶여 돌아가신 것이 아니라 십자가에 달려 죽으셨음을 도마와의 대화를 통해서 알 수 있다(요 20:25). 십자가에 못을 박지 않고 줄로 묶는 또 다른 이유는 큰 못(못의 머리는 직경 1cm에 길이는 13-18cm)은 값이 비쌌기 때문이기도 했다. 예수님께서도 십자가에 못 박히시기 전에 로마의 병사들은 절차에 따라 예수님의 옷을 벗기고 그 옷을 제비 뽑아 나누어 가졌다.

일반적으로 유대인들은 헬라어로 키톤(영어 chiton; 라틴어 tunic)이라는 속옷에다 한 겹으로 짜진 외투 또는 겉옷(히마티온, himation)을 입었다. 사형을 집행하는 담당자가 죄인의 죽음을 앞당길 필요가 있을 때는 밧줄로 십자가에 묶는 대신 손바닥 아랫부분과 발목의 윗부분에 못을 박아 매달았다. 대부분 십자가에 달려 죽는 사람들은 여러 가지 요인이 겹쳐 사망에 이른 것으로 밝혀졌다. 제일 먼저 출혈로 인한 탈수와 체온저하 그리고 기력소진이나 질식으로 인해 목숨을 잃게 된다. 성경은 이미 십자가 사형제도가 지구상에 존재하기 전에 예수님께서 십자가에서 어떤 과정을 맞이하시고 운명하실 것인지를 예언했는데 정확하게 성취되었으니 성경은 하나님의 진리의 말씀임이 다시 한 번 입증된 것이다(시 22편).

"그의 뼈가 하나도 꺾이지 아니하리라"

성경의 저자는 하나님이시다. 성경은 세상의 모든 죄인을 구원하시고자 구원의 계시를 가득 담아둔 하나님의 '사랑의 편지'다. 그래서 성경은 모든 사람들을 위한 교과서인 것이다. 그러나 성경의 핵심 진리와 교훈은 과학이나 경제, 정치나 전쟁전략에 관한 책이 아니다. 성경의 전체 중심주제는 신약이든 구약이든 단 한 가지, 구원을 증거하고 있다. 그럼에도 불구하고 성경은 무엇에 관하여 이야기하든 그 내용들은 지극히 과학적이고도 예언적으로 정확하게 성취되었다.

그래서 성경은 그 어떤 오류도 없는 온전한 하나님의 사랑의 메시지다. 오늘날 21세기에도 성경은 모든 죄인들을 구원하기 위한 불변의 메시지를 전하고 있다. 자, 이제 구약성경은 메시아 예수 그리스도께서 십자가에 달리실 때 뼈가 꺾이지 아니할 것인지를 예언한 것에 대하여 살펴보자.

1) 의학적 이유

성경은 하나님께서 미래에 될 일들을 하나님의 대언자들을 통해서 미리 알려주신 예언의 말씀들로 이루어진 책이다. 구약의 예언서들은 여러 차례 예수님의 죽음에 대해서 언급하였다. 예수 그리스도께서 십자가에서 못 박혀 죽으실 때에 어떻게 운명하였는지 영국의 의학박사인 윌리엄 스트라우드(William Stroud) 박사는 〈그리스도 죽음의 물리적 원인 연구〉*(Treatise on the Physical Cause of the Death of Christ)*에서 다음과 같이 의학적으로 설명하였다.

"심장의 파열은 엄청난 정신적 충격으로 인해 일어난다. 심장이 파열하면 즉시 사망하게 되는데 심장을 돌던 피가 터져 심낭 안으로 흘러 들어간다. 이러한 파열 현상이 일어나면 혈액이 물과 피로 분리된다. 이 경우에 심낭이 팽창하여 혈청이 물과 피로 분리된 채로 가득 차 있게 된다." 사람이 십자가에 매달리게 되면 극한 고통과 근육 충격으로 몸에 마비가 발생한다. 이때의 마비는 심장과 폐까지 전달되어 호흡장애를 일으키고 결국은 산소부족으로 서서히 죽게 된다. 기록에 의하면 당시 십자가에 처형된 사람은 며칠 동안 매달려 있다가 죽는 경우도 있었고 죽은 이후에도 사람들에게 전

시효과 차원에서 시신을 매달아 두었다고 전해진다. 십자가에 달릴 때 양쪽으로 길게 뻗은 팔은 그냥 뻗기만 한 것이 아니라 손목뼈가 부서지거나 아니면 어깨나 팔목에서 탈골이 일어나 움직일 수 없는 상태가 되기도 한다. 다리는 옆으로 비튼 상태에서 복숭아뼈 부근에 못이 박히게 된다. 십자가에 달린 몸은 중력으로 인하여 아래로 늘어지게 되고 동시에 횡경막도 아래로 쳐져서 호흡장애를 일으키게 된다. 십자가에 달린 사람이 축 늘어진 몸을 일으키면 어느 정도 호흡을 원활하게 할 수 있지만 못에 박혀 있는 고통스런 상태에서 자주 몸을 세워 숨을 쉰다는 것은 불가능에 가까운 일이다.

일반적으로 죄인들은 십자가에 매달려 못 박힌 채 서서히 죽어가게 되는데 죄수가 매달려 설 수 있도록 발판을 고정시켜 놓는다. 그러나 예수님께서 달리신 십자가에는 발판이 없을 가능성이 높다. 십자가형이 집행되기 전에는 일반적으로 자유인들은 막대기로 두드려 맞았고 노예 신분의 죄수들은 채찍을 맞게 되는데 역사학자 요세푸스의 기록에 의하면 죄수들이 채찍에 맞다가 심한 경우는 뱃가죽이 터져서 창자가 보이는 죄수들도 있었다고 한다. 그래서 채찍에 맞는 과정에서 혼절하거나 죽는 일이 다반사였다.

예수님은 빌라도 관저의 뜰에서 동물의 거친 뼈와 납이나 금속이 달려 있는 가죽 채찍에 맞으셨다(요 19:1). 그로 인해 많은 출혈과 함께 주님의 살가죽과 몸은 이미 상처투성이가 되었을 것이다. 그리고 목에는 죄목이 기록된 '티툴루스'(titulus)라는 패를 걸은 채 무게가 40킬로그램가량 나가는 십자가의 가로 막대를 짊어지고 골고다산 꼭대기를 향해 걸어가셨다. 골고다까지 가시는 과정에서 이미 주님의 육신의 모든 에너지는 고갈되어 십자가에 못 박히셨을 때는 이미 죽음에 가까이 다다르셨을 것이다.

십자가 처형은 이처럼 잔인하고 극악한 사형집행 제도였기 때문에 당시의 역사학자 헤로도토스(Herodotos)는 십자가형은 페르시아인들이 사용한 돌로 쳐 죽이기, 수장시켜 죽이기, 화형에 처하기 그리고 끓는 기름에 삶기, 목매달아 죽이기(교살) 그리고 몽둥이로 쳐 죽이는 장살 등 사람에게 최고의 고통을 가하며 서서히 죽어가는 방법을 찾아내다가 최종적으로 발견한 것이 십자가에 못 박아 죽이는 것이었다고 했다.

십자가에 매달아 죄인을 처형하는 사형제도는 고대 마케도니아(현, 그리스) 제국의 알렉산더 대제(Alexandros the great, B.C. 336-B.C. 323년 재위) 시대에 기원을 둔다. 알렉산더가 갑자기 죽으면서 그의 부하들은 패권을 위해 각축을 벌였고, 제국은 마케도니아, 시리아, 이집트로 분열되었다가 훗날 로마에 의해 모두 정복당했다. 십자가 사형제도는 카르타고(Carthage, 현재 튀니지에 B.C. 814년경 페니키아인들이 북쪽 해안에 세운 고대 국가)에서 여전히 지속되었다가 로마인들에게 전해졌다. 로마인들은 십자가 사형 제도에 더욱 잔혹한 방법을 더하였다. 죄인을 십자가에 매달아 고통 가운데 서서히 죽어가며 극도의 고통을 느끼도록 새로운 방법을 개발하였다. 보통 사형수들이 십자가에 달리면 일주일가량을 고통을 겪으면서 서서히 죽는다고 한다.

메릴 엉거(Merrill F. Unger) 박사는 그의 책, 「신 성경사전」*(The New Unger's Bible Dictionary)*에서 십자가에 매달린 죄인들이 죽지 않고 9일 동안 생존한 예가 있다고 언급하였다. 그래서 로마제국 당시 십자가형은 가장 최악의 4가지 조건을 인위적으로 만들어 낸 것인데 그 네 가지는 지독한 고통 가운데 죽음을 맞이하는 것이며, 죽음의 지연과 더불어 사람들 앞에서 벌거벗긴 채로 인간으로서 가장 수치와 굴욕을 느끼게 한 것이라고 설명했다.

얼마 전 주일 오후 예배를 마치고 우리 교회 남전도회 형제들과 영화 〈벤허〉를 함께 보았다. 영화의 후반부에 예수님께서 십자가를 짊어지고 골고다에 오르시는 장면이 잠깐 묘사되었는데 예수님이 골고다로 가시는 과정에서 십자가를 짊어지고 가신 것이 아니라 가로막대를 어깨에 짊어지고 가는 모습이 나왔는데 당시의 십자가 사형제도를 잘 표현하였다고 생각한다. 일반적으로 죄수가 십자가형에 처하게 되면 문자 그대로 크로스(Cross)인 십자가 형틀을 짊어지고 형장까지 가는 것이 아니라 가로막대를 짊어지고 형장에 가서 기둥막대에 연결하여 집행을 하기 때문이다.

십자가에 달리신 예수님의 전신은 시간이 흐를수록 위아래로 잡아당김을 느끼셨을 것이고 이로 인해 자연적으로 호흡곤란이 왔을 것이다. 예수님께서 좌우에 달린 강도보다 일찍 운명하신 것도 바로 그런 이유 때문이다. 아직 살아있는 두 강도는 안식일을 맞이하기 전에 시신을 수습하여 매장을 끝마쳐야 하기 때문에 강도들의 허벅지 대퇴부 뼈를 쳐서 부러뜨린 것이다. 뼈가 부러지면 그로 인한 충격으로 극심한 고통과 호흡곤란에 처하게 된다. 아울러 급격한 체력감소로 결국 죽게 되는 것이다. 그래서 십자가 사형제도는 역사상 동서고금을 막론하고 사람을 처형하는 방법 가운데 가장 잔혹하고 혹독한 방법이라고 평가된다.

로마의 법률가였던 키케로는 로마제국 당시의 십자가형을 일컬어 "노예들에게 행해진 가장 극단적이고 최악의 고문"이라고 언급하였다. 뼈를 꺾어 죄인을 기절시키고 속히 죽음에 이르도록 하는 이유는 유대인들이 죄수를 안식일에 달아 놓는 것을 금하는 규례 때문이었다. 그리고 또 다른 이유는 사형수의 장례를 빨리 치르려고 완전히 죽지도 않은 죄인을 십자가에서 내려 구덩이에 버리게 되는데 만일 그때 죄인이 죽지 않고 살아있다면 밤새 도망을 갈 수 있기 때문에 이를 방지하기 위해서도 뼈를 부러뜨리는 것이 관례였다.

로마 병사들이 십자가에 달리신 예수님의 생사를 확인하고자 십자가에 달린 주님 곁으로 가서 보았을 때 이미 운명하셨기 때문에 예수님의 뼈를 꺾을 이유가 없었다. 이는 정확하게 구약성경이 이미 예언한 대로 조금도 틀림없이 성취된 것이다.

2) 변증학적 이유

요한복음의 저자 사도 요한이 이 사실을 기록한 것은 또 다른 중요한 이유가 있었다. 그것은 당시에 존재했던 '도세티즘'(Docetism)이라 부르는 이단 사상 때문이다. 저들은 예수님께서 육신을 입고 이 세상에 오신 것이 아니라 그저 예수님은 환영에 지나지 않는다고 주장한다. 도세티즘은 신학적인 용어로 '~인 듯하다'라는 뜻의 그리스어 '도케인'(dokein)에서 파생된 말로서 가현설(假現說)이라고 부른다.

가현설은 발전을 거듭하여 후에 영지주의가 되었다. 그래서 철저한 가현설 신봉자들은 예수 그리스도는 육체 없이 태어났으며, 생전에 그가 겪은 고통 십자가 수난은 모두 환상이라고 주장했다. 그렇기 때문에 저들은 예수 그리스도의 부활과 승천을 모두 부정했다. 사도 요한은 당시 영지주의와 아울러 예수님의 인성을 부인하던 이단의 주장에 대해서 예수님의 죽으심은 사람이 눈으로 볼 수 있는 피와 물을 다 쏟으신 죽음이라는 것을 증명하고자 한 것이다. 주님께서 십자가 위에서 운명하실 때에 물과 피가 흘러나온 것이 증거가 됨으로 당시의 가현설은 설득력이 없다. 그리스도께서는 분명히 육신을 입고 이 세상에 오셨으며, 죄인들을 위해 돌아가셨음을 증명한 것이다.

예수님께서 붙잡히시던 밤에 제자들 대부분은 두려워서 달아났다. 그중에 사도 요한은 예수님이 십자가에 매달려 당하신 고난의 현장까지 함께한 유일한 제자였다. 요한은 예수님이 달리신 십자가 사건의 증인으로 충분한 자격이 있는 사람이었다. 요한은 그가 보고 경험한 것을 성령의 감동 가운데 다음과 같이 증거하고 있다.

"처음부터 계셨던 그것 즉 생명의 말씀에 관하여는 그것을 우리가 들었고 우리 눈으로 보았으며 자세히 살펴보았고 우리 손으로 만졌노라. 그 생명이 나타나시매 우리가 그것을 보았고 또 아버지와 함께 계시다가 우리에게 나타나신 그 영원한 생명을 증언하며 너희에게 보이노라." (요일 1:1-2)

아울러 사도 요한은 성경이 기록된 목적을 다음과 같이 확신에 찬 음성으로 명확하게 말하고 있다. 그의 음성에 전율을 느끼며 이 말씀을 들을 수 있기를 바란다.

"이것들을 기록함은 예수님께서 하나님의 아들 그리스도이심을 너희가 믿게 하려 함이요, 또 믿고 그분의 이름을 통해 생명을 얻게 하려 함이니라." (요 20:31)

3) 구약성경의 예언성취를 위하여

사도 요한은 예수님이 십자가에서 죽으신 사건이 구약의 메시아에 대한 예언을 성취한 것이라고 기록하였다. 그 두 가지 예언은 첫째로, 메시아의 뼈가 꺾이지 않을 것이며, 둘째로, 사람들이 예수님을 창으로 찌르는 것을 보게 될 것이라는 것이다.

출애굽기 12장 46절과 **민수기 9장 12절**을 보면 하나님은 유월절 어린 양을 바칠 때에 뼈를 상하게 해서는 안 된다고 명령하고 있다. **출애굽기 12장 46절**의 유월절 규례를 시편 기자는 정확하게 그 의미를 일치하여 언급하였다.

"그분께서 그의 모든 뼈를 지키시매 그것들 가운데 하나도 꺾이지 아니하였도다." (34:20)

성경은 여러 저자들이 자신의 느낌과 생각한 바를 써내려 간 책이 아니다. 성경은 오직 성령 하나님의 영감을 입은 사람들이 성령의 인도하심에 따라 기록한 하나님의 말씀이다(벧후 1:21). 그렇기 때문에 성경의 예언은 정확하게 성취가 된다. 주님께서 십자가에 달려 죽으신 날은 '예비일', 즉 안식을 준비하는 날이었다. 구약의 율법은 처형된 시신을 '나무 위에' 밤새도록 달아두지 말라고 지시하고 있다. **신명기 21장 22-23절**의 말씀을 보면

"사람이 만일 죽음에 해당하는 죄를 지었으므로 네가 그를 죽여 나무 위에 달거든 그의 몸을 밤새도록 나무 위에 두지 말고 반드시 그 날에 그를 묻어서 주 네 하나님께서 네게 상속 재산으로 주시는 땅을 더럽히지 말지니라(나무에 달린 자는 하나님께 저주받은 자니라)"라고 말씀하고 있기 때문에 대제사장과 유대인들은 십자가에서 죽은 자들을 당일 매장하기 원했던 것이다. 아울러 창으로 찌르는 자를 볼 것이라는 말은 **스가랴 12장 10절**과 관계가 있다.

> *"내가 다윗의 집과 예루살렘 거주민들 위에 은혜의 영과 간구하는 영을 부어 주리니* ***그들이나 곧 자기들이 찌른 나를 바라보고*** *사람이 자기 외아들을 위하여 애곡하듯 그를 위하여 애곡하며 사람이 자기의 처음 난 자를 위하여 몹시 슬퍼하듯 그를 위하여 몹시 슬퍼하리로다." (참조/ 계 1:7)*

십자가 위의 예수님께서 이미 운명하셨음을 보았던 로마 병사는 확인 차원에서 긴 창으로 예수님의 옆구리를 찌른 것이다. 이로써 예수님의 죽으심에 관한 구약의 두 가지 예언은 모두 정확하게 성취되었다.

놀랍지 않은가! 무슨 일이든 또는 어떻게 해서든 개인이나 민족과 나아가 세상의 모든 일들은 하나님께서 생각하신 바대로 이루어져야 한다고 말하는 것이 아니라(그렇다 할지라도 잘못 되어지는 것은 없지만…) 신실하신 하나님의 구원 계획은 미리 성경의 계시(또는 예언)를 통해 사람들에게 알려주셨고 그리고 때가 되면 하나님께서 말씀하신 바와 같이 정확하게 성취된다는 사실이다.

왜? 우리가 죄를 지었음에도 불구하고 우리를 구원하시기 위하여 오래 전부터 메시아 예수 그리스도를 보내주시겠다는 언약의 말씀을 주심으로 그를 믿는 자마다 영생을 얻게 하시려는 하나님의 사랑에 기인한 것이다.

"다 이루었다!"

예수님은 십자가에 달려 돌아가시기 전에 모두 일곱 차례의 말씀을 하셨는데 일컬어 가상칠언(架上七言)이라 부르며 다음과 같다.

一. 눅 23:34 *"아버지여, 저들을 용서하여 주옵소서. 저들은 자기들이 하는 일을 알지 못하나이다."*

二. 눅 23:43 *"오늘 네가 나와 함께 낙원에 있으리라, 하시니라."*

三. 요 19:26-27 *"여자여, 당신의 아들을 보소서!"*

四. 마 27:46 *"나의 하나님이여, 나의 하나님이여, 어찌하여 나를 버리셨나이까?"*

五. 요 19:28 *"내가 목마르다."*

六. 요 19:30 *"다 이루었다."*

七. 눅 23:46 *"아버지여, 내 영을 아버지의 손에 맡기나이다."*

예수님께서 다 이루었다고 말씀하신 것은 여섯 번째로 하신 말씀이다. 그러면 *"다 이루었다"*고 하신 의미는 무엇인가? 하나님께서 예수 그리스도를 통해서 마련해 주신 구원이란 것은 조립해서 사용해야 하는 물건과 같은 것이 아니라 지금 당장 사용할 수 있는 '완제품'과 같은 것이다. 요즘은 인터넷으로 물건들을 구매한다. 자전거를 예로 들어보자.

자전거를 매장에서 사는 것보다 더 저렴하게 구매하기 위해서는 인터넷 주문을 통해 택배로 물건을 받고 직접 조립하는 방법이 있다. 또한 자전거의 부품을 별도로 주문하여 합체하는 방법도 있다. 안장, 페달 같은 부품이 그렇다. 이렇게 함으로 생산자는 조립하는 시간을 줄여서 더 많은 물량을 생산할 수 있고, 구매자는 자신의 수고로 인해 구입가격을 낮출 수 있어 서로에게 유익하다. 그러나 하나님께서 예수님을 통해 우리에게 주신 구원의 선물은 그런 것이 아니다. 다 이루었다고 하신 말씀의 의미는 다음과 같은 것이다.

그것은 첫째로, 성부 하나님께서 세상을 구원하시려고 성자 하나님이신 예수 그리스도를 세상에 보내어 이루라고 하신 구원의 계획을 완벽하게 성취하셨다는 것이다. 예수님은 겟세마네 동산에서 성부 하나님의 뜻을 이루시기 위하여 간절하게 기도하셨다. 그리고 기도하신 바대로 하나님의 뜻에 따라 십자가에서 인류의 죄를 대속하셨다.

"조금 멀리 나아가사 얼굴을 대고 엎드려 기도하여 이르시되, 오 내 아버지여, 가능하시거든 이 잔을 내게서 지나가게 하시옵소서. 그러나 내 뜻대로 하지 마옵시고 아버지의 뜻대로 하옵소서, 하시고는." (마 26:39)

두 번째로, 구약성경의 예수님의 십자가에서의 대속의 죽으심에 대한 예언이 성취되었음을 말씀하신 것이다. 사도 요한은 예수님의 기도 가운데 이 내용을 포함시키고 있다.

“내가 그들과 함께 세상에 있을 때에 아버지의 이름으로 그들을 지켰나이다. 아버지께서 내게 주신 자들을 내가 지켰고 멸망의 아들 외에는 그 중의 하나도 잃어버리지 아니하였으니 이것은 성경 기록을 성취하려 함이니이다.” (요 17:12)

세 번째로, 사탄을 멸하시고 십자가에서 승리를 선포하신 것이다.

“죄를 범하는 자는 마귀에게 속하나니 마귀는 처음부터 죄를 짓느니라. 하나님의 아들이 나타나신 목적은 이것이니 곧 그분께서 마귀의 일들을 멸하시려는 것이라.” (요일 3:8)

에덴 동산에서 아담과 하와가 사탄의 꼬임에 타락하고 죄를 범한 이후 누가 사탄을 물리친 적이 있는가? 아무도 그를 이긴 자가 없었다. 그러나 예수님은 사탄을 이기셨다! 창세기 3장 15절의 *“내가 너와 여자 사이에 또 네 씨와 여자의 씨 사이에 적개심을 두리니 여자의 씨는 네 머리를 상하게 할 것이요, 너는 그의 발꿈치를 상하게 할 것이니라, 하시고”*라는 예언의 말씀처럼 십자가에서 못 박혀 죽으심으로 사탄의 머리를 상하게 하시고 승리하신 것이다(참고 롬 5:15, 17).

사탄의 일들은 무엇인가? 사도 요한은 사탄의 일을 요한복음 10장 10절에서 은유적으로 간단히 묘사하였다.

“도둑이 오는 것은 다만 도둑질하고 죽이고 멸망시키려 함이거니와 내가 온 것은

양들이 생명을 얻게 하고 생명을 더욱 풍성히 얻게 하려 함이라."

예수님께서 다 이루셨다 하신 또 다른 의미는 요한복음 6장 39절 말씀을 성취하셨다는 것이다.

"나는 내 뜻을 행하려고 하늘로부터 내려오지 아니하고 나를 보내신 분의 뜻을 행하려고 내려왔느니라. 나를 보내신 아버지의 뜻은 이것이니 곧 그분께서 내게 주신 모든 것 중에서 내가 하나도 잃지 아니하고 ***마지막 날에 그것을 다시 일으키는 것이니라."***

"마지막 날에 그것을 다시 일으키는 것이니라." 즉, 이미 죄 값으로 인해 죽은 자들을(롬 6:23) 사탄의 속박과 죄와 심판에서 구원하셨음은 물론 사망의 권세로부터 부활의 승리를 완성하셨다는 의미인 것이다. 이를 위하여 바울 사도는 그리스도의 부활에 대한 변증을 고린도전서 15장에 가득 채우고 있지 않은가!

"아담 안에서 모든 사람이 죽은 것 같이 그리스도 안에서 모든 사람이 살게 되리라. 오 사망아, 너의 쏘는 것이 어디 있느냐? 오 무덤아, 너의 승리가 어디 있느냐?" (22, 55절)

끝으로 네 번째, '다 이루었다!'고 선포하신 헬라어 단어 '테텔레스타이'*(τετέλεσται)*는 죄의 용서를 위한 속전(贖錢)은 남김없이 완전히 지불되었다는 의미를 지닌다. 당시 로마의 상인들은 돈을 빌려주고 다시 받게 되면 '지불이 완료되었다'는 확인서를 주고 받았다. 이처럼 지불완료라는 용어가 '테텔레스타이'다. 사람의 죄는 돈이나 권력으로 또는 명예나 자신의 생명을 희생제물로 드린다 해도 사함 받을 수 없다. 단지 죄의 값이 사망이기 때문에 예수 그리스도는 우리의 죄 값을 지불하시기 위하여 자신의 생명을 내려 놓으신 것이다.

그러므로 사람의 죄가 용서 받을 수 있는 방법은 오로지 죄 없고 순전한 하나님의 어린 양 예수 그리스도의 보배로운 피로써만 가능하다. 이런 이유 때문에 예수 그리스도는 성령 하나님의 초자연적인 능력을 통해 사람의 몸을 입고 -요셉의 아들이 아닌- 마리아의 아들로 이 세상에 오신 것이다. 우리를 위하여 십자가에서 자신의 생명을 내어 줌으로 속전이 되어주신 예수 그리스도의 마지막 운명 직전의 모습을 살펴보자.

로마 군병들은 십자가에 못 박히신 예수 그리스도의 육체의 고통을 줄여주려고 식초(마취제)를 전했으나 예수님은 그것을 마시지 않으셨다. 왜? 온전한 정신으로 고통을 받으심으로 우리의 죄의 형벌을 다 받으시기 위함이다. 그리고 예수 그리스도는 숨을 거두셨다. '숨을 거두었다'의 헬라어는 '파레도켄 토 푸뉴마'(*παρεδωκεν τὸ πνεύμα*)다. 이를 영어 킹제임스 성경에서는 'gave up the ghost'라고 번역하였는데 자신의 영혼을 아버지께 드렸다는 의미이다. 즉, 예수님은 타인에 의해서 수동적으로 육체적인 죽음을 맞이하였다기보다는 생명의 수여자이신 성부 하나님께 자신의 육체의 생명을 능동적으로 되돌려 드린 것이다.

요한복음 3장 16절

"하나님께서 세상을 이처럼 사랑하사 자신의 독생자를 주셨으니 이것은 누구든지 그를 믿는 자는 멸망하지 않고 영존하는 생명을 얻게 하려 하심이라."

우리를 향하신 하나님의 뜻은 멸망이 아니라 영존하는 생명, 즉 영생을 얻기를 원하신다. 하나님은 이 세상의 모든 죄인들을 구원하시려고 독생자 예수 그리스도를 보내시고 구원의 길을 예비하셨다. 필자는 40년 전 요한복음 3장 16절을 근거로 예수님을 나의 그리스도로, 즉 구주로 영접하여 구원을 받았다. 성경 전체에서 가장 중요한 한 구절을 꼽는다면 바로 이 말씀이다. 청교도 신학자 아더 핑크(Arthur W. Fink)는 그의 주석「요한복음강해」(크리스찬 다이제스트 역간)에서 요한복음 3장 16절에 나타난 하나님의 사랑 7가지를 다음과 같이 상세히 분류해 두였다.

하나, 하나님 사랑의 시제

하나님은 우리가 죄인 되어 하나님을 향해 등을 돌리고 원수 되었을 때부터 이미 사랑하셨다. 우리가 하나님을 먼저 사랑한 것이 아니라 창조주 하나님께서 먼저 우리를 사랑하신 것이다. 사도 요한은 하나님의 사랑에 대해 이렇게 증거하고 있다(요일 4:19).

"우리가 그분을 사랑함은 그분께서 먼저 우리를 사랑하셨기 때문이라."

사도 바울 또한 하나님의 사랑은 하나님께서 주도적으로 베푸신 사랑임을 말하고 있다.

"우리가 아직 죄인이었을 때에 그리스도께서 우리를 위해 죽으심으로 하나님께서 우리를 향한 자신의 사랑을 당당히 제시하시느니라." (롬 5:8)

사도 요한이 하나님께서 베푸신 사랑의 선물은 영존하는 사랑이라고 말한 것과 같은 맥락에서 예레미야 대언자도 하나님이 베푸신 사랑은 영존하는 사랑으로 우리를 사랑하셨다고 말씀하신다(렘 31:3).

"옛적에 주께서 내게 나타나사 이르시되, 참으로 내가 영존하는 사랑으로 너를 사랑하였기에 인자함으로 너를 이끌었노라, 하셨도다."

둘, 하나님 사랑의 범위

하나님의 사랑은 팔레스타인의 유대인만 생각하신 편협적인 사랑이 아니라 세상의 모든 영혼을 향하신 놀라운 사랑이시다. 어떤 사람들은 기독교는 서양 종교이며 예수 그리스도 역시 서양인이라고 말하는 사람이 있지만 이는 그릇된 관점이다. 화가들이 그려 놓은 예수님의 성화에는 예수님의 용모가 서양인처럼 금발에 파란 눈을 가진 분으로 묘사하였다. 그러나 정통 히브리인이나 유대인들은 금발이 아니라 검은 머리칼을 지녔다. 엄밀히 말한다면 예수 그리스도는 이스라엘 베들레헴에서 태어나셨으므로 중동지역에서 출생하신 아시아인이다!

예수님께서 어느 장소로 그리고 누구 혈통으로 오신 것은 사실 그렇게 중요하지 않다. 분명한 것은 하나님의 사랑은 어느 특정 민족과 나라를 위해서 오신 것이 아니라 온 세상 모든 사람을 구원하러 오셨기 때문에 하나님 사랑의 범위는 온 세상 모든 나라와 민족과 언어를 포함한다.

셋, 하나님 사랑의 크기

하나님께서 우리를 사랑하시는 크기와 분량은 사람이 측량할 수 없는 무한한 사랑이다. 한글 성경의 "이처럼 사랑하사"는 영어에서 'So loved'라고 표현하였다. 많은 그리스도인들이 애창하는 찬송 〈그 크신 하나님 사랑 말로다 형언 못하네〉는 본래 11세기에 어느 유대인이 지은 시를 바탕으로 만들어졌는데 원래의 내용은 다음과 같다.

> "하늘이 양피지로 펼쳐져 있고, 세상의 모든 갈대와 나뭇가지, 칼이 펜이며, 대양을 모두 잉크로 채우고, 모든 사람들이 능숙한 서기관이라 할지라도, 하나님의 크신 영광에 대한 기이한 이야기를 다 적을 수 없으리라."

하나님의 사랑은 사람의 필설로는 형언할 수 없을 만큼 위대한 사랑인 것이다.

넷, 하나님 사랑의 성격

하나님의 사랑은 이기적이지 않다. 하나님의 사랑은 무조건이며 무제한적이다. 하나님께서는 죄인들에게 최고로 유익한 사랑을 주셨다.

다섯, 하나님 사랑의 특성

하나님의 사랑은 자신의 독생자를 아끼지 않고 내어주신 사랑이다. 여러 개 중에서 한두 개 또는 그 이상의 것을 나누어 주는 것은 어렵지 않다. 그러나 독생자 예수님을 주신 하나님의 사랑은 우리에게 자신의 최고이자 전부를 아낌없이 주신 사랑이다.

여섯, 하나님 사랑의 목적

위대하신 하나님의 사랑은 맹목적이 아니라 최고의 선한 목적을 지닌 사랑이다. 하나님의 사랑의 동기는 모든 사람이 멸망하지 않고 구원받기를 원하신다.

> *"그분은 모든 사람이 구원을 받고 진리를 아는 데 이르기를 원하시느니라."*
> *(딤전 2:4)*

남녀노소 민족과 언어와 경계를 초월하여 지구상의 모든 사람이 구원받기를 원하시는 분이 하나님이시다. 이 세상천지 어디에 이와 같이 무조건적이며 광대한 사랑을 베푼 신이 또 어디 있는가? 하나님 외에는 이 같은 사랑을 베푼 자가 없으며 그런 능력을 지닌 분도 하나님 한 분 외에는 없다!

일곱, 영존하는 생명을 얻게 하심

"보라, 아버지께서 어떠한 사랑을 우리에게 베푸사 우리가 하나님의 아들들이라 불리게 하셨는가. 그런즉 세상이 우리를 알지 못함은 세상이 그분을 알지 못하였기 때문이라." (요일 3:1)

하나님의 사랑은 사람의 필설로 형언할 수 없이 높고 깊고 넓은 것이다. 하나님께서 독생자 예수 그리스도를 보내심은 세상을 심판하려 하심이 아니라고 요한복음 3장 17절에서 말씀하신다.

"하나님께서 자신의 아들을 세상에 보내신 것은 세상을 정죄하려 하심이 아니요, 그를 통해 세상을 구원하려 하심이라."

선교학자 조지 피터스(George Peters)는 「선교성경신학」(크리스찬출판사 역간)에서 하나님의 사랑에 대해서 4가지 관계성이 있음을 설명하였다.

1) "사랑은 역동적으로 행하는 관계이다" : 하나님은 주도적으로 그리고 적극적으로 우리를 먼저 사랑하셨다.
2) "사랑은 희생적이고 적극적인 관계이다" : 하나님께서 우리를 사랑하심은 확증된 사랑이다.
3) "사랑은 풍성한 관계이다" : 예수 그리스도로 말미암아 온 세상이 구원을 받게 하기 위함이다.
4) "사랑은 다방면의 관계이다" : 하나님의 사랑은 당신의 자녀들의 실제적인 필요를 채워주시는 사랑이다.

위대하신 하나님의 사랑에 감사드리며 영광과 찬양을 온 마음 다해 구원자 되신 하나님께 올려드린다.

비아 돌로로사
(Via Dolorosa)

'십자가의 길'로 불리는 이 길은 예수 그리스도가 빌라도에게 재판을 받은 후, 십자가를 지고 골고다(갈보리) 언덕을 향해 걸은 800미터의 길을 의미한다. 순례자들이 이곳에서 예수님께서 받으신 고난의 의미를 생각할 수 있도록 14개의 지점에 신앙적 의미를 부여하였다. 그 뜻은 길을 의미하는 'Via'와 슬픔, 고통, 고난을 의미하는 'Dolorosa'가 합쳐진 라틴어이다.

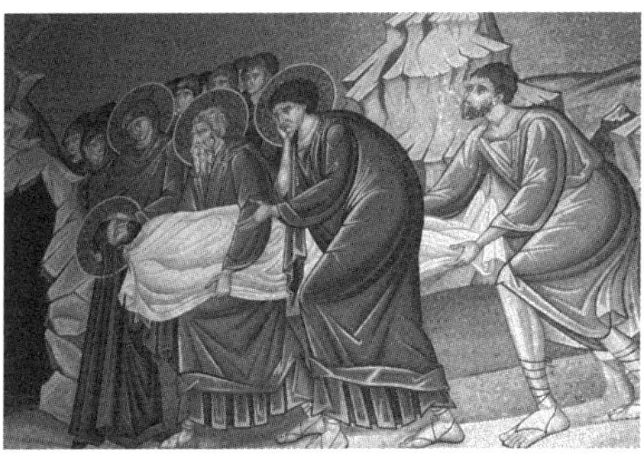

예루살렘 골고다 언덕 〈성묘교회〉 벽그림 일부

제1지점 : 예수님께서 심문 받고, 십자가형이 확정된 곳(빌라도의 재판정)
제2지점 : 로마 군사들이 예수님에게 가시관을 씌우고 홍포를 입혀 희롱한 곳(마 27:27-31)
제3지점 : 예수님께서 십자가를 지고 가다 처음 쓰러진 곳
제4지점 : 예수님께서 마리아를 만난 곳
제5지점 : 구레네 사람 시몬이 예수님의 십자가를 대신 진 곳
제6지점 : 베로니카 여인이 물수건으로 예수님의 얼굴을 닦아 준 곳
(마가복음 5장의 혈루증을 치료 받은 여인으로 추정)
제7지점 : 예수님께서 두 번째 쓰러지신 곳
제8지점 : 예수님께서 여인들에게 말씀하신 곳(눅 23:28)
제9지점 : 예수님께서 세 번째로 쓰러지신 곳
제10지점 : 예수님의 옷을 벗긴 곳(요 19:23-24).
제11지점 : 예수님께서 십자가에 못 박힌 곳(눅 23:33).
제12지점 : 예수님께서 십자가에서 돌아가신 곳(마 27:45-51)
제13지점 : 예수님의 시신을 내려놓은 곳(마 27:59)
제14지점 : 예수님을 장사 지낸 곳(마 27:60-61)

...7장

갈릴리산의 예수 그리스도

(마 28:7-10; 막 14:27-28)

• 갈릴리산 •

예수님께서 부활하신 후에 제자들과 만나기로 하신 곳을 일반적으로 갈릴리산이라고 추정하고 있다(마 28:16-20). 정확한 장소는 알 수 없으나 갈릴리 바다를 사방에서 한 눈에 볼 수 있는 아벨산이 유력하다고 보는 이도 있다. 그렇다면 벧아벨은 갈릴리 바다의 서남쪽에 위치해 있고 팔복교회 부근의 산은 가버나움에 인접해 있기 때문에 예수님께서 승천하시기 직전에 이곳에서 지상명령을 내리셨을 것이다.

| 7장 |

갈릴리산의 예수 그리스도

"그러나 너희 길로 가서 그분의 제자들과 베드로에게 그분께서 너희보다 먼저 갈릴리로 가시나니 그분께서 너희에게 말씀하신 대로 너희가 거기서 그분을 볼 것이라고 고하라, 하니라." (막 16:7; 참조/ 마 28:16-20)

성경지명 '갈릴리'(Galilee)는 '반지', '원', '고리'란 의미가 담겨있다. 갈릴리 호수는 긴네렛 또는 게네사렛으로도 불렸다. 이러한 지명은 그 모양이 하프처럼 생긴 '기노'라고 불리는 고대 이스라엘의 악기에서 유래되었다고 한다.

신약성경의 복음서에서는 갈릴리 호수를 바다로 언급한 곳이 적지 않은데 그 이유를 잠시 살펴본다. 유대인들에게 있어서 샘(spring)과 강 그리고 바다의 개념은 다음과 같다. 먼저 샘은 히브리어로 '아인'이라고 하는데 틈에서 흘러나오는 물을 말한다. 그리고 건천(乾川)은 '와디'라고 부르는데 폭우가 내리면 물이 흐르는 내를 말한다.

에스키모인들에게 눈(snow)을 뜻하는 단어들은 모두 15개나 될 정도로 많다. 유사한 맥락에서 조상 대대로 유목생활을 하며 광야에서 살아왔던 이스라엘 사람들에게 있어서 광야(desert)라고 일컫는 단어는 모두 7개나 된다. 팔레스타인의 광야에는 와디가 적지 않게 있다. 그리고 강은 '나하르'(נהר, nahar)로서 계속 흐르는 물줄기를 말한다. 이스라엘 사람들이 갈릴리 호수를 바다로 부르게 된 개념은 지리적 상황에서 비롯되었다. 바다는 문자 그대로 대양(大洋)을 말하지만, 이스라엘 사람들에게 있어서 깊고 큰 호수의 물도 '얌'(ים, yam)이라는 단어를 함께 사용하고 있다.

예수님은 부활하신 이후에 갈릴리의 한 산에서 제자들을 만날 것이라고 말씀하셨다. 무덤 안에 있던 천사가 제자들에게 이른 *"너희가 거기서 그분을 볼 것이라고 고하라"*는 말을 미루어 볼 때 예수님과 제자들은 부활 후 만나게 될 장소를 알고 있었을 것이다.

예수님의 공생애 3년 기간 중 최고의 전성기를 이루신 지역은 바로 이스라엘 북부지역인 갈릴리의 가버나움이다. 가버나움은 예수님과 제자들의 공생애 사역의 '전초기지' 역할을 했던 곳이다. 마침내 우리 주님께서 기도하시기 위하여 '한적한 장소'로 선택하신 곳은 가버나움에 인접한 산일 것이고 그 산은 제자들과 예수님에게 있어서 너무도 친숙한 무언의 약속 장소와도 같은 곳일 것이다. 그렇다면 그 산의 위치는 어디인가?

예수님께서 부활하신 후에 제자들과 만나기로 약속하신 산은 전통적으로 두 장소로 추정되고 있다. 하나는 막달라 마리아의 고향인 막달라(현재 지명, 믹달-Migdal) 마을의 건너편인 '아르벨' 또는 '아벨'이라고 부르는 산이고 또 다른 하나는 가버나움에서 가까운 팔복산이다.

아르벨산은 갈릴리 호수를 굽어보는 곳에 위치하고 있는데 기원전 2세기경 하스몬 왕조의 마카비의 성채가 있었고, 이 장소는 기원전 39년에 열심당원들이 헤롯대왕에게 항거하던 요새로 사용되기도 했었다. 주후 66년에는 로마에 대항하던 반란군들이 학살당한 곳이기도 하다.

호세아 10장 14절에서 *"그러므로 네 백성 중에서 소동이 일어나며 네 모든 요새가 노략을 당하되 곧 살만이 전쟁의 날에 벧아벨을 노략한 것 같으리라. 그때에 어머니가 자기 자식들 위에서 산산조각 났느니라"*라고 말한 구절 가운데 '벧아벨'이라고 언급한 적이 있던 동일한 그 지역이다.

벧아벨이란 지역이 오늘날 정확히 어느 곳인지 알 수는 없지만 '베트 아르벨'은 문자적으로 '아르벨의 집'이란 뜻이다. 이곳은 사마리아 성의 길목에 위치한 길르앗 부근의 성읍인 '이르비드'(Irbid)로 추정하기도 한다. 이곳은 갈릴리 호수 서남방향으로 약 30킬로미터 지점에 위치해 있다. 이 산은 갈릴리 전 지역을 한꺼번에 조망할 수가 있어서 예수님이 갈릴리 북부지역에서 사역하였던 곳을 정리할 수 있는 특별한 지역이다. 반면에 팔복산은 '타부하' 쪽에서 산등성이를 타고 올라가면 갈릴리 호수를 한 눈에 바라볼 수 있는 가장 전망이 좋은 곳에 위치하고 있다.

1938년 이탈리아 독재자 무솔리니는 이탈리아 건축가 안토니오 발루찌(Antonio Barluzzi)에게 세상에서 가장 아름다운 건축물을 세울 것을 지시함으로 바로 그곳에 팔복을 의미하는 팔각형의 예배당을 세우게 되었다. 그렇다면 벧아벨은 갈릴리 바다의 서남측에 위치해 있고 팔복교회 부근의 산은 가버나움 부근이기 때문에 예수님께서 승천하시기 직전 제자들에게 지상명령을 내리신 곳은 팔복교회 부근의 산이라고 결론 내릴 수 있을 것이다.

부활하신 예수님은 승천을 앞두시고 – 이 산에서 승천하셨다는 의미가 아니라 – 사랑하는 제자들에게 지상명령을 내리셨다. 예수님은 갈릴리의 산꼭대기에 서서 제자들과 함께 산 너머 멀리 이방인의 땅까지 바라보시면서 온 세상 열방을 향해 복음을 전하라고 명령하셨다. 우리 모두는 주님의 마음과 열정을 품고 그리고 주님의 시선으로 열방을 품어야 한다. 주님의 명령이자 사명이기 때문이다.

부활하신 예수님은 어떤 목적을 가지시고 제자들에게 갈릴리에서 만나시고자 하신 것인가? 그에 대한 답을 신약에서 찾을 수는 없는 것인가?

바울 사도와 바나바는 성공리에 1차 선교여행을 마치고 안디옥에 돌아와 사역에 대한 보고를 나누고 재충전의 시간을 가졌다. 사도행전 15장 36절이 그에 대한 기록을 남기고 있다.

"며칠 뒤에 바울이 바나바에게 이르되, 우리가 전에 주의 말씀을 선포한 모든 도시로 다시 가서 우리 형제들을 방문하고 그들이 어떻게 행하는지 알아보자, 하니."

실제로는 어떤지 모르지만 표면상으로 보면 바울은 연배의 바나바보다 복음의 열정을 더 지닌듯하다. 왜냐하면 바울이 바나바에게 1차 선교지인 소아시아 지역을 다시 방문하여 말씀 사역으로 구원받은 영혼들이 어떻게 행하는지 알아보자고 서둘러 말하기 때문이다. 필자는 이 부분에서 예수님께서 부활하신 이후에 갈릴리로 다시 올라가셔서 제자들을 만나겠다고 하신 말씀에 대하여 이런 생각을 해보았다.

예수님의 공생애 기간 중에 절정의 사역을 이룬 곳은 가버나움을 중심으로 한 2년가량의 갈릴리 지역이다. 예수님은 그 기간 중에 70명의 제자들을 둘씩 짝을 지어 '전도단'을 파송하셨다. 그런데 가버나움 사람들의 복음에 대한 배척과 하나님의 왕국을 향한 냉대와 완악함은 소돔과 고모라보다 더 한 것이라고 주님이 책망하셨다.

"가버나움아, 네가 하늘에까지 높여졌으나 지옥에까지 떨어지리라. 네 안에서 행한 능력 있는 일들을 소돔에서 행하였더라면 그 도시가 이 날까지 남아 있었으리라. 그러나 내가 너희에게 이르노니, 심판 날에 소돔 땅이 너보다 견디기 쉬우리라." (마 11:23-24 ; 비교 눅 10:15-16)

저들의 완악함과 배척에도 불구하고 전도를 마치고 돌아온 제자들은 사역의 열매로 인하여 주님께 열광적인 보고를 드렸다.

"칠십 명이 기뻐하며 돌아와 이르되, 주여, 주의 이름으로 말미암아 마귀들도 우

리에게 굴복하나이다. 하니 그분께서 그들에게 이르시되, 사탄이 하늘로부터 번개같이 떨어지는 것을 내가 보았노라. 보라, 내가 너희에게 뱀과 전갈을 밟으며 원수의 모든 능력을 제압할 권능을 주노니 어떤 방법으로도 너희를 해칠 것이 전혀 없으리라. 그럼에도 불구하고 그 영들이 너희에게 굴복하는 이 일로 기뻐하지 말고 오히려 너희 이름이 하늘에 기록되었으므로 기뻐하라. 하시니라."

제자들의 사역의 결과로 가버나움 일대에 사는 적지 않은 사람들이 복음을 듣고 구원받았을 것이 확실하다. 그럼에도 불구하고 예수님은 가버나움 사람들의 교만함과 회개치 않음을 탄식하시며 다음과 같이 말씀하셨다.

"고라신아, 네게 화가 있을지어다! 벳새다야, 네게 화가 있을지어다! 너희 안에서 행한 능력 있는 일들을 두로와 시돈에서 행하였더라면 그들이 벌써 오래 전에 굵은 베옷을 입고 재 속에 앉아 회개하였으리라. 그러나 심판 때에 두로와 시돈이 너희보다 견디기 쉬우리라. 가버나움아, 네가 하늘에까지 높여졌으나 지옥에까지 쫓겨 내려가리라…" (눅 10:12-15)

비록 갈릴리의 가버나움과 고라신이 주님을 불신하고 배척했지만 주님은 부활하신 이후 70명의 전도단이 복음을 전함으로 구원받았던 갈릴리의 제자들을 격려하고 확신을 심어 주시기 원하셨다.

이제 주님께서 갈릴리의 산에서 제자들을 불러 모으신 후 지상명령을 말씀하신 장면을 살펴보자.

지상명령

예수님께서 부활하신 후 갈릴리 지역으로 올라가신 이유는 오직 하나라고 생각한다. 바울과 바나바가 복음을 전한 소아시아 지역을 다시 둘러 본 것처럼 예수님은 제자들을 그곳에서 만나시고자 하신 이유도 동일한 목적을 가지셨을 것이다. 예수님의 공생애 가운데 하나님 나라의 복음이 가장 왕성하게 전파되었고 사역의 열매가 절정에 달했던 곳은 갈릴리 지역이었다. 주님은 그만큼 갈릴리 지역 출신의 사도들과 여러 제자들에게 마지막 명령을 강력하게 남겨주시기 원하셨을 것이다.

예수님은 부활하신 이후에 승천하시기까지 정확히 40일을 지상에 머무르셨다. 40일 후에 하늘로 올라가신 것은 마태복음 28장, 즉 갈릴리의 어느 산 위에서가 아니라 사도행전 1장의 감람산에서 승천하셨다. 그러므로 예수님께서 갈릴리 지역의 한 산을 방문하신 것은 이곳에서 제자들에게 주님의 지상 사역의 마침표를 찍고 결론을 분명하게 알려주시고자 원하셨기 때문이었다. 즉, 종강시간에 마지막 결론을 맺어주는 것처럼 제자들에게 예수님은 영광스런 주님 자신의 부활을 보여주심과 동시에 세상의 모든 민족에게 부활의 승리와 생명의 복된 소식(복음)을 전하라는 명령을 내리셨다.

예수님 당시 이스라엘에는 유대주의자들을 중심으로 6개의 종파가 존재하고 있었는데 이들은 로마제국의 식민지 아래에서 무정부 상태로 있었지만 각기 자기들의 이상을 찾아 경쟁과 시기와 적대감 속에 로마 정부를 향해서는 적당한 거리를 유지하면서 각기 활동하였다. 먼저는 사두개인들로

합리주의자들이다. 또한 우리에게 익숙히 알려진 바리새인들로 율법주의자들이다. 이 두 그룹은 서로 간에 부활의 문제를 두고 논쟁을 일삼았던 그룹들이다. 헤롯당은 어떤 사람들이었을까? 로마에 밀착하여 정권을 유지하고 물질적이며 권세를 유지하기 위하여 실리추구에 앞섰던 현상유지파이다. 그러면 에세네파는 당시 무엇을 주장하였던 그룹인가? 이들은 당시의 현실사회를 떠나 자신들만의 공동체를 만들어 살았던 고립주의자들이었다. 신약성경에서 자주 언급되는 서기관들은 무엇을 하던 사람들인가? 자신들은 거룩한 집단으로 하나님의 말씀을 기록하고 말씀을 가르치고 전하는 권위 있는 자들로 이스라엘 군중들 위에 군림하던 바리새인과 사두개인들과 더불어 예수님을 대적하던 무리였다. 끝으로 열심당은 그래도 이스라엘의 독립을 위하여 로마정부를 향해 반란과 혁명을 일으킨 나름대로 유대인의 자존심과 애국심을 지닌 자들로 자처하는 정치적 행동주의자 그룹이었다.

예수님의 열두제자 가운데 시몬이 바로 열심당 출신이었다. 그러나 예수님은 위에 언급된 6개의 유대 종파 가운데 어느 종파를 칭찬하시거나 인정하시지 않으셨다. 왜인가? 예수님께서 이 땅에 내려오신 목적은 오직 하나, 잃어버린 영혼을 찾아 구원하러 오셨기 때문이다. 또한 예수님의 나라는 이 세상에 속한 나라가 아니기 때문이다. 부활하신 예수 그리스도는 지금 제자들과 함께 갈릴리의 산 위에서 우뚝 서 계신다.

부활하신 주님과 함께 산 위에 서있던 제자들은 넓은 갈릴리의 모든 경내를 바라볼 수 있었다. 뿐만 아니라 서북쪽의 이방 땅인 두로와 시돈까지 그리고 가버나움의 동편 오병이어의 기적을 행하셨던 벳새다의 너른 들녘도 바라볼 수 있었다. 그리고 그들의 시야가 미치지 못하는 이방 세계와 나아가서는 온 세상의 모든 민족에게까지 이르러 주 예수 그리스도의 부활의 복된 소식을 전하여 제자 삼으라는 명령을 받고 있었다.

> *"예수님께서 그들에게 나아와 말씀하여 이르시되, 하늘과 땅에 있는 모든 권능이 내게 주어졌느니라. 그러므로 너희는 가서 모든 민족들을 가르치고 아버지와 아들과 성령의 이름으로 그들에게 침례를 주며 내가 너희에게 명령한 모든 것을 그들에게 가르쳐 지키게 하라. 보라, 내가 세상의 끝까지 항상 너희와 함께 있으리라, 하시니라 아멘."* (마 28:18-20)

그로부터 2천 년이 지난 지금, 그 복음은 바다를 건너고 산을 넘어 지구를 한 바퀴 돌아 19세기 말에 한국까지 이르렀다. 그리고 주 예수 그리스도의 은혜의 복음은 계속해서 주님이 다시 오시는 그날까지 지속적으로 전파될 것을 믿는다. 갈릴리의 높은 산에 오르셔서 제자들에게 남긴 지상사명은 제자들에게만 국한된 것이 아니다. 오늘을 살아가는 모든 성도들에게 동일하게 남겨주신 지상사명(The great commission)이다.

모든 성도와 교회는 이 명령에 변함없이 충성스럽게 순종해야 한다.

...8장

감람산 위에 서실 예수 그리스도: 부활 이후

(행 1:9-11; 슥 14:4-11)

• 감람산 •

감람산은 예수님의 공생애 사역과 관련된 많은 사건이 성경에 언급되었다. 특별히 재림하신 예수님께서 감람산 정상에서 다시 서시게 되면 천지개벽의 대역사가 일어나게 될 것이며 이곳을 기점으로 영적이고 물리적인 회복이 다시 시작될 것이다.

| 8장 |

감람산 위에 서실 예수 그리스도: 부활 이후

"그 날에 그분의 발이 예루살렘 앞 동쪽에 있는 올리브 산 위에 설 것이요, 올리브 산이 거기의 한가운데서 동쪽과 서쪽으로 갈라지므로 심히 큰 골짜기가 생길 것이며 그 산의 반은 북쪽으로, 그 산의 반은 남쪽으로 이동하리라." (슥 14:4)

감람산은 예수님께 매우 중요한 장소이다. 예수님은 사역 가운데 피곤하시면 그곳에 가셔서 쉬거나 기도를 하셨다(눅 21:37). 또한 주님께서 십자가에 달려 죽으시기 전날 밤 땀이 핏방울이 될 정도로 기도하신 후 붙잡히신 곳이기도 하다(마 26:30-39).

부활하신 이후에는 사랑하는 제자들과 천국의 하나님 보좌로 돌아가시기 직전 마지막 이별을 고한 곳도 감람산이었으며 영광중에 다시 이 세상에 오실 장소이기도 하다(행 1:6-12; 슥 14:4). 그러므로 감람산은 예수님께나 제자들에게나 유대인과 이방인에게나 모든 이에게 매우 중요한 장소가 된다.

'터치다운'

미국에서 가장 인기 있는 구기 종목은 농구, 야구 그리고 풋볼 경기다. 특히 미식축구라 불리는 아메리칸 풋볼은 미국에서는 그냥 풋볼(Football)이라고 부르고, 우리에게 친숙한 축구는 사커(Soccer)라고 부른다.

1869년 11월 미국 뉴저지 주의 뉴브런즈윅에서 러트거스 대학교와 프린스턴 대학교가 벌인 풋볼 경기를 미국 최초의 공식경기로 인정하고 있다. 1876년 11월에는 프린스턴, 컬럼비아, 하버드 그리고 예일 등 동부지역 대학들이 전국 미식축구연맹을 창설하고 럭비의 규정을 개정하여 새로운 축구의 형태를 만들어 낸 것이 오늘날의 미식축구(American football) 기원이 되었고 미국 국민성에 맞는 스포츠가 되었다.

미식축구 시즌은 9월부터 11월 말까지이며, 그 사이에 전국 지역별 경기가 진행되어 각 지역의 우승팀은 시즌오프(주로 1월 1일)에 거행되는 선수권 시합에 출전할 수 있는 자격을 얻는다. 이 시합이 치러지는 경기장이 사발(bowl)을 닮아 '볼 게임'이란 명칭이 붙었으며, 해당 개최지에 알맞은 명물(특산품 등)의 이름을 따서 대회명으로 부르고 있다. 예를 들면, 뉴올리언스의 '슈거볼', 마이애미의 '오렌지볼', 패서디나의 '로즈볼', 하와이의 '파인애플볼', 텍사스(달라스)는 면화생산이 유명하기에 '코튼볼'이라 부른다.

프로 미식축구는 1920년에 협회가 결성되었고, 야구와 마찬가지로 아메리칸리그와 내셔널리그로 진행된다. 시합 때에는 경기장에 10만 명 이상의 관중이 모인다. 미식축구의 매력은 팀원들이 방어진을 뚫고 상대방 진영에 '터치다운'을 하는 전략에 있다.

미식축구는 체력과 스피드 그리고 작전싸움이기 때문에 경기 규칙을 알아야 제대로 볼 수 있다. 양 팀의 쿼터백이나 런닝맨들의 장점들을 파악하고 게임을 관전하면 훨씬 흥미롭다. 미국에서는 풋볼 시즌이 되면 텔레비전에서 생중계를 해준다. 필자는 미국의 풋볼팀과 아무런 연관이 없지만 텍사스 주에서 공부했고, 우리 큰아들이 태어난 곳이기도 해서 텍사스 카우보이 팀을 응원한다. 팔이 안으로 굽는다고 텍사스는 내게 고향 같은 곳이다.

어떤 사람은 미식축구에 대하여 '땅 따먹기 게임'이라고 말하는데 적절한 표현이라는 생각이 든다. 상대방 골대를 향해 지속적으로 일정 거리를 전진해 나가면 계속 공격할 수 있는 기회가 주어진다. 그리고 상대방 진영의 끝부분(End Zone)에 공을 '터치다운'(Touch down) 하면 6점 그리고 터치다운 이후 추가로 골킥의 기회가 주어지는데 킥을 성공시키면 추가로 1점을 더 따게 된다.

야구는 시간과 관계없는 게임이다. 이닝이 종료될 때까지 더 많은 점수를 딴 팀이 이기는 경기다. 그러나 축구나 미식축구 경기는 주어진 시간 안에 높은 점수를 따는 팀이 승리한다. 그래서 제한된 시간 안에서 점수를 내야 하기에 경기는 더욱 박진감이 넘친다.

쿼터백에게 공을 받은 공격수들인 러닝백이 상대방 수비수들의 태클을 아슬아슬하게 피해서 골대를 향해 무서운 속도로 달려가 터치다운을 성공하는 묘미에 관중들은 열광한다. 특히 엔드라인을 얼마 남겨두지 않고 공격할 때, 수비수가 밀집해서 대인마크를 철저히 하면 터치다운을 성공하기가 쉽지 않다. 그럼에도 공을 가슴에 품고 온 몸을 던져 라인을 넘어 터치다운을 시도하는 것은 그 자체만으로도 감동을 준다.

지난 2017년 2월 6일 열렸던 제51회 슈퍼볼 경기를 텔레비전과 온라인 중계를 통해 관람한 시청자 수는 모두 1억3천650만 명이라고 한다. 슈퍼볼은 미국 NFL 미식축구 경기의 챔피언 결정전으로 내셔널 풋볼 리그와 아메리칸 풋볼 리그 우승팀이 겨룬다. 전체 미국 인구의 4분의 3이 시청할 만큼 미국을 열광하게 한다. 또한 경기장의 선수들뿐만 아니라 슈퍼볼 중계광고도 치열한 경쟁을 벌인다. 그래서 슈퍼볼 중계방송에 나가는 광고료는 믿기지 않을 정도로 상상을 초월한다. 올해는 초당 16만 달러(2억 원), 30초에 500만 달러(60억 원)이라는 천문학적 광고비를 기업들은 지불하였다. 그래서 슈퍼볼에 등장하는 광고는 시대의 최첨단 모든 문화 콘텐츠가 동원되기에 경기뿐만 아니라 광고에도 엄청난 관심을 가지고 지켜본다. 미국 경제지 포브스는 우리나라 기아자동차의 광고를 '슈퍼볼에서 눈여겨볼 광고 10선' 중 첫 번째로 선정하였다.

2017년 미국 슈퍼볼 결정전 경기는 51년 역사상 첫 연장전에 돌입하였다. 도널드 트럼프 대통령이 광적으로 응원하는 뉴잉글랜드 패트리어트 팀은 애틀랜타 팰컨스 팀에게 3쿼터까지 3대 28로 무기력하게 끌려갔다. 누가 보아도 싱겁게 끝날 것처럼 보였다. 그러나 마지막 쿼터에 대역전의 드라마가 시작되었다. 40세의 노장 쿼터백 톰 브래디의 활약으로 13분 동안 25점을 몰아치며 종료 57초전 28대 28점 극적인 동점을 일궈냈다. 그리고 연장전에서 선제 공격권을 얻은 패트리어트 팀은 러닝백 제임스 화이트가 터치다운을 성공시켜 6점을 획득하여 서든데스 규칙에 의해 34대 28로 기적의 역전승을 거뒀다.

미국소매업협회(NRF)에 의하면 이번 슈퍼볼 경기로 인하여 소비된 총 금액이 141억 달러(16조원)에 이를 것으로 예상하였다. 이처럼 경제적 파급력이 엄청날 정도로 미국인들의 풋볼 사랑에 그 열기를 짐작할 수 있다.

이 세상의 역사는 평화의 왕 예수 그리스도께서 다시 오실 때까지 두 나라와의 전쟁의 연속이다. 한 나라는 공의와 화평으로 다스려지는 예수 그리스도의 왕국, 즉 하나님의 나라이며 다른 한 나라는 사탄 마귀가 통치하는 현재 세상으로 부정과 어둠과 죄악에 의해 다스려지는 나라다.

이 두 나라는 에덴 동산 이후 지금까지 긴장과 갈등 속에서 계속 싸움을 벌이고 있다. 예수님께서는 이에 대하여 누가복음 11장 18절에서 이렇게 말씀하셨다.

"너희가 말하기를 내가 바알세붑을 통해 마귀들을 내쫓는다고 하니 만일 사탄 또한 스스로 분쟁하면 어떻게 그의 왕국이 서겠느냐?"

바울 사도 또한 그리스도인들의 영적인 싸움에 대하여 이렇게 말하고 있다.

"우리는 살과 피와 맞붙어 싸우지 아니하고 정사들과 권능들과 이 세상 어둠의 치리자들과 높은 처소들에 있는 영적 사악함과 맞붙어 싸우느니라. 그러므로 너희가 악한 날에 능히 버티어 내고 모든 일을 행한 뒤에 서기 위해 하나님의 전신 갑주를 취하라." (엡 6:12-13)

아담과 하와는 에덴 동산에서 하나님의 명령을 거역했고 불순종의 결과로 죽음에 이르게 되었다. 당시 죄를 범한 아담과 하와는 벌거벗은 그들 몸의 수치를 가리려고 어떻게 했는가?

"그들 두 사람의 눈이 열리매 그들이 자기들이 벌거벗은 줄을 알고는 무화과나무 잎을 엮어 자기들을 위해 앞치마를 만들었더라"(창 3:7). 이를 보신 자비하신 하나님은 그들을 그대로 두시지 않으셨다.

우리 교회 정원에는 복숭아나무 두 그루가 있는데 빈자리를 찾아 3년 전에 무화과나무 네 그루를 심었다. 작년에는 양지 바른 곳에 심겨진 무화과나무에 열매가 달렸는데 어찌 그 향이 좋고 달콤한지 올해도 기대가 된다. 그런데 무화과는 몇 가지 특성이 있다. 말 그대로 꽃이 없는 나무 열매라 하여 무화과(無花果)라고 부르지만 실제로는 꽃이 있다. 다만 열매 안쪽에 있을 뿐이다. 무화과는 히브리어로 두 개의 이름으로 불려진다. 유월절 절기인 4월경에 맺히는 무화과는 '파게'(Page)라고 부르며 이 단어에서 영어의 Fig라는 말이 파생되었다. 또 다른 이름은 '테에나'라고 부르는데 유대인들은 4월이 지나서 순차적으로 겨울 전까지 계속 맺히는 무화과를 그렇게 부른다. 또한 무화과 잎은 넓어서 아담과 하와가 벌거벗은 몸을 가리기에 효과적일지는 모르나 잎의 뒷면은 거친 잔털과 잔가시들이 있어 마찰이 있을 경우에는 피부가 민감하게 반응할 수 있다. 그럼에도 불구하고 아담과 하와가 스스로의 꾀를 내어 무화과 잎으로 몸의 수치를 가렸다는 것은 죄는 사람의 노력으로 가린다고 가려지는 것이 아니라 시간이 갈수록 오히려 고통이 뒤따른다는 사실을 말해주고 있는 것이다.

"주 하나님께서 또한 아담과 그의 아내에게 가죽옷을 만들어 입히시니라." (21절)

아담과 하와가 어설프게 몸을 가린 무화과 잎을 보고 최고의 디자이너이신 하나님께서는 최상의 재료로 보온과 보습이 완벽한 반영구적인 양의 가죽으로 옷을 만들어 입히셨다. 크신 하나님의 배려와 사랑을 느낄 수 있다. 이것은 창세기 3장에 예시된 신약의 어린 양 예수 그리스도의 보혈과 구속을 상징하는 놀라운 그림이다. 창세기 3장에서 하나님은 무엇을 선포하고 계신 것인가?

이 선포는 구약 최초로 나타난 '원시복음'(原始福音 : Original Gospel)이다.

"내가 너와 여자 사이에 또 네 씨와 여자의 씨 사이에 적개심을 두리니 여자의 씨는 네 머리를 상하게 할 것이요, 너는 그의 발꿈치를 상하게 할 것이니라, 하시고." (15절)

이 한 구절이 시사하는 바는 무엇인가? 사탄과 여자의 씨 사이에 적개심이 있을 것이고 서로 상하게 한다는 하나님의 구속을 향한 예언이다. 이 말씀으로 사탄은 자신의 영원한 운명을 구체적으로 알게 되었다. '여자의 씨'(15절)요, '아브라함의 씨'(갈 3:15-16)인 그리고 유다 지파에서 오실 전능자 예수 그리스도에 의해서 그의 머리가 상하게 될 것을 알고 있던 사탄은 '사전공작'을 여러 번 시도했었다. 가인을 통해 아벨을 죽였고, 에서는 야곱을 죽이려 했고, 사울을 통해서는 다윗을 죽이려 했다. 그리고 교활하기 그지없던 하만은 수산 궁의 모르드개와 메데 제국의 모든 유대인들을 몰살하려고 시도하였다. 그리고 마지막으로 헤롯대왕은 동방에서 온 지혜자(동방박사)들을 통해 메시아가 베들레헴에서 태어날 것이라는 소식을 접한 이후에는 아기 예수를 없애려고 하였다. 사탄은 장차 자신이 불과 유황으로 타는 못에서 영벌에 처하게 될 것을 잘 알고 있다. 그래서 사탄은 할 수 있다면 모든 간악한 방법을 다 동원해서 전세를 뒤바꿔 보려고 한 것이다.

창세기 3장 15절의 말씀을 포함해서 구약의 많은 대언자들의 예언과 같이 예수님은 십자가에 못 박히심으로 뒤꿈치가 상하게 되었고 사탄은 예수 그리스도에 의하여 머리를 상함으로 '케이오 펀치'를 맞게 되었다. 그런데 문제는 사탄의 머리가 상했는데 왜 이 싸움은 종식되지 않고 여전히 지속되느냐고 생각하는 사람이 있을 것이다.

이미 사탄은 갈보리산에서 치명타를 입고 전의를 상실하였다. 주님의 신부이자 몸 된 교회는 대장되신 주님께서 이미 승리를 확보해 두신 전쟁터에 나가서 사탄과 그의 패잔병들을 물리치고 승리의 깃발을 꽂으면 된다. 전투에서 승리한 부대가 점령지에 아군의 깃발을 세우고 사령부 지휘소를 마련하면 총사령관이 방문하는 것처럼 예수 그리스도는 천년왕국의 본부이자 수도인 예루살렘에 왕좌를 베풀고 온 세상을 공의로 통치하시기 위하여 감람산으로 다시 오시게 될 것이다.

그리스도의 발이 감람산 꼭대기에 '터치다운' 하시는 순간 감람산은 동서로 갈라질 것이고 우주의 총사령관이신 주님은 영광스럽게 예루살렘에 입성해 천년왕국을 세우실 것이다. 주님이 사랑하시는 제자 요한은 계시록에서 예수 그리스도께서 다시 오실 때의 정황을 이렇게 묘사하였다.

"보라, 그분께서 구름들과 함께 오시느니라. 모든 눈이 그분을 보겠고 그분을 찌른 자들도 볼 것이요, 땅의 모든 족속들이 그분으로 인하여 통곡하리니 참으로 그러하리로다. 아멘." (계 1:7)

그리고 다음 구절에는 주님의 모습을 이렇게 묘사하고 있다.

"그분의 머리와 머리털은 양털같이 희고 눈같이 희며 그분의 두 눈은 불꽃 같고 그분의 두 발은 용광로에서 달군 듯한 정제된 놋 같으며 그분의 음성은 많은 물소리와도 같고 그분의 오른손에는 일곱 별이 있으며 그분의 입에서는 양날 달린 날카로운 칼이 나오고 그분의 용모는 해가 세차게 빛나는 것 같더라." (계 1:8)

'머리털은 양털같이 희고'는 주님의 거룩하심과 순전하심을 말하며 '두 눈은 불꽃같고'는 죄를 살피시며 공의로 세상을 심판하심을, 그리고 '두 발은 용광로에서 달군 듯한 정제된 놋 같으며'는 주님의 영원하심과 전능하심을 뜻한다. 다시 말하면 주님의 발이 놋과 같다는 것은 강한 군사, 즉 전쟁터의 싸움을 지휘하는 총사령관의 모습을 상징하고 있는 것이다.

천지개벽의 새 역사가 시작되다!

예수님의 발이 감람산 꼭대기에 닿는 순간 지구상에 엄청난 변화가 일어날 것이다. 만왕의 왕 되신 예수 그리스도께서 감람산에 서시는 순간 인류 역사상 에덴동산 이후 시작되었던 하나님의 나라와 사탄의 나라간 전쟁은 모두 끝날 것이다. 스가랴 대언자는 장차 예수님께서 감람산으로 오실 것에 대하여 다음과 같이 예언하였다.

> *"그 날에 그분의 발이 예루살렘 앞 동쪽에 있는 올리브 산 위에 설 것이요, 올리브 산이 거기의 한가운데서 동쪽과 서쪽으로 갈라지므로 심히 큰 골짜기가 생길 것이며 그 산의 반은 북쪽으로, 그 산의 반은 남쪽으로 이동하리라."* (슥 14:4)

필자는 지질학자도, 과학자도 아니기 때문에 이 현상을 구체적으로 설명할 순 없다. 그러나 하나님께서 당신의 대언자들을 통해 기록해 두신 예언의 말씀을 문자 그대로 믿는다. 감람산이 절반은 북쪽으로 그리고 절반은 남쪽으로 이동하여 큰 골짜기가 생길 것이라고 말씀한 것은 분명 지각의 큰 변화가 있을 것을 의미한다고 믿는다.

성경에서 그와 유사한 경우의 예를 살펴보자. 민수기 16장에 보면 하나님께서 모세와 아론의 지도력에 반항하던 사람들을 심판한 사건이 등장한다. 고라와 다단과 온이라는 세 사람이 백성 가운데 명성이 있는 사람 250명을 부추겨 모세와 아론의 지도력에 회중보다 모세와 아론의 위치를 높이지 말라고 불만을 제기한다. 28절로 33절까지 보면 이 사람들은 평범하게 죽지 않고 하나님의 진노 가운데 특별한 죽음을 당하게 될 것이라고 모세는 말하였다. 그리고 말을 마치자마자 땅이 갈라져 모세를 대적한 사람들 모두가 산 채로 구덩이에 빠져 죽었다.

이와 같은 일은 성경에서 처음이자 마지막 있었던 사건이다.

> *"모세가 이르되, 주께서 나를 보내사 이 모든 일을 행하게 하신 것을 너희가 이로써 알지니 나는 내 생각대로 그것들을 행하지 아니하였느니라. 만일 이 사람들이 모든 사람이 죽는 죽음으로 죽거나 혹은 모든 사람이 받는 징벌로 징벌을 받으면 주께서 나를 보내지 아니하셨느니라. 그러나 만일 주께서 새 일을 행하사 땅이 자기 입을 벌려 그들과 그들에게 속한 모든 것을 삼켜 그들이 산 채로 구덩이에 들어가게 하시면 이 사람들이 주를 격노하게 하였음을 너희가 알리라. 하니라. 그가 이 모든 말을 마치매 그들 밑의 땅이 갈라지니라. 땅이 자기 입을 벌려 그들과 그들의 집과 고라에게 속한 모든 사람과 그들의 모든 물건을 삼키매 그들과 그들에게 속한 모든 것이 산 채로 구덩이에 빠지며 땅이 그들 위에서 닫히니 그들이 회중 가운데서 멸망하니라."* (28-33절)

고라 자손의 일로 죽은 자 외에 재앙으로 죽은 자가 14,700명이나 된다(49절). 당시의 땅이 갈라져 사람들을 삼킨 사건을 어떻게 이해할 수 있는가? 그것은 지진이었다. 하나님은 때에 따라 하나님의 뜻을 이루시고자 온 세상과 만물을 통치하고 지배 주관하시는 전능하신 하나님이시다.

우리나라도 이제 지진이 자주 발생하고 있지만 여전히 지진하면 일본이 제일 먼저 떠오른다. 일본 기상청에 따르면 일본의 연평균 지진발생 횟수는 총 4,800여 차례라고 한다(규모 3이상에 한함). 이는 하루 평균 최소 13번씩은 일본 열도 어딘가에서는 지진이 발생한다는 통계다. 이스라엘 또한 지진 대에 위치하고 있다. 서남쪽의 아프리카 판과 동쪽의 아라비아 판의 지각이 대립되어 있는 단층 중간에 끼어 있는 이스라엘은 1년에 크고 작은 지진이 매년 260여 차례 이상 발생하고 있다. 일주일에 적어도 2-3차례 지진이 발생하는 수치이다.

2015년 4월 25일 네팔의 수도 카투만두에서 발생한 지진으로 최소 8,000명이 사망하고 16,000여 명이 부상당했다. 또한 그 여파로 인도에서 76명이 죽었고, 방글라데시에서는 4명이 사망했다. 지질학자들에 의하면 네팔 남쪽 국경을 따라 형성된 단층선인 인도판과 유라시아판이 서로 충돌하는 과정에서 생기는 현상, 즉 대륙붕괴현상(continental collision)이 일어나 지진이 발생한 것이라고 한다. 최근 경주지역에서 발생한 지진으로 인하여 우리나라도 더 이상 지진으로부터 안전한 나라가 아니라는 사실이 입증됐다.

스가랴 대언자는 주전 520년경인 지금부터 2500년 전에 예수님의 발이 감람산 정상에 닿는 순간 감람산이 동서 방향으로 갈라져 큰 골짜기가 생길 것이라고 예언하였다. 또한 스가랴 대언자는 예언하기를 올리브산의 절반은 북쪽으로 나머지 절반은 남쪽으로 이동할 것이라고 하였다. 이는 분명히 장차 예수님의 재림이 있을 때 지진과 같은 대격변을 말하고 있는 것이다.

"그런즉 너희가 그 산들의 골짜기로 도망하리니 이는 그 산들의 골짜기가 아살에까지 이를 것이기 때문이라. 참으로 너희가 도망하되 유다 왕 웃시야 시대에 ***지진 앞에서*** *피하여 도망한 것 같이 하리라. 또 주 내 하나님께서 임하실 것이요, 모든 성도가 너와 함께 임하리라."* (슥 14:5)

예수님께서 지상에 재림하실 때 지구상에 큰 변화가 일어난다는 사실은 이미 다른 성경구절을 참조해 볼 때 분명히 알 수 있게 된다. 이사야 35장 6–10절까지 이사야 대언자는 자연계에 발생하게 될 큰 변화에 대하여 이렇게 예언하고 있다.

"그때에 다리 저는 자는 사슴같이 뛰고 말 못하는 자의 혀는 노래하리니 광야에서 물들이 터져 나오고 사막에서 시내가 흐르며 또 바싹 마른 땅이 연못이 되고 메마른 땅이 물들의 샘이 되며 용들이 각각 누워 거하던 곳에서 풀과 갈대와 골풀이 함께 자라리라. 또 거기에 큰길이 있으리니 곧 한 길이라. 그 길은 거룩한 길이라 불리리라. 부정한 자들은 거기를 지나가지 못하겠고 그 길은 오직 구속받은 자들을 위하여 있으리라. 비록 행인들이 어리석은 자라 할지라도 그 안에서 잘못하지 아니하리라. 거기에는 사자도 없고 굶주린 짐승이 거기로 올라가지 아니하므로 거기서 그것을 만나지 아니할 것이며 오직 구속받은 자들만 거기서 걸으리로다. 주께서 속량하신 자들이 돌아오되 노래하며 시온에 이르러 자기 머리 위에 영존하는 기쁨을 두고 기쁨과 즐거움을 얻으리니 슬픔과 탄식이 사라지리로다."

이사야 41장 8절에서도 *"내가 높은 곳에 강을 내고 골짜기 한가운데 샘들을 내며 광야를 물 연못이 되게 하고 마른 땅을 물이 흐르는 샘이 되게 하리라"*라고 말하고 있다.

'구약의 복음서'로 일컫는 이사야서 마지막 끝부분에서는 궁극적으로 구원받은 주의 백성들이 들어갈 천년왕국이 세워질 때의 상황을 생동감 있게 묘사하였다.

> *"보라, 내가 새 하늘들과 새 땅을 창조하노라. 이전 것은 기억나지 아니하며 생각나지 아니하리라. 오직 너희는 내가 창조하는 것을 영원히 기뻐하며 즐거워할지니라. 보라, 내가 예루살렘을 즐거움이 되도록 창조하며 그녀의 백성을 기쁨이 되도록 창조하고 내가 예루살렘을 기뻐하며 내 백성을 기뻐하리니 슬피 우는 소리와 부르짖는 소리가 다시는 그 안에서 들리지 아니하리라. 날수가 많지 않은 어린 아기나 자기의 날들을 채우지 못한 노인이 다시는 거기에 없으리니 아이가 백 세에 죽으리라. 그러나 죄인은 백 세가 되어도 저주받은 자가 되리라. 그들이 집을 지어 거기에 거주하고 포도원을 세워 그것의 열매를 먹으리라."* (64:17-21)

그날은 정녕 모든 성도들에게 기쁜 소식의 날이 될 것이다! 이전 것은 기억나지 아니하며 생각나지 아니한다는 의미는 인생의 수고와 슬픔과 고통의 순간들은 기억 속에서 사라지며 온전한 기쁨과 만족 가운데 즐거워할 것이라는 의미일 것이다. 사탄의 어두운 세력과의 싸움이 그치고 우리의 원수 마귀는 붙들려 무저갱에 갇힘으로 다시는 열국을 시험하지 못하게 될 것이기 때문이다.

사도 요한은 계시록 20장 1–3절에서 아래와 같이 예언하였다.

"또 내가 보니 한 천사가 바닥 없는 구덩이(the bottomless pit)의 열쇠와 큰 사슬을 손에 들고 하늘로부터 내려와 마귀요 사탄인 그 용 곧 저 옛 뱀을 붙잡으니라. 그가 그를 붙잡아 천 년 동안 결박하여 바닥 없는 구덩이에 던져 넣어 가두고 그 위에 봉인을 하여 천 년이 차기까지는 그가 더 이상 민족들을 속이지 못하게 하니라. 그 뒤에는 그가 반드시 잠시 동안 풀려나리라."

인류 역사는 머지않아서 대단원의 막이 내려질 것이다. 아담이 하나님에 의해 지음 받으면서 시작된 인류의 역사는 이제 두 번째 아담이신 예수 그리스도께서 다시 오셔서 이 세상과 영적인 세계의 질서를 다시 세우실 때 죄로 인해 잃어버린 낙원의 회복이 있을 것이다.

계시록 21장 5절에서 예수 그리스도는 우리에게 이렇게 말씀하신다.

"왕좌에 앉으신 분께서 이르시되, 보라, 내가 모든 것을 새롭게 하노라, 하시고 또 내게 이르시되, 이 말들은 참되고 신실하니 기록하라, 하시며."

그래서 계시록의 저자 사도 요한은 하나님의 성령에 이끌림을 받아 천국에 올라가 이 모든 장래에 속히 될 일을 보고 마지막에 이렇게 고백하고 있다.

"이것들을 증언하신 분께서 이르시되, 내가 반드시 속히 오리라, 하시는도다. 아멘. 주 예수님이여, 과연 그와 같이 오시옵소서. 우리 주 예수 그리스도의 은혜가 너희 모두와 함께 있을지어다. 아멘." (22:20-21)

뜨인 돌이 태산을 이루다!

"그분께서는 때와 시기를 바꾸시며 왕들을 폐하시고 왕들을 세우시며 지혜로운 자에게 지혜를 주시고 명철을 아는 자들에게 지식을 주시는도다. 그분께서는 깊고 은밀한 것들을 계시하시고 어둠 속에 있는 것을 아시며 또 빛이 그분과 함께 거하는도다." (단 2: 21-22)

위의 구절에서 말하는 때와 시기는 세상의 역사와 정권과 사람에게 관계된 실제적인 시간을 말한다. 아담이 지음 받은 이후부터 지금까지 6천 년의 세계 역사는 하나님의 주권적인 섭리와 계획 아래서 움직여 왔다. 그리고 하나님은 지금도 이 세상의 모든 영역에서 주권적인 섭리로 다스리고 계신다.

1) 자연계를 다스리시는 하나님

자연계 영역에도 주님의 주권과 다스리심은 질서 있게 이루어지고 있다. 시편 104편 9절에서 말씀하시기를 바다와 땅의 경계, 즉 해수면의 높이를 하나님께서 정해 두셨다고 말씀하신다.

"주께서 경계를 정하사 물들이 넘어가지 못하게 하시며 그것들이 다시 돌아와 땅

을 덮지 못하게 하셨나이다."

2015년 11월 중순경, 우리 부부는 남해안 일대를 여행하며 휴가를 보냈다. 한국 문학의 대표적 상징이라 할 수 있는 고 박경리의 소설 「토지」의 배경이 되는 경남 하동을 방문하고, 이어서 전남 해남군 땅끝 마을도 다녀왔다. 유유히 흐르는 섬진강을 따라 드넓게 자리한 평사리 들녘이 오후의 따스한 햇살을 받아 쉬어가라고 손짓하는 듯 했지만 다음 목적지를 향해 갈 길을 재촉했다.

나와 아내는 땅끝 마을에 도착했다. 아내는 항구에 정박된 자그마한 고깃배들을 보면서 바닷물이 무척 깊어 보인다고 하며 저렇게 많은 바닷물이 넘쳐 도로로 밀려오면 어쩌나 하며 걱정을 했다. 그때 나는 목소리에 힘을 실어서 초등학교 선생님 모양으로 쓰나미 같은 자연재해가 발생하지 않는 한 아무리 큰 홍수가 나서 강과 하천이 범람하여 바다로 유입이 된다 해도 해수가 넘쳐서 육지를 덮는 일은 절대 없다고 일장 연설을 했다.

시편 74편 17절에서는 무엇이라고 말씀하는가?

"땅의 모든 경계를 정하시고 여름과 겨울을 만드셨나이다."

하나님은 바다의 수면 높이를 정해 두셔서 땅에 사는 동식물의 안전을 보장해 주고 계신다. 잠언 8장 29절에서는 더욱 분명히 말씀하신다.

"바다에게 자신의 칙령을 내리사 물들이 자신의 명령을 넘어가지 못하게 하시며."

2) 민족과 나라의 거주를 정하신 하나님

하나님은 자연계뿐만 아니라 민족과 민족의 경계도 정해주셨다. 즉, 5대양 6대주 바다와 육지의 경계를 나누셨으며 국가 간의 지리적 경계도 주님의 뜻 가운데 오래 전부터 이미 정해 두셨다는 것이다.

모세오경의 다섯 번째 책인 신명기 32장 8절에서 모세는 이렇게 말한다.

"지극히 높으신 이께서 민족들에게 그들의 상속물을 나누어 주실 때에, 그분께서 아담의 아들들을 구분한 때에 이스라엘 자손의 수에 따라 백성들의 경계를 정하셨나니 지극히 높으신 자가 열국의 기업을 주실 때, 인종을 분정하실 때에 이스라엘 자손의 수효대로 민족들의 경계를 정하셨도다."

바울 사도는 사도행전 17장 26절에서 이렇게 말한다.

"또 그분께서 사람들의 모든 민족들을 한 피로 만드사 온 지면에 거하게 하시고 미리 작정하신 때와 그들을 위한 거주의 경계를 정하셨으니."

바울이 언급한 "미리 작정하신 때와 그들을 위한 거주의 경계를 정하셨으니"의 의미는 무엇인가? 세계 역사는 하나님께서 미리 작정해 두신 때가 있다는 것이다. 하나님의 뜻은 세계 땅끝까지 흩어져 땅을 정복하고 살기를 원하셨다. 그러나 타락한 인생은 하나님의 뜻을 거역하고 자신들의 이름을 내고 도시를 세우고 바벨탑을 쌓았다. 이 모습을 하늘에서 내려다보신 하나님은 세상의 언어를 혼잡케 하셔서 인류를 땅끝으로 흩어 놓으셨다. 바벨탑 사건 이후로 인류는 바빌론의 시날 평지에서부터 온 세상으로 흩어져 살게 되었다. 그리고 세계 인류의 역사는 하나님께서 미리 작정하신 주권적인 계획에 따라 오늘날까지 진행되고 있다.

인류 역사는 주전(B.C. / Before Christ)과 주후(A.D. / Ano Domini; 라틴어로 in the year of Our Lord라는 뜻)로 나뉘는데 분수령은 인류의 희망인 예수님의 오심으로 구분되었다. 같은 맥락에서 예수 그리스도께서 다시 이 세상에 강림하시면 이 세상의 인간정부의 시대는 끝나고 하나님께서 공의로 친히 다스리시는 천년왕국(Millenium kingdom)시대가 도래할 것이다.

다니엘은 남왕국 유다의 귀족 자손으로서 주전 605년 느부갓네살왕의 유다 제1차 침입 당시 포로로 잡혀 바빌론으로 끌려갔다. 바빌론의 느브갓네살왕은 갈그미스에서 이집트의 파라오 느고를 물리치고 현재 근동지역의 패권을 차지하였다. 그는 내친김에 남유다까지 침공한 것이다. 팔레스타인은 역사적으로 양대 강국 사이에 샌드위치처럼 끼어있어 여러모로 어려움을 겪었다. 서남쪽으로는 이집트가 있으며 동북쪽으로는 시리아가 있기 때문이다.

이집트에 나일강이 있다면 시리아에는 유프라테스강이 있다. 그 사이에 있는 이스라엘은 요단강이 생명의 젖줄이 되어 대지를 적시고 있다. 물이 풍족하진 않지만 이스라엘은 양과 소를 키웠고, 이른 비와 늦은 비를 통해 곡식과 포도주를 얻었다(신 11:14). 느브갓네살왕은 그의 아버지 나보폴라사르의 뒤를 이어서 바빌론의 통치자가 되어 갈그미스 전투를 승리로 이끌었다. 그는 승리한 이후에 팔레스타인의 핵심지대인 예루살렘을 중요하게 여기고 기어코 점령하였다. 오래 전부터 고대 근동에는 유브라테스강과 나일강에 이르는 지역을 '비옥한 초승달지역'(The fertile Crescent)으로 불렀다. 예루살렘은 아프리카와 아시아 그리고 유럽을 잇는 지정학적으로 매우 중요한 땅이기에 세계의 중심은 곧 예루살렘이 된다. 이런 이유 때문에 하나님은 당신의 백성을 세계 중심의 땅인 오늘의 팔레스타인 지역에 두셨고 만민에게 하나님의 선하심을 나타내시려고 사명을 주셨으나 이스라엘 백성은 실패하고 말았다(출 19:13-9).

당시 바빌론으로 포로로 붙들려간 다니엘은 느브갓네살의 왕실에서 일하게 되는데 하나님은 온 세상의 역사의 흐름을 보여 주시려고 느브갓네살 왕으로 하여금 꿈을 꾸게 하셨고 다니엘에게는 그 꿈을 해석할 수 있는 지혜를 허락하셨다.

> *"오 왕이여, 왕이 보셨사온대, 보소서, 큰 형상이니이다. 이 큰 형상이 왕 앞에 섰는데 그것의 광채가 뛰어나며 그것의 형태가 두려웠고 이 형상의 머리는 정금이요, 그의 가슴과 두 팔은 은이요, 그의 배와 두 넓적다리는 놋이요, 그의 두 다리는 쇠요, 그의 두 발은 얼마는 쇠요, 얼마는 진흙이었나이다. 왕이 보셨는데 마침내 손을 대지 아니하고 깎아 낸 돌이 그 형상을 치되 쇠와 진흙으로 된 그의 두 발을 쳐서 그것들을 산산조각 내매 그때에 쇠와 진흙과 놋과 은과 금이 다 산산조각 나서 여름 타작마당의 겨같이 되어 바람에 쓸려갔으며 그것들의 자리가 없어졌고 그 형상을 친 돌은 큰 산이 되어 온 땅을 채웠나이다."* (단 2:31-35)

위의 구절에서 다니엘이 예언한 것처럼 형상을 친 돌이 큰 산이 되어 온 땅을 채웠다는 것은 그리스도께서 다시 오시면 온 세상을 공의로 다스리게 되실 것을 말하고 있는 것이다.

실현된 왕의 나라

느브갓네살왕의 꿈(환상)에 나타난 신상은 사람의 손으로 다듬지 않고 깎아낸 돌에 의해 산산조각이 났고 바람에 쓸려갔으며 그것들의 자리는 없어졌다. 그리고 그 형상을 쳐부순 돌은 큰 산이 되어 온 땅을 채웠다. 형상과 돌은 무엇을 상징하는 것인가? 느브갓네살왕이 꿈을 통해 보았던 신상은 일반적으로 다음과 같이 해석한다.

과거 세계 역사 속에 존재했던 머리에 해당하는 정금의 나라는 바빌론을 상징한다. 가슴과 두 팔은 은으로 되었는데 이는 메대 페르시아(바사) 제국을 상징한다. 그리고 배와 넓적다리는 놋(동)으로 만들어 졌는데 이는 페르시아 제국을 무찌른 알렉산더왕이 세운 그리스 헬라제국을 말한다. 그리고 다리는 금속 가운데 가장 재질이 강한 철로 만들어졌는데 로마제국을 상징한다. 철로 된 두 다리는 훗날 로마제국이 동로마 서로마로 분열된 것을 의미한 것으로 볼 수 있다.

바빌론을 비롯해서 로마제국까지 강력했던 과거의 5개 제국들은 이미 역사의 무대에서 사라져 갔다. 그리고 마지막 철과 흙으로 섞여 있는 두 발과 열 발가락이 상징하고 있는 나라들은 지금도 존재하고 있다. 이 나라들은 어떤 나라들인가?

이 열 발가락으로 이루어진 나라들은 로마제국의 멸망 이후 분열되어 성립된 유럽의 여러 나라들을 나타내고 있다. 그런데 말씀에 언급되어 있듯이 열 발가락의 나라들은 철과 흙으로 구성되어 있는 것이 특징이다. 철과 흙이 섞여 있는 의미는 두 가지 의미를 내포한다. 일부는 강한 나라이지만 일부는 여전히 경제적으로 약한 나라로 존재할 것이라는 것이다. 그리고 철과 흙은 서로 달라붙지 않는 속성이 있다. 현재 유럽연합(EU)에 소속된 여러 국가들이 하나가 될 듯 하지만 하나의 연합국가로 되지 않을 것이라고 성경은 말하고 있는 것이다.

현재 유럽에는 모두 45개국이 있고 유럽연합에 가입한 나라는 28개국이다. 그러나 가입국은 이해관계에 따라 계속 탈퇴를 주장하는 분리조짐이 보였다. 그리고 마침내 2016년 6월 23일 영국은 국민투표를 거쳐 유럽연합에서 탈퇴를 결정했다. '브렉시트'(Britain Exit의 합성어)로 영국의 유럽연합 탈퇴가 선언되자 전 세계 금융시장의 주가가 폭락하고 유럽 국가들은 이에 대하여 불안감을 감추지 못했다.

영국은 다른 유럽연합 회원국과 달리 섬나라 고유의 보수주의와 자본주의 두 가지에 대한 자존심을 지닌 나라다. 그리고 최근 불거진 시리아의 내전과 난민의 문제를 둘러싸고 그동안 빚었던 갈등으로 인해 결국 영국이 탈퇴를 결정하게 된 원인이 되었다. 영국이 자국의 경제적 손실을 감수하면서까지 브렉시트를 결정한 이유는 영국은 유럽 공동화폐인 유로화(EURO)로부터 자국의 독립성을 원하고 있기 때문이다. 그래서 영국은 그동안 유럽연합 체제 속에 있으면서도 자국의 화폐인 파운드화 사용을 고집했다.

하나님은 바빌론의 왕 느브갓네살의 **신상에 관한 꿈을 통하여 세계 역사의 흐름을 보여주고 계시며 오늘을 살아가는 우리들에게 과거와 현재 그리고 미래를 보여주시고 대비하게 하신 것이다.** 하나님은 인간 세계의 역사를 이미 정해 두셨다. 하나님은 다니엘을 통해 *"그분께서는 때와 시기를 바꾸시며 왕들을 폐하시고 왕들을 세우시며 지혜로운 자에게 지혜를 주시고 명철을 아는 자들에게 지식을 주시는도다"*라고 말씀하신다(단 2:21). 39절과 40절의 의미는 무엇인가? 하나님은 세계 역사 속에 존재할 사람들이 다스리는 제국들의 흥망성쇠를 미리 정해 두신 것이다.

> *"왕 이후에 왕의 왕국보다 못한 다른 왕국이 일어날 것이요, 셋째로 또 다른 놋 왕국이 온 땅을 다스릴 것이며 넷째 왕국은 쇠같이 강하리니 쇠는 모든 물건을 산산조각 내며 정복하나이다. 이 모든 것을 부수는 쇠같이 그 왕국이 모든 것을 산산조각 내고 상하게 하리이다."*

이와 관련해 장차 사라지지 않을 영원한 나라인 그리스도께서 세우실 왕국과 관련된 아주 중요한 구약의 세 개의 언약들을 살펴보고자 한다.

1) 아브라함 언약(Abrahamic covenant : 창 15:1–21)

믿음의 조상 아브라함은 바빌론의 고대 도시인 갈대아의 우르에서 태어났다. 그는 하나님의 부름을 받았을 때 하란을 떠나 갈 바를 알지 못한 채 믿음으로 순종하여 가나안으로 이주하였다. 이스라엘의 역사는 사실 아브라함 한 사람으로부터 시작된 것이다. 하나님께서 그를 소명하여 부르신 모습이 창세기 12장에 기록되었다.

하나님은 아브라함에게 조상의 땅을 떠나 하나님이 주실 땅으로 가라고 명하시면서 몇 가지 약속을 해주셨다. 아브람을 아브라함으로 개명해 주시면서 그가 창대하게 될 것이며, 큰 민족을 이룰 것과 또한 그가 많은 사람들의 복의 근원이 될 것이라는 약속, 그리고 결정적으로는 그의 씨를 통해 이 세상의 만민이 복을 받을 것이라는 약속을 3번이나 중복하여 강조하셨다. 12장 이후에도 하나님은 아브라함에게 자주 나타나셔서 약속들을 상기시켜 주셨다. 13장 13–15절, 15장 그리고 17장 7–8절이 그것이다. 그리고 아브라함이 하나님의 명령에 순종하여 믿음으로 나아가 가나안에 도착하였을 때 하나님은 아브라함에게 또 다시 나타나셔서 구체적이고도 공식적인 언약을 체결해 주셨는데 그 장면이 15장 12–17절에 기록된 아브라함의 언약이자 '피의 언약'이다.

> *"해가 질 때에* ***아브람에게 깊은 잠이 임하였고,*** *보라, 큰 어둠의 두려움이 그에게 임하였더라. 그분께서 아브람에게 이르시되, 너는 확실히 알라. 네 씨가 자기들의 소유가 아닌 땅에서 나그네가 되어 그들을 섬기겠고 그들이 사백 년 동안 네 씨를 괴롭히리라. 또한 그들이 섬길 그 민족을 내가 심판하리니 그 뒤에 그들이 큰 재물을 가지고 나오리라. 너는 평안히 네 조상들에게로 가겠고 또 충분히 나이 들어 묻힐 터이나 그들은 네 세대 만에 여기로 다시 오리니 이는 아모리 족속의 불법이 아직 충만하지 아니하기 때문이라, 하시니라.* ***해가 져서 어두울 때에 연기나는 화로가 보이며 타오르는 등불이 그 조각들 사이로 지나가니라."***

이 언약을 '아브라함 언약'이라고 부르는 데 그 언약의 성격은 '피의 언약'이다. '피의 언약'이란 고대 근동에서 서로 어떤 약속을 체결할 때에 선택하는 방법 중 하나다. 두 사람이 약속을 할 때 동물을 절반으로 쪼개어 붉은 피가 흐르는 동물 조각 사이로 지나가면서 약속을 하게 되는데 누구든 약속을 불이행할 경우는 죽음을 면치 못한다는 의미를 지닌다. 그런데 하나님과 아브라함 사이에 맺은 '피의 언약'은 하나님께서 주도적으로 그리고 자의적으로 언약을 제안하셨고 하나님 스스로 쪼개진 동물 사이로 지나가심으로써 언약을 맺어주신 것이다. *"해가 져서 어두울 때에 연기 나는 화로가 보이며 타오르는 등불이 그 조각들 사이로 지나가니라"*(17절).

"타오르는 등불이 그 조각들 사이로 지나가니라." '등불'이 쪼갠 동물의 조각들 사이로 지나갔다는 것은 하나님께서 지나갔다는 것을 뜻한다. 그런데 매우 독특한 것은 이처럼 중요한 언약을 맺고 있는 순간 아브라함은 깊은 초저녁잠에 취해 있었던 것이다.

"해가 질 때에 아브람에게 깊은 잠이 임하였고"(12절). 약속을 체결할 때 상식적으로 잠을 자는 일은 있을 수 없다. 잠을 잔다면 약속의 성립은 불가능한 것이다. 그러나 하나님은 그런 와중에도 약속을 체결하셨다. 왜일까? 그것은 하나님께서 일방적으로 아브라함에게 약속을 해주신 것이고 아브라함이 그 언약을 지키든 어기든 상관없이 하나님이 약속을 이행할 것이라는 의미인 것이다. 그렇다면 하나님께서 이행하시겠다고 하는 약속의 말씀은 무엇인가?

"바로 그 날에 주께서 아브람과 언약을 맺으며 이르시되, 내가 이 땅을 이집트의 강에서부터 저 큰 강 곧 유프라테스 강까지 네 씨에게 주노니." (18절)

이 부분은 매우 중요하기 때문에 잘 살펴보아야 할 필요가 있다. 장차 이스라엘의 영토의 범위가 언급되었기 때문이다. 남으로는 이집트에서 시작하여 동쪽으로는 유프라테스강이 흐르는 곳, 즉 이라크까지다. 그러나 과거 이스라엘의 역사 속에서 이스라엘은 단 한 번도 이집트에서 이라크까지 드넓은 영토를 차지해본 적이 없다. 오히려 이집트에서 430년간 종살이를 지낸 적이 있을 뿐이다(창 15:13-14).

그러므로 이 언약을 이해함에 있어서는 언제 이 약속이 실제로 이뤄지게 될 것인가라는 성취 시기가 관건이다. 이 언약은 아직 성취되지 않았기에 분명히 미래에 이스라엘 역사 속에 성취될 것이다. 필자는 이 언약이 장차 예수 그리스도께서 다시 이 세상에 오셔서 천년왕국을 세우실 때 이스라엘의 영토는 남으로는 이집트로부터 동쪽의 유브라테스강이 흐르는 이라크까지 넓은 영토가 주어질 것이라고 믿는다.

2) 다윗 언약(Davidic covenant : 삼하 7:12–16)

구약 사무엘하서에는 이름하여 '다윗 언약'이 있다. 하나님께서 다윗과 체결하신 언약이다. 창세기 12장에서 하나님은 아브라함을 선택하셔서 주도적으로 그를 축복하시겠다는 약속을 주셨듯이(참고 15:9-21) 하나님은 다윗에게 나타나셔서 무조건적이고 주도적인 언약을 체결하신다(삼하 7:12-16).

"네 날들이 차서 네가 네 조상들과 함께 잘 때에 내가 네 배 속에서 나올 자 곧 네 뒤를 이을 네 씨를 세우고 그의 왕국을 굳게 세우리니 그는 내 이름을 위해 집을 건축할 것이요, 나는 그의 왕국의 왕좌를 영원토록 굳게 세우리라. 나는 그의 아버지가 되고 그는 내 아들이 되리니 만일 그가 불법을 행하면 내가 사람들의 막대기와 사람들의 자녀들의 채찍으로 그에게 벌을 주리라. 그러나 내가 네 앞에서 물리친 사울에게서 내 긍휼을 빼앗은 것 같이 그에게서 그것을 빼앗지는 아니하리라. 네 집과 네 왕국이 네 앞에서 영원히 굳게 서고 네 왕좌가 영원히 굳게 서리라, 하라."

다윗 언약의 요점은 이것이다. 다윗 집안에 하나님께서 세워주신 왕좌가 영원히 굳게 설 것이라는 약속이다. 그러나 세계 역사나 구약성경을 읽어본 사람은 상식적으로 알 수 있듯이 이스라엘은 남북으로 분열된 이후에 앗수르와 바빌론에 의해 멸망하였다. 다윗의 아들 솔로몬은 말년에 우상을 섬기고 하나님을 경외하지 않았으며 또한 선정을 베풀지 못함으로 인하여 결국 그의 아들 르호보암 대에 이르러서는 나라가 남북으로 갈라져서 다윗 왕국은 3대 만에 두 쪽 나고 말았다.

남왕국 유다는 유다 지파와 베냐민 두 지파가 예루살렘을 중심으로 세웠고 북왕국 이스라엘은 사마리아를 수도로 10지파가 연합하여 세웠다. 그리고 최후에는 북왕국 이스라엘은 앗수르에 의해 주전 722년에 멸망하였고 남왕국 유다는 주전 586년에 바빌론에 의해 포로가 되어버림으로 남북 왕조가 사실상 몰락하여 끝이 났다. 그런데 하나님께서 다윗에게 주신 언약에 *"네 집과 네 왕국이 네 앞에서 영원히 굳게 서고 네 왕좌가 영원히 굳게 서리라"*는 말씀은 앞뒤가 안 맞는 것처럼 보인다. 하나님이 약속을 변개하신 것일까?

그러나 하나님이 다윗에게 주신 언약은 먼 훗날 신약시대에 유다 지파에 속한 다윗의 자손인 예수 그리스도께서 오셔서 이스라엘 왕국을 회복하여 다시 세우심으로써 그 왕좌를 영원히 굳게 세우시고 통치하실 것을 약속하신 것이다. 그러므로 아브라함에게 주셨던 땅에 대한 약속과 다윗의 언약은 아직도 진행중이다. 예수님께서 다시 오시면 가시적으로 볼 수 있게 그리고 실제로 예루살렘에 다윗의 보좌를 베푸시고 그 위에 앉으셔서 통치하시게 될 것이다. ✣ 세번 째 '시내산 언약'은 291쪽에 이어짐

다니엘의 '70이레'

이사야서가 '구약의 복음서'로 알려져 있듯 다니엘서는 '구약의 계시록'으로 불린다. 다니엘서와 계시록은 떼어놓을 수 없을 만큼 서로 밀접하게 연관된 예언서이다. 구약의 대부분의 예언들은 이미 신약시대에 성취되었다. 다니엘의 '70이레'는 신구약성경이 다루고 있는 말세론에 있어서 가장 중요한 부분 중에 하나를 차지하고 있다. 그래서 다니엘의 '칠십 이레'를 빼놓고서는 종말을 논할 수 없다. 비록 다니엘의 '칠십 이레'를 이해함이 매우 어렵고 복잡한 문제이긴 하지만 성도들이 '칠십 이레'를 정확하고 바르게 이해할 때 올바른 종말론적 세계관을 가지게 될 것이다. 나아가서 왕 되신 예수 그리스도의 다시 오심을 사모하여 말세를 준비하는 삶을 살게 될 것이라고 믿는다.

구약의 이스라엘의 포로기 시대를 전후로 바빌론 제국의 몰락과 아울러 등장하는 메대와 바사 그리고 페르시아의 제국의 등장까지 실제적인 시간 연대를 산출하는데 있어서 다소 오해의 요소가 다분하다. 그 이유는 제국들의 몰락과 등장으로 인해서 강력한 통치자들의 동일한 이름이 언급되고 있는데 (예를 들면, 아하수에로나 다리오 같은 이름) 이 이름들이 개인적인 이름이 아니라 로마의 카이사나 이집트의 파라오 같이 당시 제국들의 통치자를 뜻하는 공적인 호칭들이었기 때문이다. 에스라서와 느헤미야서 그리고 에스더서에 나오는 왕의 호칭을 살펴보면 각기 다른 세대로 언급되어 역대기의 시간적인 구별이 쉽지 않다. 그런 이유 때문에 구약 연대기의 시간 계산에 혼돈이 발생하게 되고 다니엘의 70이레를 말세에 성취되어질 70번째 이레의 정확한 시간 산출에도 서로 다른 견해가 발생할 수도 있다. 이 점을 유념하여 보수주의 신학자들과 견해를 같이하는 필자가 확신하는 바를 정리해 보았다. 다니엘의 예언 가운데 가장 중요한 초점은 단연 9장 24절부터 27절까지 언급된 '칠십 이레'(70weeks)다. 알바 맥클레인(Alva J. Mcclain) 박사는 「다니엘의 칠십 이레」(생명의말씀사 역간)에서 '칠십 이레'가 차지하는 중요성을 세 가지 측면에서 다음과 같이 정리했다.

첫째, "칠십 이레 예언은 성경의 진리를 입증해 주는 것으로서 무한한 증거적 가치를 지니고 있다." 왜냐하면 칠십 이레 중에서 처음 첫 이레에서부터 69번째 이레까지 관계된 예언은 이미 정확히 성취되었기 때문에 마지막 70번째 이레 역시 틀림없이 성취될 것이기 때문이다.

둘째, "이 대예언은 예언에 대한 모든 자연주의적 이론들을 분쇄해 버린 견고한 반석이다." 성경을 자유스럽게 비평하는 사람들은 다니엘의 저작권을 부인하고 있으며 다니엘의 '예언적인 예언'(predictive prophecy)을 인정하지 않거나 다니엘서의 "예언적 요소"를 부정해 왔다. 그럼에도 불구하고 다니엘 9장의 '칠십 이레' 예언은 장차 그리스도께서 다시 오실 때 이스라엘의 '왕'으로 나타나실 것을 명확하게 예언하고 있음을 가르쳐 주고 있다.

셋째, "그 중요성에 관련해 볼 때 칠십 이레의 예언 속에서 신약에 나타난 모든 예언에 절대 필요한 연대적 열쇠를 찾게 된다는 것이 본 저자의 확신이다." 다니엘이 언급한 '칠십 이레' 예언은 신약의 복음서 저자들이 언급한 말세의 환난의 때와 명확하게 일치하고 있음을 발견하게 될 것이라고 믿는다(단 9:27; 마 24:15-22; 막 13:14-20).

다니엘서에서 가장 중요하게 다루고 있는 예언들은 2장의 느브갓네살왕이 본 신상에 대한 것과 9장에서 언급된 칠십 이레 예언이다. 2장의 느브갓네살왕이 꿈에서 본 신상은 지나온 세계 역사의 흐름을 말해주고 있다면 9장에서 하나님께서 다니엘에게 알려 주신 칠십 이레의 예언은 세계 역사가 앞으로 어떻게 종결될 것인지를 보여주고 있다. 먼저 '70이레'와 관련된 용어들이나 의미들을 알면 칠십 이레 전체를 이해하는데 도움이 되리라 생각한다. 칠십 이레에 대하여 중요한 의미들을 간략하게 정리하면 다음과 같다.

1) 칠십 이레 예언은 '네 백성', 즉 세상 이방나라가 아닌 이스라엘 백성과 예루살렘을 지칭하는 '거룩한 도시'와 연관된 것이다(9:24).
2) 칠십 이레의 전 기간의 시작은 무너진 예루살렘 성을 중건하라는 명령

이 반포될 때 시작될 것으로 정해져 있다(25절).

3) 칠십 이레에 언급된 서로 다른 인물이 등장하는데 첫째는 메시아(25절)이신 예수 그리스도이시고, 둘째는 '장차 임할 통치자'로 로마의 디도(티투스) 장군을 말하며 궁극적으로는 적그리스도를 지칭한다.

4) 칠십 이레는 모두 '세 가지'로 나뉘어져 구분되고 있다. '처음 일곱 이레'(7weeks)와 '육십이 이레'(62weeks) 그리고 마지막 '한 이레'(One week)로 해서 총 70이레이다.

5) 일곱 이레와 육십이 이레(총 69주; 69weeks)가 다 지나가면 메시아가 이스라엘의 '왕'으로 나타나실 것이다.

6) 뿐만 아니라 69이레가 지나고 나면 메시아이신 예수 그리스도가 죽임당할 것이며 예루살렘은 장차 올 또 다른 '왕'의 백성에 의해 다시 훼파될 것이다(26절).

7) 우리가 살고 있는 오늘 이 시대는 69이레와 70이레 사이를 살고 있는 것이다. 다시 말하면 69이레는 이미 지나갔으나 마지막 70이레는 연속적으로 이루어져 온 것이 아니라 69이레 이후 잠시 멈춰 있는 상태에 있다(69이레와 70이레 사이의 공백 기간 중).

8) 위에서 언급된 두 가지 중요한 사건이 있은 후에 마지막으로 칠십 이레가 시작되는데 70이레의 시작은 '굳은 언약', 즉 장차 올 왕과 유대 민족 간에 '한 이레' 동안의 맹약을 굳게 하는 것을 특징으로 하고 있다(27절). 부언하면, 마지막 70번째 이레 기간 중에 적그리스도가 이스라엘과 평화조약을 맺게 될 것을 언급한 것이다.

9) 그리고 마지막 70이레의 '절반'(3년 반; 42개월)에 장차 올 왕은 이 '맹약'

을 깨고 갑자기 유대인의 제사와 예물을 금지시킨 후 나머지 절반인 3년 반 동안 진노와 황폐의 기간을 이스라엘 백성에게 쏟아 부을 것이다(27절). 이때를 가리켜 사도 요한은 요한계시록에서는 '대환난'(The great tribulation)이라고 부르고 있다.

10) 칠십 이레의 전 기간이 완전히 끝나면 이스라엘 백성에게 전무후무한 놀라운 축복의 시대가 시작될 것이다(24절).

69이레와 메시아의 출현

칠십 이레의 한 '이레'는 얼마의 시간을 의미하는 것인가? '이레'라는 단어는 히브리어로 '솨부아'(שבוע, Shabua)라고 부르는데 문자적인 의미는 '일곱'이란 뜻이다. 그러므로 70이레(70weeks)를 문자적으로 나타낸다면 '칠십의 칠'로서 70 × 7, 즉 490년이라는 의미가 되는 것이다.

칠십 이레를 공부하면서 기억해야 할 것은, 그 시작(카운트다운)은 "예루살렘 성을 중건하라는 영이 날 때"부터이며 메시아가 이스라엘의 '왕'으로 오시고 69개의 이레가 지나간다는(끝이 날 것) 사실이다. 그렇다면 그 시작과 종료 시점을 알아냄으로써 다니엘의 성경 예언이 역사와 어떻게 일치하고 있는지를 살펴보겠다. 일반적으로 성경해석가들의 일치된 견해는 이미 69이레는 역사 속에서 성취되어 끝마쳤다는 것을 인정하고 있다.

'이레'가 말하는 시간은 4가지로 볼 수 있다.

- 날(Day)로 보는 관점
- 주(Week)로 보는 관점

- 월(Month)로 보는 관점
- 년(Year)으로 보는 관점

이상과 같이 한 '이레'를 보는 4가지 관점이 있다. 다니엘 9장 24절에서 *"주께서 네 백성과 네 거룩한 도시에게 '칠십 이레'를 정하셨나니"*라고 언급한 '칠십 이레'(Seventy weeks)의 이레는 시간적으로 얼마나 되는지는 문맥과 다른 성경 구절들을 참조해서 그 시간의 길이와 의미를 알아낼 수가 있다.

유대인들의 성력(聖曆)에서 사용된 '이레'는 시간의 길이를 나타낼 때 날이나 주 또는 월이 아니라 년수(年數)를 나타내는 '일곱'으로 사용된 적이 있었다는 사실이다. 예를 들면, 레위기 25장 3–5절에서 유대인들은 6년 동안에는 마음대로 밭을 갈고 파종하며 농사를 지었지만 제 7년째에는 땅도 안식하도록 해야 했다.

> *"너는 육 년 동안 네 밭에 씨를 뿌리며 육 년 동안 네 포도원을 가꾸어 그것의 열매를 거둘 것이나 일곱 째 해에는 안식하는 안식이 그 땅에 있게 할지니 곧 주께 대한 안식이라. 너는 네 밭에 씨를 뿌리거나 네 포도원을 가꾸지 말며 네 수확물 가운데 저절로 난 것을 거두지 말고 손질하지 아니한 포도나무의 포도를 거두지 말라. 그 해는 그 땅의 안식년이니라."*

그러므로 다니엘이 말하고 있는 70이레는 년(year)으로 언급하였는데 70 × 7년의 시간으로 모두 490년의 실제적인 시간을 의미하고 있음을 알아야 한다. 뿐만 아니라 다니엘은 바빌론에 포로로 잡혀가 살고 있는 상태에 있었기 때문에 바빌론 유수는 이스라엘 민족이 하나님이 명하신 율법을 순종하지 않아 발생한 하나님의 심판이었음을 누구보다 더 잘 알고 있던 사람이었다.

> *"이로써 예레미야의 입으로 하신 주의 말씀이 성취되어 마침내 그 땅이 자기의 안식을 누렸으니 칠십 년을 성취하기 위해 그 땅이 황폐한 동안 안식을 지켰더라."* (대하 36:21)

그러므로 이스라엘이 토지를 쉬지 않고 경작한 것에 대한 하나님의 심판은 490일이 아닌 70년인 것처럼 '70이레'의 매 이레는 7년을 의미하는 것이 되기 때문에 그러므로 70이레는 490년의 긴 기간이 되는 것이다(단 10:14, *"이제 내가 너로 하여금 마지막 날들에 네 백성에게 일어날 일을 깨닫게 하려고 왔거니와 그 환상은* ***많은 날 뒤에 있을 일이니라****"*).

앞서서 언급한 70이레의 예언에 일곱을 뜻하는 히브리어 단어 '솨부아'는 다니엘 10장 2–3절에 한 번 더 등장한다. *"**세 이레** 동안을 온전히 애곡하며 **세 이레를 다 채우기까지** 좋은 빵을 먹지 아니하고 고기와 포도즙을 입에 대지 아니하며 몸에 전혀 기름을 바르지 아니하니라."*

그러나 위의 구절에 사용된 이레는 년(year)이 아니라는 것이 분명하다. 왜냐면 다니엘이 '21년'을 금식할 수는 없기 때문이다. 만일 다니엘이 9장에서 언급한 바 있는 칠십 이레가 70일로 이루어진 것이라고 이해해 주길 다니엘이 바랐다고 할 것 같으면 10장에서 동일한 표현과 형식을 사용하지 않겠는가? 이에 대한 상식적이고 명쾌한 대답은 다니엘은 유대인이면 다 알 수 있는 관습적 어법인 년 수의 '이레'를 언급할 때만 '솨부아'를 사용했다는 점이다. 그러나 10장에서 '세 이레' 동안의 금식을 말할 때는 그것을 9장에 나오는 년 수의 '이레'와 구분하기 위해서 '날 수의 이레'로 명확하게 구분하여 사용했다. 그러므로 만일 다니엘 9장에서 언급한 '이레'가 날들을 의미하는 것이라면 10장에서 히브리어를 바꿔서 사용해야 할 하등의 이유가 없었을 것이다. 그러므로 9장에서 언급한 이레는 년 수로 계산해야 한다.

만일 그것을 날 수로 계산한다면 종말론적 예언으로서는 성립이 될 수 없는 것이다. 그럼에도 불구하고 적지 않은 성경학자들이나 목사들은 다니엘이 예언하고 있는 70이레의 숫자가 의미하는 시간을 상징적으로 해석하고 있다. 예를 들면 유도순 목사는 구속사적 개념으로 성경을 해석하고 적용하는 탁월함이 있지만 다니엘의 칠십 이레를 다음과 같이 보고 있다. "70이라는 숫자는, 완전수 7에다 만수(滿數)인 10을 곱한(7 × 10) 상징적인 숫자로 보아야 합니다. 이는 주님께서 베드로에게, "일곱 번씩 일흔 번까지 용서하라" 하신 그런 의미와 같다고 할 수가 있습니다"(유도순, 「구속사의 관점에서 본 신구약 파노라마」 머릿돌출판사 간).

물론 예수 그리스도의 재림의 때와 기한은 성부 하나님께서 자신의 권한에 두신 일이지만 하나님은 시기와 때를 분별할 수 있는 '힌트'를 우리에게 주셨다고 믿는다. 다니엘의 70이레는 하나님이 인간과 '숫자놀이'를 하고 계신 것이 아니다. 하나님은 앞으로 될 일을 정확하게 보여주시고자 그같이 표현한 것이다. 그러므로 70이레의 기한은 문자적으로 믿고 해석할 때 정확하게 말세의 때와 징조가 올바르게 해석되고 적용될 수가 있다.

70이레가 년 수로 이루어진 것이라면 당시 성경의 1년은 몇 날인가? 현재 우리가 사용하는 달력은 1년을 365일로 사용하고 있다. 그러나 이것은 정확한 것이 아니어서 매 4년이 지날 때마다 하루가 모자라게 된다. 이때를 가리켜 윤년(a leap year 또는 a defective year)이라고 부른다.

그러므로 70이레의 기간을 오차 없이 정확하게 산정하려면 성경 당시는 1년을 며칠로 계산하고 있는지 참조해야 할 필요가 있다. 성경에서는 1년을 360일, 즉 30일씩 균등하게 나누어 12달로 구분해 두었음을 발견할 수 있다. 노아의 홍수 기록을 참조하면 된다. 노아 시대의 대홍수는 2월 17일에 시작해서(창 7:11) 7월 17일에 그쳤다(8:4). 이 기간은 정확히 5개월이고 7장 24절과 8장 3절을 참조하면 '일백 오십일'이라고 말하고 있다. 따라서 성경에서 언급된 1년은 12개월 30일씩 균등하여 360일로 된다.

성경에서 1년을 360일로 보았다는 또 다른 증거는 성경의 예언적인 측면에서 보았을 때 그러하다. 다니엘 9장 27절에서 언급한바 있는 유대인들이 받을 박해 기간을 계산하는 방법이다.

> *"그가 많은 사람과 한 이레 동안 언약을 확정하리니 그가 그* ***이레의 한중간에*** *희생물과 봉헌물을 그치게 하며 또 가증한 것들로 뒤덮기 위하여 심지어* ***완전히 끝날 때까지*** *그것을 황폐하게 할 것이요, 작정된 그것이 그 황폐한 곳에 쏟아지리라, 하니라."*

장차 유대인들이 적그리스도에게 받게 될 박해는 칠십 이레의 '한 중간에' 시작해서 그 이레의 '완전히 끝날까지'(종말까지) 계속되기 때문에 그 기간은 분명히 3년 반이 된다. 다니엘 7장 24-25절에서는 역시 '한 왕'과 '동일한 박해'에 대해서 언급하고 있는데 그 기간을 '한 때'와 '두 때'와 '반 때' 모두 합하면 '세 때 반'(3년 반)으로 일관되게 언급하고 있다.

요한계시록 13장 13-14절을 보면 적그리스도에게서 받게 될 핍박을 42개월이라고 언급했는데 이는 다니엘 7장 25절의 '세 때 반'과 동일한 시간임을 알 수 있다. 또한 12장 6절에서는 이 기간을 날로 계산하여 1,260일로 기록해 두었는데 모두 같은 시간의 분량이 되는 것이다. 그러므로 다니엘이 예언한 70이레의 예언에 언급된 1년의 길이는 성경에서 360일로 언급하고 있음을 알아야 한다. 그렇다면 70이레의 시작과 끝은 정확하게 언제였는가? 먼저 앞서 언급한 내용들을 간단하게 중간 정리를 해보자.

다니엘 9장의 '칠십 이레'는 년을 의미하기에 모두 490년이라는 시간의 분량이며 매 년은 360일로 구성되어 있다는 것을 언급했다. 그러면 이제 70이레가 시작된 시점은 실제적으로 그리고 역사적으로 어느 때였었는지를 알아보자. 다니엘의 70이레가 상징이 아니라는 사실은 다니엘이 정확하게 70이레의 첫 번째 이레가 시작되고 있던 시기를 구체적으로 명시하고 있다는 것을 결코 간과하지 말아야 한다.

> *"그러므로 알고 깨달을지니라. 예루살렘을 회복하고 건축하라는 명령이 나가는 때로부터 통치자 메시아에 이르기까지 일곱 이레와 육십이 이레가 있으리니 심지어 곤란한 때에 거리와 성벽이 다시 건축될 것이며."* (9:25)

그러니까 이곳에서 언급한 '예루살렘을 회복하고 건축하라는 명령'이 언제 누구에 의해서 내려졌는가를 찾아내면 된다. 그것은 느헤미야 1장 1–4절 그리고 2장 1–8절을 면밀히 관찰하면 다음의 몇 가지 사실을 밝혀 낼 수 있게 된다.

당시 느헤미야는 아닥사스다왕의 술관원으로서 왕의 생명을 지키고 보호하는 경호실장의 임무에 해당하는 직책을 가지고 있었다. 느헤미야는 왕 앞에 나아가 예루살렘의 성벽이 무너지고 성문이 불 타 버려진 참담한 상황을 보고할 수 있는 기회가 있었다. 그리고 왕에게 예루살렘으로 돌아가 성벽과 성문을 재건할 수 있도록 청원하였다(2:5). 하나님은 왕의 마음을 감동하여 마침내 느헤미야로 하여금 고국으로 돌아가 예루살렘을 회복하고 건축할 수 있는 기회를 허락하였다(8절).

이때의 시기를 2장 1절에서는 아닥사스다왕 이십 년 니산월이라고 기록하고 있다. 〈브리태니커 세계백과대사전〉에서는 아닥사스다왕의 즉위 년대를 주전 465년으로 기록하고 있는데 그가 왕위에 오른지 20년째 되는 해는 주전 445년이 된다. 드디어 해답의 실마리가 보인다. (복잡한 이 숫자 계산을 읽고 계시는 독자들은 조금만 더 인내하시라!)

아닥사스다왕이 느헤미야에게 예루살렘에 돌아가 무너진 성벽을 건축해도 좋다는 명령을 내린 것은 주전 445년이다. 니산월이라고 언급했으니(일반적으로 고대 사회에선) 그달의 첫날로 보면 될 것이다. 오늘의 우리 달력으로 다시 계산하면 다니엘의 70이레가 시작된 것은 주전 445년 3월 14일이 된다! 이제 70이레 중에서 마지막 69번째 이레는 언제 끝났으며 그날에는 어떤 일이 있어났는가에 대해서 살펴보자.

69이레가 끝난 시기를 알아내기 위해서는 69이레를 일수로 환산해야 한다. 69이레는 7년으로 되어 있으며 360일을 1년으로 보았을 때 다음과 같은 등식이 성립된다.

69이레 × 7년 × 360일 = 173,880일

이는 정확하게 483년의 시간으로 490년에서 7년이 모자라는 69이레의 시간이 된다. 173,880일을 오늘날 우리가 사용하는 역법에 대입해서 일수를 계산하면 다음과 같다. 주전 445년부터 주후 32년은 모두 476년이다(단, 주전과 주후는 2년이 아닌 1년으로 계산해야 한다).

476년 × 365일 = 173,740일

여기에 116일의 윤년이 더해진다. 그리고 4세기가 지났으니 3일을 감해야 한다. 왜냐면 476을 4로 나누면 윤년은 이 기간 동안 모두 119회가 있기 때문이다. 그러나 400으로 나누어 질 수 없으면 한 세기가 되는 해는 윤년이 되는 해가 아니다. 476년 기간 중에는 네 번의 세기가 들어 있기 때문에 네 번 중 한 해 만이 진짜 윤년이 되기 때문에 윤년이 되는 해의 일수를 정확히 계산해 내려면 119에서 3일을 빼내야 한다. 그리고 3월 14일부터 4월 6일까지는 모두 24일(첫날과 끝 날을 포함해서)이 되기 때문에 173,740일에 116일과 24일을 더하면 합계는 모두 173,880일이 되는 것이다.

다니엘이 예언한 특정한 일자에 대하여 예수님은 어떤 반응을 보이셨는지 살펴보자. 정확하게 다니엘에게 알려주신 메시아의 죽음에 대한 예언을 틀림없이 성취하실 하나님이신 예수 그리스도가 그 시각이 다가올 때에 어떻게 행동하셨는지를 확인해보자.

누가복음 19장 28–44절을 보면 다니엘의 예언은 정확하게 이루어지고 있었음을 알 수 있다. 예수님은 다니엘의 예언은 물론 스가랴 선지자가 예언한(슥 9장 9절) 말씀에 반응하셔서 예루살렘에 입성하실 때가 임박해 왔음을 아셨고 제자들을 보내어 나귀 새끼를 끌어 오라고 하셨다(30-34절).

뿐만 아니라 예수님께서 어린 나귀를 타고 예루살렘 성으로 들어가실 때 제자들의 큰 무리가 외친 함성은 시편 118편 22–26절의 구절을 인용하여 *"찬송하리로다 주의 이름으로 오시는 왕이여, 하늘에는 평화요 가장 높은 곳에는 영광이로다"*(눅 19:38)라고 왕의 오심을 선포하고 환호하게 된 것이다. 그리고 또 하나 주목해 보아야 할 것은 예수님은 제자들에게 자신이 메시아로 오심을 알리지 말고 비밀에 붙여 두셨지만 이날만큼은 예외였다. 많은 무리들이 예수님을 메시아로 환호하고 받아들이자 바리새인들이 예수님께 제안하여 이르기를 *"당신의 제자들을 꾸짖으소서"*라고 할 때 예수님은 40절에서 이렇게 말씀하고 있다. *"내가 너희에게 이르노니 만일 이 사람들이 잠잠하면 돌들이 즉시 소리를 지르리라."*

예수님은 자신의 신분에 대해서 지금까지는 비밀에 붙여두셨으나 이제는 공개적으로 말씀하신 것이다. 좀 더 세밀하게 주의를 기울여 보아야 할 구절은 42절이다.

> *"이르시되, 적어도 이 날 즉 네 날에만이라도 너 곧 네가 네 화평에 속한 일들을 알았더라면 얼마나 좋았으리요 그러나 지금 그 일들이 네 눈에 숨겨졌도다."*

*"적어도 이 날 즉 네 날에만이라도 … 네가 화평에 속한 일들을 알았더라면 얼마나 좋았으리요"*라고 말씀하시면서 주님은 슬퍼하셨다. 주께서 언급하신 '이날'은 과연 어떤 날인가? 바로 주전 600년경에 다니엘을 통하여 메시아가 왕으로 출현할 것을 언급해 둔 하나님의 묵시의 날, 173,880번째 바로 그날이다. '화평에 속한 일들'이란 바로 대언자 다니엘을 통하여 예언으로 기록해 두신 바로 그 축복의 날을 말하고 있는 것이다.

> *"주께서 네 백성과 네 거룩한 도시에게 칠십 이레를 정하셨나니 이것은 범법을 그치고 죄들을 끝내며 불법에 대하여 화해를 이루고 영존하는 의를 가져오며 환상과 대언을 봉인하고 또 지극히 거룩하신 이에게 기름을 붓고자 함이라."*
>
> (단 9:24)

그럼에도 불구하고 이 모든 축복과 영광스런 날이 이스라엘 백성의 일부 사람들에게는 숨겨지게 된 것이다. 왜? 저들의 불신과 교만함 때문이다. 그러므로 다니엘이 예언한 처음의 일곱 이레와 육십이 이레, 모두 69이레인 173,880일은 이 땅에 예수 그리스도께서 오셔서 죽임 당하실 때 이미 지나가 버렸고 예언은 정확하게 성취된 것이다.

다니엘의 70이레 중에서 69이레가 성취되었다는 것은 다니엘을 통해 하나님께서 예언의 계시로 주신 말씀은 정확성이 증명되고 있으며 나머지 마지막 70번째 이레인 7년도 때가 되면 분명히 성취될 것이라는 것을 말씀하고 있는 것이다.

> *"내가 처음부터 결말을 밝히 알리며 아직 이루지 아니한 일들을 옛적부터 밝히 알리고 이르기를, 나의 계획이 설 터이니 내가 나의 기뻐하는 일을 모두 이루리라, 하였노라."* (사 46:10)

하나님은 침묵의 하나님이 아니라 은밀한 일들을 알려 주시는 전능하신 하나님이시다(단 2:22). 전지하시고 강하고 자비하신 하나님을 높여드리고 찬양과 감사를 드리며 다시 오실 부활하신 주님을 고대한다.

이스라엘 국기에 담긴 비밀!

아브라함과 다윗의 언약과 관련된 문제로서 잠시 이스라엘 국기를 소개하고자 한다. 이스라엘 남왕국 유다가 주전 586년에 멸망한 이후 이스라엘이 한 국가로 정식 독립하여 출범한 것이 1948년이니 이스라엘은 무려 2530년 이상 '디아스포라', 즉 세계 여러 곳에 흩어진 민족공동체로 지내오다가 나라를 회복하게 되었다. 이스라엘은 1948년 10월 28일 독립한 이후 정식으로 국기를 만들었다.

▶이스라엘 국기

이스라엘 국기는 독특한 모양으로 구성되어 있다. 위와 아래로 파란색의 가로 줄무늬가 있고 가운데는 육각형의 별이 새겨져 있다. 국기는 흰색과 파란색 두 가지 색만 사용하고 있는데 육각 별 문양은 이스라엘의 역사와 긍지가 담겨있다. 이 문양은 1354년에 처음으로 유대인의 상징으로 사용되다가 시온주의운동의 깃발을 모델로 하여 1897년 바젤에서 개최된 제1회 시온주의자 회의에서 채택되었고, 독립 이후 곧바로 1948년 11월 12일 정식으로 제정되었다. 국기의 육각 별 문양은 이스라엘 최고의 번성기를 이끈 다윗왕의 방패를 상징하고 있다.

'다윗왕의 방패'라는 뜻을 지닌 히브리어 '마겐다비드'(םןדויד, Magen David)에서 비롯된 것으로 유대인과 그리고 유대교를 상징하는 표식이다. 다윗왕의 아들 솔로몬왕이 다윗의 별을 유대 왕의 문장으로 삼았다고 전해지며, 때문에 다윗의 별은 오늘날 이스라엘 국기에 조상들의 정신을 기리기 위해서 그려져 있는 것이다. 물론 다윗의 별은 정삼각형 두 개를 포개놓은 것인데 '헥사그램'(hexagram)이라고도 부른다.

유대교에서 헥사그램을 다루고 있는 최초의 문헌은 6세기에 쓰인 '탈무드'다. 탈무드에서는 밧세바의 아들인 솔로몬왕이 이 헥사그램을 가지고 귀신을 내쫓고 천사를 불렀다고 한다(A.D. 930년). 이후로 사람들은 헥사그램에 악마를 쫓아내는 특별한 힘이 있다고 믿게 되었다고 한다. 이러한 미신적이고 주술적인 생각들을 유대인들보다는 오히려 기독교인과 아랍인들이 더 많이 가지고 있다. 7세기 비잔틴 시대에 사용된 부적을 포함해서 그 이후의 아랍권과 기독교권에서도 헥사그램이 광범위하게 사용되기 시작했다.

또 하나 알고 지나가야 할 것은 다윗의 별이 뉴에이지의 심볼로 이용되고 있다는 사실이다. 그 이유는 단순히 그 모양 때문이다. 겹쳐진 2개의 삼각형을 위와 아래가 하나, 즉 하나님과 인간이 같다는 뜻으로 해석하기 때문이다. 또한 두 개의 겹쳐진 삼각형을 삼위일체의 하나님과 사탄의 삼위일체(사탄 + 적그리스도 + 거짓선지자)가 충돌하는 것으로 해석하기 때문에 뉴에이지 운동가들은 아이러니 하게도 다윗의 별을 자신들의 상징으로 사용하고 있다. 어쨌든 다윗의 별은 다윗을 상징하는 것 그 이상도 그 이하도 아닌 것으로 받아들이는 것이 바람직하다. 거기에 성경적 의미나 해석 또는 영적인 의미를 부여하거나 나아가서 주술적인 의미를 더하지 말아야 한다.

다윗의 별은 그렇다 치고 국기 바탕의 위아래 파란 색 두 줄의 의미는 무엇인가? 이것이 매우 중요한 의미를 지니고 있다. 유대인들에게 물으면 이 두 줄은 자신들의 조상이 이집트를 떠나올 때 하나님께서 베풀어주신 홍해가 갈라진 기적을 상징한다고 말한다. 그러나 실상은 듣기 좋게 둘러대는 표현일 뿐이다. 이 파란색의 두 줄은 사실 유프라테스강과 나일강을 의미하고 있다. 즉, 하나님께서 창세기 15장에서 아브라함에게 피로 맺어주신 언약에서 언급한 토지의 영역을 말해준 두 강물을 가리키고 있는 것이다.

저들이 그렇게 둘러대는 이유는 중동의 이집트와 이라크인들의 신경을 건드리지 않기 위한 '우문현답'(愚問賢答)이라고 할 수 있다. 그러니까 유대인들은 1948년 뒤늦게 독립하여 아브라함과 이삭과 야곱이 살던 유대 땅이자 다윗의 성읍인 예루살렘을 차지하긴 했어도 하나님이 약속해주신 드넓은 땅을 실제적으로 차지하지 못했기 때문에 아직까지도 그 언약을 기억하고자 국기에 새겨 넣은 것이다. 마치 우리나라의 애국가에 "동해물과 백두산이 마르고 닳도록 하느님(하나님)이 보우하사 우리나라 만세"라는 가사처럼 이스라엘 사람들이 자손 대대로 기억하기를 염원하는 마음을 나타낸 저들의 지혜인 것이다.

이에 대하여 하나님은 바울 사도를 통하여 고린도전서 15장 24절에서 이렇게 말씀하셨다.

"그때에 끝이 오리니 곧 그분께서 모든 치리와 모든 권세와 권능을 물리치시고 왕국을 하나님 곧 아버지께 넘겨 드리실 때라."

이제 세 번째 언약을 살펴보자.

3) 시내산 언약(Sinai convenant : 출 19:5–9)

"그러므로 이제 너희가 참으로 내 목소리에 순종하고 내 언약을 지키면 너희는 내게 모든 백성들보다 뛰어난 ***특별한 보배****가 되리니 이는 온땅이 내 것이기 때문이라. 또 너희는 내게* ***제사장 왕국****이 되며* ***거룩한 민족****이 되리라. 네가 이스라엘의 자손에게 고할 말들이 이러하니라. 모세가 와서 백성의 장로들을 불러 주께서 자기에게 명령하신 이 모든 말씀을 그들의 얼굴 앞에 내놓으매 온 백성이 함께 응답하여 이르되, 주께서 말씀하신 모든 것을 우리가 행하리이다, 하니 모세가 백성의*

말을 주께 전하매 주께서 모세에게 이르시되, 보라, 내가 짙은 구름 가운데서 네게 임한 것은 내가 너와 말할 때에 백성이 듣게 하려 함이며 또한 영원히 네 말을 믿게 하려 함이니라, 하시니라. 모세가 백성의 말을 주께 고하였더라." (출 19:5-9)

하나님은 창세기 15장 13–14절에서 아브라함에게 언약하신 바를 정확하게 지키셨다. 야곱이 기근을 피하여 가솔 70명을 데리고 이집트에 내려간 지 4대만에 장정만 60만을 이루어 큰 민족을 형성했기 때문이다. 이스라엘은 하나님께서 명하신 바와 같이 이집트에서 유월절 어린 양을 잡아 무교병과 쓴 나물을 먹고 이집트를 떠나 왔다. 그리고 홍해를 건너면서 '침례'를 받았다. 그리고 이젠 시내산에 모여 하나님의 거룩하신 섭리와 뜻에 따라 선민으로 거룩한 백성으로 출발하는 시점에 와 있다. 하나님은 시내산에서 이스라엘 백성이 가나안땅에 진입하기 전에 야곱의 자손, 즉 이스라엘의 열두 지파와 언약을 맺고 계신다.

이들 이스라엘 백성은 이제 시내산 자락에서 하나님과 언약을 체결하면서 하나님의 '제사장 왕국'(a kingdom of priests)과 '거룩한 민족'(an holy nation)으로, 즉 하나님께서 택한 백성으로 선민으로 탈바꿈하고 있는 것이다. 앞서 살펴본 아브라함 언약이나 다윗 언약이 개인에게 주어진 언약이라면 *시내산 언약은 민족에게 내려진* 언약으로 하나님과 이스라엘 백성 전체와 맺으신 언약이란 점에서 차이가 있다. 이 세 언약들의 공통점과 기초는 최종적으로 예수 그리스도를 통해서 온 세상의 민족들을 향한 구원과 관계가 있다.

하나님의 구속과 이 세 언약은 불가분의 관계다. 하나님은 타락한 인류를 죄와 심판으로부터 구원하시고자 메시아를 통한 구원 계획을 약속해 주셨다. 창세기 3장 15절은 위대하신 하나님의 구속의 계획이다. 그래서 하나님은 계획하신 구속사를 이루시려고 셋의 후손 중에서 아브람을 선택하신 것이다. 아브라함을 통해 이삭을 그리고 이삭을 통해서는 야곱에 이르는 계보(톨레도트, תילדדת, toledot)를 이어가게 하셨다. 하나님은 아브라함을 포함해서 그의 자손들 대대에 이르도록 지속적으로 하나님의 구원의 언약을 상기시켜 주셨다. 그리고 하나님의 정하신 때가 되자 이제는 개인이나 지파의 단위를 넘어 하나의 민족과 나라를 이루게 된 이스라엘과 언약을 맺으셔서 세상 모든 민족들에게 살아계시며 전지전능하시고 영원부터 영원까지 계신 하나님을 알게 하여 구원받게 하는 것이 시내산 언약의 목적이자 핵심이다.

당시 온 세상에서 이스라엘 민족 이외에는 살아계신 하나님을 알고 섬기는 민족은 전무했다. 이스라엘은 이제 온 세상 열국과 민족들 앞에 하나님의 구원의 빛을 전하는 도구로 살아가겠다고 언약을 체결하였다. 이스라엘 백성이 시내산 자락에서 살아계신 하나님의 백성이 되어 온 세상에 제사장 왕국과 거룩한 민족이 되겠다고 다짐하였을 때 한반도는 어떤 일이 일어나고 있었는가?

당시 한반도는 고조선시대를 열고 있었다. 당연히 이때 우리 조상들 가운데는 야훼 하나님을 인식하고 믿는 사람은 전무하였을 것이다(사 11:9; 호 4:1). 때가 되자 동방의 작은 나라 한반도에도 드디어 복음이 들어왔으며, 지금은 전 세계에 많은 선교사들을 파송하고 있다. 역사의 주인이시며 사랑과 자비가 한량없으신 하나님께 찬양과 영광을 올려드린다!

...9장

시온산의 어린 양 예수 그리스도

• 시온산 •

시온산은 예루살렘의 남단에 위치한 가장 높은 산을 말하며 모리아산이 있던 자리다. 또한 예루살렘 전체를 상징하는 의미로 사용되었다. 힌놈 골짜기와 기드론 골짜기가 있고 다윗의 도시라 불렸다. 이곳에 솔로몬의 궁이 세워졌고 후에는 헤롯의 궁이 세워졌다. 시온은 역사 속에서 여호와 하나님의 활동을 함축한다.

| 9장 |

시온산의 어린 양 예수 그리스도

"또 내가 바라보니, 보라, 어린 양께서 시온 산 위에 서 계시고 그분과 함께 십사만 사천이 서 있는데 그들의 이마 안에는 그분의 아버지의 이름이 기록되어 있더라." (계 14:1)

사도 요한이 바라본 부활하신 그리스도 예수는 시온산 위에 서 계신다. 시온산은 신구약성경 가운데 언급된 산들 가운데 가장 영광스럽고 존귀한 의미를 지니고 있는 산이다. '시온' 또는 '시온산'은 주님의 임재의 상징을 나타내고 있다. 먼저 시편 68편의 바산의 산에서 시온에 관한 이야기를 시작해보자.

"하나님의 산은 바산의 산 같으니 곧 바산의 산과 같이 높은 산이로다. 높은 산들아, 너희가 어찌하여 날뛰느냐? 이곳은 하나님께서 거하고자 하시는 산이니 참

으로 주께서 그 안에 영원히 거하시리로다. 하나님의 병거들은 이만이니 곧 수천의 천사들이로다. 주께서 그들 가운데 계시나니 시내 산 곧 거룩한 곳에 계시는 것과 같도다. 주께서 높은 곳으로 올라가시며 포로로 사로잡힌 자들을 사로잡아 이끄시고 사람들을 위하여 선물들을 받으시되 참으로 거역하는 자들을 위해서도 받으셨사오니 이것은 주 하나님께서 그들 가운데 거하려 하심이니이다. 날마다 우리에게 은택을 더하시는 주 곧 우리의 구원의 하나님을 찬송하리로다. 셀라." (15-19절)

시편 68편은 '야훼 원년 즉위시'라고 한다. 하나님이 주를 대적하는 원수들을 모두 패퇴시키고 왕으로 즉위하는 것이 본 시편의 내용이다. 본 시에서 저자 다윗은 하나님께서 왕이 되셔서 세상을 새롭게 하시며, 모든 피조물에게 복을 주시고, 그리고 모든 대적들을 물리쳐 주시는 것을 기록하였다. 다윗은 15절에서 하나님의 산을 이렇게 노래하고 있다.

"하나님의 산은 바산의 산 같으니 곧 바산의 산과 같이 높은 산이로다."

- The hill of God is as the hill of Bashan ; an high hill as the hill of Bashan.

"하나님의 산은 바산의 산 같으니"라고 했는데 이 말은 '바산의 산'은 모든 산들 중에서 신이 되는 '최고의 산', 또는 '으뜸 되는 산'이라는 뜻이다. "바산의 높은 산과 같이 높은 산이로다"라고 한 말은 봉우리가 우뚝 솟은 장엄한 산을 의미한다. 그렇다면 바산의 산은 어느 산이며 어디에 있는 산인가?

바산은 요단강 동편 고원에 있는 산으로 북쪽에는 헬몬산이 자리하고 있다. 바산은 특정한 하나의 산을 지칭하기보다는 산맥 전체를 가리킨다. 헬몬산은 바산의 산맥 북쪽에 위치하고 있다. 헬몬산의 만년설은 팔레스타인을 적시는 요단강의 원류, 즉 발원지를 이룬다. 성경 시대의 바산의 산속에는 살찐 암소와 힘센 황소들이 살고 있었다. 골이 깊으면 산이 높듯이 바산의 산이 울창한 까닭에 각종 맹수들이 살았다. 그래서 사람들은 그 산을 '신의 산'으로 또는 '하나님의 산'이라고 말한 것이며 다윗 또한 바산의 산을 하나님의 산 같다고 표현한 것이다.

물론 '바산의 암소들'은 부정적인 이미지로 언급되기도 하였다. 정의감과 불타는 의로 충만했던 아모스 대언자는 당시 이스라엘 사회에서 가난한 백성들을 학대하고 착취하던 부유층을 향해 책망의 말씀을 전하였다. 아모스는 특히 '부유층의 부인'들을 가리켜서 '바산의 암소들'이라고 통렬하게 책망하고 있음을 볼 수 있기 때문이다.

"사마리아 산에 있는 바산의 암소들아, 너희는 이 말을 들을지어다. 너희가 가난한 자를 학대하고 궁핍한 자를 짓밟으며 그들의 주인들에게 이르기를, 술을 가져다가 우리가 마시게 하라 하는도다." (암 4:1)

다윗은 이같이 말한다.

"높은 산들아, 너희가 어찌하여 날뛰느냐? 이곳은 하나님께서 거하고자 하시는 산이니 참으로 주께서 그 안에 영원히 거하시리로다." (시 68:16)

그런데 이 높은 바산의 산들이 하나님이 계시고자 하시는 산을 시기하여 날뛰고 있다고 다윗이 책망하고 있는 것이다.

"이곳은 하나님께서 거하고자 하시는 산이니 참으로 주께서 그 안에 영원히 거하시리로다."

하나님께서 거하고자 하시는 이곳 산은 과연 어느 산을 지칭하고 있을까? 24절이하 29절까지 보면 하나님이 거하실 산은 예루살렘에 있는 주의 성전, 즉 시온산인 것을 알 수 있다. 시온산은 웅장한 바산의 산에 비하면 그 규모에 있어서 비교할 수 없이 낮은 산이다. 그러나 하나님은 당신이 거하실 산으로 바산을 선택하신 것이 아니라 시온산을 선택하시고 그곳에 계신다는 것이다.

왜 하나님은 시온산을 선택하셨는가? 그 이유는 간단하다. 하나님은 시온을 사랑하셨기 때문이다. 시온산은 웅장하지도 않으며 그렇다고 수려한 산도 아니다. 하나님께서 시온산을 선택하신 이유와 영적인 뜻은 무엇인가?

이스라엘이 가데스바네아에 이르러 가나안땅을 정탐하려고 각 지파에서 12명씩을 선택해서 보냈다. 저들이 돌아와 모세와 백성들 앞에서 보고한 내용은 무엇인가? 잘 알려진 것처럼 '메뚜기 콤플렉스'였다.

이스라엘을 이집트나 앗수르 바빌론 그리고 바사국과 비교해 보라. 나아가 세계 역사에 가장 강했던 로마제국이나 헬라제국과 비교해 보라. 비록 이스라엘이 하나님에 의해 선택받은 특별한 민족이었지만(출 19:5-6) 가나안의 이방 족속들은 이스라엘보다 훨씬 강하고 우월한 종족이고 앞선 문화와 드넓은 영토와 군사력을 가지고 있었다. 그런데 야훼 하나님은 온 세상에 당신의 사랑과 구원을 나타내기 위하여 강한 민족들을 택한 것이 아니라 연약한 한 민족을 선택하여 도구로 사용하신 것이다.

바울 사도는 고린도교회에 보낸 첫 번째 편지에 이런 고백을 하였다(고전 1:26-29).

> *"하나님의 어리석음이 사람들보다 지혜롭고 하나님의 약함이 사람들보다 강하니라. 형제들아, 너희를 부르신 것을 보라. 부르심을 받은 자로서 육체를 따라 지혜로운 자가 많지 아니하고 강한 자가 많지 아니하며 고귀한 자가 많지 아니하도다. 그러나 하나님께서 지혜로운 자들을 당황하게 하려고 세상의 어리석은 것들을 택하시고 하나님께서 강한 것들을 당황하게 하려고 세상의 약한 것들을 택하시 며 하나님께서 있는 것들을 쓸모 없게 하려고 세상의 천한 것들과 멸시 받는 것들을 택하시고 참으로 없는 것들을 택하셨나니 이것은 어떤 육체도 자신 앞에서 자랑하지 못하게 하려 하심이라."*

바울이 말한 것처럼 하나님은 이 세상에서 작고 보잘것없는 민족을 선택하셔서 하나님의 민족으로 삼아 그들 가운데 계신다. 그것이 바로 하나님의 뜻이고 방법이다. 왜냐면 하나님은 자비와 긍휼의 주님이시기 때문이다.

'시온'이라는 단어가 구약성경에서 처음 사용된 것은 다윗이 예루살렘의 가나안 원주민이었던 여부스족이 머물던 '시온 산성'을 정복했을 때이다(삼하 5:7). 그러나 이 '시온'이란 어원의 뜻은 불분명하다. 단지 시온을 뜻하는 히브리어의 유사어로 '바위', '산성', 또는 '건조한 곳'을 의미하는 단어들을 찾아볼 수 있다. 사무엘하 5장을 보면 다윗은 여부스족이 살았던 난공불락의 요새를 공략하여 정복했고 그곳의 이름을 '시온의 요새'라고 불렀다. 또한 다윗은 여부스족을 정복하고 도시 이름을 자신의 이름을 붙여서 다윗의 도시(City of David)라고 칭했는데 바로 거기에서 시온산에 대한 유래를 찾아볼 수 있다(5:7, 9).

고고학자들은 공통적으로 '다윗의 도시'와 '시온산'은 동일 장소인 동쪽 산비탈이라고 주장한다. 고고학자들은 발굴을 통해 성의 위치와 구조를 밝혀냈는데 아주 견고한 돌로 쌓여 있었다. 철기시대 당시로서는 가장 큰 건축 구조물을 갖추었다. 다윗의 아들 솔로몬은 예루살렘 성전을 건축하고 그곳을 시온성 또는 예루살렘성이라고 불렀다. 역대하 6-7장에서 솔로몬은 그의 즉위 4년째 되던 해에 성전을 건축하고 봉헌식을 하게 된다. 솔로몬이 지은 성전은 세계 역사에 유래를 볼 수 없는 대공사였으며, 봉헌식 또한 대단한 규모로 치러졌다. 봉헌식 때 하나님께 드려진 희생 제물은 소 이만 이천 마리와 양 십이만 마리나 되었다. 안타깝게도 이스라엘의 역대 왕들은 솔로몬부터 시작된 우상숭배의 죄로 말미암아 다윗의 신앙을 이어받지 못했다. 하나님은 우상숭배로 죄를 범한 이스라엘을 징계하셨는데 결국 이스라엘의 남북왕조는 하나님의 심판으로 앗시리아와 바빌론의 침공에 의해 멸망하였다.

주전 605년 제1차 침입을 시작으로 느부갓네살왕이 이끄는 바빌론 군대는 유대인들을 3차에 걸쳐 포로로 붙들어 갔다. 유대인들은 머나먼 이방 땅으로 끌려가 바빌론의 강변에서 자신들의 조국을 그리워하며 '시온'을 노래하였다.

"우리가 바빌론의 강변에서 거기에 앉아 참으로 시온을 기억하며 울었도다." (시 133:1)

또한 시온은 다양한 의미를 지닌 용어로 사용되었다. 넓은 의미에서 시온은 예루살렘 전체를 지칭하기도 하였다(사 2:3; 33:14; 요엘 3:5), '시온의 딸'(사 1:8; 30:16; 아 1:5), '시온에 거하는 나의 백성'(사 10:24; 51:11), '내 백성'(사 51:16; 59:20) 등과 같은 많은 상징적 의미들을 가지고 있다. 이런 점에서 '시온산'은 이스라엘 사람들의 마음과 정신 속에 매우 중요한 의미를 지닌다. 21세기를 맞이한 오늘날도 유대인들은 조상들이 살아온 땅을 '시온'이라고 표현하면서 전 세계에 흩어진 '디아스포라'(Diaspora) 유대인들을 거룩한 땅 팔레스타인, 곧 이스라엘 땅으로 귀환시키고자 하는 운동(Zionism)을 펼치고 있다.

성경적 관점에서 본 시온산

성경에서 시온산에 대한 언급을 제일 많이 다루고 있는 책은 구약의 복음서라 일컫는 이사야서와 하나님을 찬양하는 주제를 가진 시편이다(시 48:1-4; 99:2; 사 60:14; 1:26; 10:42; 2:2; 52:2, 7; 62:11; 렘 5:18, 19; 애 2:1; 계 14:1; 미 4:2; 슥 2:7). 한 예를 들어보자.

"또 너를 괴롭게 한 자들의 아들들도 몸을 굽혀 네게 나아오며 너를 멸시한 자들이 다 네 발바닥 앞에 엎드리고 너를 일컬어 주의 도시 곧 이스라엘 의 거룩하신 이의 시온이라 하리라." (사 60:14)

이사야 대언자는 여호와의 성읍 또는 이스라엘의 거룩한 자의 시온산이 사람들로부터 괴롭힘과 멸시를 당했다고 시온산을 의인화하여 말하고 있다. 사람들로부터 괴롭힘과 멸시를 받은 이스라엘의 거룩한 자의 시온은 누구를 말하는 것인가? 이스라엘의 거룩한 자는 바로 하나님이시며, 하나님이 세상에 보내신 독생자 예수 그리스도께서 괴롭힘과 멸시를 받았다는 것이다. 이사야 대언자가 말하는 시온은 십자가를 짊어지신 그리스도를 말하고 있음을 알 수가 있다. 그래서 하나님은 당신의 독생자 예수 그리스도를 시온으로 삼아서 영원한 안식처로 삼으시겠다고 말씀하신다. 요엘 선지자는 어떻게 묘사하고 있는지 살펴보자.

"너희는 시온에서 나팔을 불며 내 거룩한 산에서 경고의 소리를 내어 그 땅의 모든 거주민들이 떨게 하라. 주의 날이 이르느니라. 그 날이 매우 가까우니 곧 어둡고 캄캄한 날이요, 구름이 끼고 짙은 흑암이 덮인 날이라. 이 날은 아침이 산들 위로 퍼지는 것 같으니 이는 크고 강한 백성으로 인함이라. 이와 같은 것이 지금까지 없었고 그것 이후에도 많은 세대의 여러 햇수에 이르도록 없으리로다." (욜 2:1-2)

"너희는 시온에서 나팔을 불며 내 거룩한 산에서 경고의 소리를 내어 그 땅의 모든 거주민들이 떨게 하라." 요엘 대언자는 특히 말세의 때와 그 나타

날 현상들에 대하여 예언한 선지자이다. 요엘은 주 예수 그리스도가 오시는 날을 그렇게 묘사한 것이다. 마지막 때에 관하여 나팔과 경고의 소리를 내어 주의 오심을 예비하라는 것이 그가 전하고 있는 메시지이다.

이스라엘 백성들은 이집트를 떠나 가나안에 이를 때까지 나팔을 이용해서 의사소통을 하였다. 하나님은 민수기 10장에서 모세에게 은나팔을 만들라고 지시하셨다. 하나님은 은나팔을 불어 드넓은 광야를 이동하는 200만 명의 백성들에게 명확한 소리를 통해서 하나님의 뜻을 전달하기 원하셨다. 바울 사도는 이에 대하여 동일한 말씀을 죽은 자의 부활과 예수 그리스도의 재림에 대하여 이렇게 권면하고 있다.

"그러나 형제들아, 잠자는 자들에 관하여 너희가 모르기를 내가 원치 아니하노니 이것은 너희가 아무 소망 없는 다른 사람들 같이 슬퍼하지 아니하게 하려 함이라. 우리가 예수님께서 죽으셨다가 다시 일어나셨음을 믿을진대 그와 같이 예수님 안에서 잠자는 자들도 하나님께서 그분과 함께 데려오시리라. 우리가 주의 말씀으로 너희에게 이것을 말하노니 주께서 오실 때까지 살아서 남아 있는 우리가 결코 잠자는 자들보다 앞서지 못하리라. 주께서 호령과 천사장의 음성과 하나님의 나팔 소리와 함께 친히 하늘로부터 내려오시리니 그리스도 안에서 죽은 자들이 먼저 일어나고 그 뒤에 살아서 남아 있는 우리가 그들과 함께 구름들 속으로 채여 올라가 공중에서 주를 만나리라. 그리하여 우리가 항상 주와 함께 있으리라." (살전 4:13-17)

데살로니가교회는 거짓 교사들의 영향으로 죽은 자의 부활을 의심하였다. 결과적으로는 예수 그리스도의 재림까지 의심하게 되었다. 그런 이유 때문에 바울 사도는 저들을 믿음에 굳게 거하도록 이 말씀으로 권면한 것이다. 데살로니가서의 주제는 그리스도의 재림을 다루고 있다. 하나님의 진노가 이 세상에 임하는 '7년 대환난' 직전에 예수 그리스도는 자신의 신부된 교회를 공중으로 데려가기 위하여 재림하신다는 메시지를 전하고 있는 것이다.

재림하실 주 예수 그리스도는 시온산으로 오시는가? 세상의 끝날 마지막 때에 다시 오실 예수 그리스도가 시온산으로 오시는 것에 대하여 구약성경은 무엇이라고 기록하고 있는지 먼저 이사야서의 말씀을 보자.

> *"그때에 달이 당황하고 해가 부끄러워할 것이요, 만군의 주께서 시온 산과 예루살렘에서 자신의 원로들 앞에서 영광스럽게 통치하시리로다."* (24:23)

위의 말씀은 지상으로 강림하신 예수 그리스도께서 시온산과 예루살렘에서 자신의 원로들 앞에서 영광스럽게 통치하실 것을 예언한 말씀이다. 25장 6-10절에서는 더욱 구체적으로 예언하였음을 볼 수 있다.

> *"만군의 주께서 이 산에서 모든 백성들을 위하여 기름진 것들과 찌꺼기 위에 떠 있는 포도즙으로 잔치를 베푸시되 곧 골수로 가득한 기름진 것들과 찌꺼기 위에 떠 있어 잘 정제된 포도즙으로 하시고 또 그분께서 이 산에서 모든 백성들을 덮은 덮개의 표면과 모든 민족들을 뒤덮은 베일을 없애시며 승리 가운데서 사망을 삼*

키시리라. 주 하나님께서 모든 얼굴에서 눈물을 씻기시며 자신의 백성을 향한 책망을 온 땅에서 제거하시리라. 주께서 그것을 말씀하셨느니라. 그 날에 사람들이 말하기를, 보라, 이분은 우리의 하나님이시로다. 우리가 그분을 기다렸으니 그분께서 우리를 구원 하시리로다. 이분은 주시로다. 우리가 그분을 기다렸으니 그분의 구원을 기뻐하며 즐거워하리라, 하리로다. 이 산에서 주의 손이 안식하시리니 지푸라기가 밟혀서 퇴비더미가 되듯이 모압이 그분 밑에서 밟히리라."

이 말씀에서 *"만군의 주께서 이 산에서 모든 백성들을 위하여 기름진 것들과 찌꺼기 위에 떠 있는 포도즙으로 잔치를 베푸시되"*라고 언급된 부분을 잘 생각해 보자.

예수 그리스도는 겟세마네 동산에서 잡히시기 전 '마지막 만찬'을 사랑하는 제자들과 함께 마가의 다락방에서 나누셨다. 그리고 다음의 말씀을 남기셨다.

"그러나 내가 너희에게 이르노니, 내가 이 포도나무 열매에서 난 것을 이제부터 내 아버지의 왕국에서 너희와 함께 새롭게 마시는 그 날까지 마시지 아니하리라, 하시니라." (마 26:29)

이 예수님의 말씀은 앞의 말씀에 비해 우리가 간과하고 있지만 예수님은 정확하게 이 약속도 성취하셨으며 또한 다시 오실 그날에도 이루실 것이다. 주님께서 십자가에 달려 죽으실 때 로마 병정들은 예수님을 조롱하였다. 물과 피를 다 쏟으시고 극도의 갈증을 느끼셨을 예수님께 마취 성분이 포함된 신포도즙을 마시게 하였지만 예수님은 온전하신 정신으로 우리의 죄를 담당하시기 위해서 거절하신 후 운명하셨다.

"그들이 몰약을 섞은 포도즙을 그분께 주어 마시게 하였으나 그분께서 그것을 받지 아니하시더라." (막 15:23)

또한 요한복음 19장 29-30절은 포도즙을 초(또는 식초, vinegar)라고 하였고, 시편 69편 21절에서는 그리스도의 십자가의 죽으심을 예언하면서 사용하였다. 언급된 초는 히브리어 '호메츠'(המצ, homets)라는 단어를 사용했다. 70인역에서의 '옥소스'(*oxos*)도 모두 동일한 뜻이다. 그런데 장차 예수님께서 시온산이 있는 예루살렘으로 다시 오신 후에 천년왕국을 세우실 때는 다시 포도즙을 마신다고 하신 것이다.

예수님은 지상으로 재림하실 때 7년 대환난 기간 중 온 세상에 다니면서 복음을 전한 열두지파에서 12,000명씩 뽑은 증인들을 대동하여 시온산에 서실 것이라고 말씀하신다.

"또 내가 바라보니, 보라, 어린 양께서 시온 산 위에 서 계시고 그분과 함께 십사만 사천이 서 있는데 그들의 이마 안에는 그분의 아버지의 이름이 기록되어 있더라." (계 14:1)

이처럼 그리스도께서 144,000명과 함께 서있는 시온산에 대한 해석으로는 대체로 세 가지 견해가 있다. 그중 한 가지가 이 시온산은 실제적으로 지상에 세워질 그리스도 왕국의 땅을 가리킨다고 믿는 것이다. 즉, 예루살렘을 왕국의 보좌가 있는 중심으로 하고 온 세상에 메시아왕국 또는 천년왕국이 세워질 것으로 믿는 것이다.

그리스도가 공중에 재림하여 어린 양의 혼인잔치와 믿는 자들에게 상급을 베풀고 계시는 동안 지상에서는 7년간의 대환난 시대가 도래할 것이다. 공중에서는 신랑이 신부를 위한 잔치가 배설될 것이다. 그리스도는 그의 영적인 신부인 교회, 즉 구원받은 모든 성도들을 위한 상급의 심판대(베마, bema)를 베풀 것이다. 공중에서의 7년과 동시에 있을 땅 위에서의 7년간의 대환난이 모두 지나면 그리스도께서 지상으로 강림하시어 예루살렘의 시온산을 중심으로 천년왕국이 시작하게 된다.

〈감람산에서 본 예루살렘〉

예루살렘 성벽 둘레의 길이는 총연장 4킬로미터가 조금 넘는다. 성벽을 따라서 8개의 문과 성 위에 34개의 탑과 24개의 망루가 있다. 오늘날까지 당시의 원형 모습을 보존하고 있는 성문들은 욥바, 다메섹, 시온 모두 세 개의 문이다. 예루살렘 성의 성문들은 외적의 침입을 대비하여 방어를 위해 '

ㄴ'자 형으로 축조되었다. 예루살렘 성벽에는 동쪽의 감람산을 마주하고 있는 황금문이 있다. 이 황금문은 성벽과 성전의 동쪽에 있기에 동문이라고도 불린다. 그리고 황금문은 또 다른 이름이 하나 더 있다. 예루살렘의 모든 성문들 가운데 가장 호화롭게 만들어졌기에 그 이름에 걸맞게 미문(美門)으로도 불린다. 황금문은 두 개의 문으로 되어 있는데 하나는 '자비의 문'이라 하고, 다른 하나는 '회개의 문'이다. 황금문은 많은 전설을 지니고 있다.

유대인들은 메시아가 오실 때 닫혀있던 황금문이 열린다는 예언을 믿고 있다(겔 44:1-3).

> *"그때에 그가 나를 데리고 동쪽을 바라보는 바깥 성소의 문 길로 돌아왔는데 그것이 닫혀 있더라. 그때에 주께서 내게 이르시되, 이 문은 닫히고 열리지 아니할 것이며 아무도 그것을 통해 들어오지 아니하리니 이는 주 곧 이스라엘의 하나님이 그것을 통해 들어왔기 때문이라. 그러므로 그것을 닫을지니라."*

이 또한 하나님께서 에스겔 대언자를 통해서 하신 예언적인 말씀이기 때문에 이 문은 지금까지 굳게 닫혀 있다. 예수 그리스도께서 감람산을 통해 예루살렘에 입성하실 때 이 문이 다시 열려 메시아를 맞이하게 될 것이라고 믿는다. 앞서 언급하였듯이 스가랴 대언자는 예수 그리스도께서 감람산 꼭대기로 강림하실 때 그분의 발이 닿는 순간 천지가 큰 변화를 일으킬 것을 언급하였다.

또한 에스겔서에 의하면 그리스도는 예루살렘 동편의 감람산의 길과 동편에 있는 대문으로 들어오신다고 언급하였다. 그러므로 스가랴와 에스겔의 예언에 의하면 재림하실 예수 그리스도는 동편 길로 오셔서 감람산과 동문을 지나 예루살렘의 성소로 들어가실 것이다. 그러면 여기서 역사적으로 언제 이 문이 닫혔는지 살펴 보자.

예루살렘은 과거 10여 차례 파괴되었고 주인도 여러 번 바뀌었지만 그 어느 누구도 황금문을 통해 예루살렘으로 들어올 수는 없었다. 터키나 영국이 도시를 장악했을 때도 이 문은 열리지 않았고, 굳게 닫혀 있었다. 아랍인이나 유대인도 예루살렘을 정복하고 뺏기고 다시 빼앗는 과정을 반복하였지만 굳게 닫힌 이 문을 열지 못하였다. 오스만 터키의 술탄인 술레이만 1세가 개축을 하면서 이 문을 아예 열리지 못하도록 폐쇄해 버렸다.

〈굳게 닫혀있는 동문〉

이는 그가 유대인의 메시아를 두려워했으며 이 문을 폐쇄하면 메시아가 오지 못하리란 생각을 했기 때문이었다. 비록 터키의 술탄뿐만 아니라 1914년 프로이센의 왕인 카이저 빌헬름도 황금문으로 들어오지 못했고, 1917년 영국의 알렌비 장군이 예루살렘에 무혈 입성할 때도 황금문으로 들어오지 못했다. 그리고 1967년 후세인 요르단 국왕이 동문을 열고 바위 사원에서 기도할 계획을 세웠으나 때마침 이스라엘과 전쟁이 일어났고 예루살렘을 이스라엘이 차지했기 때문에 그의 계획은 실행되지 못했다. 그리고 위의 사진에서 보는 것처럼 지금까지도 동문은 굳게 닫혀 있다.

누구를 기다리는 것인가?

만왕의 왕 되시고 사망과 저주를 물리치고 승리하신 부활의 주 예수 그리스도가 다시 오실 때 동문(황금문)이 열리고 영광중에 다시 오시는 메시아를 맞이하게 될 것이라고 믿어 의심치 않는다.

마태복음 22장 1–14절의 비유에서도 언급되었듯이 하늘의 왕국은 하나님의 아들 예수 그리스도를 위하여 잔치를 배설하실 것인데 이 잔치는 구원받은 - 예복을 입은 - 자들이 참여하게 될 것이다. 이스라엘의 애국가 '하티크바'(התקוה, HaTiqvah, 희망)는 '시온의 땅과 예루살렘'에 대한 유대인들의 간절한 소망을 아래와 같이 노래로 잘 표현하고 있다.

인도자 : "당신에게 간구합니다. 시온에 자비를 베푸소서."

회　중 : "예루살렘의 자녀들을 모으소서."

인도자 : "속히 오소서, 시온의 구원자여."

회　중 : "예루살렘의 심장에게 말하소서."

인도자 : "시온에게 평화와 기쁨이 돌아오게 하소서!"

회　중 : "이새(메시아)의 나뭇 가지가 시온에서 싹이 트게 하소서!"

예루살렘이라는 명칭은 구약에서 640번이나 나오지만 공교롭게 이슬람 경전 코란에는 단 한 번도 언급되지 않았다. 유대인들은 지금도 잊지 않고 계속해서 시온운동(Zionism)을 벌이고 있다. 유대인들은 세계 어디서 살고 있든 자신들의 고향인 시온으로 돌아갈 것을 잊지 않고 있다. 또한 이스라엘 정부는 해외 유대인들이 귀국하여 정착할 수 있도록 경제적 지원을 아끼지 않고 있다. 이미 1950년에 유대인 귀환법이 발효되어서 전 세계에 흩어져 살고 있는 유대인들이 이스라엘 땅으로 돌아가면 간단한 심사를 거쳐 법적 신분을 회복시켜 주는 것을 합법화하였다. 하나님께서는 당신의 선민(先民)을 하나님이 주시기로 약속하신 언약의 땅(창 15:16-21)으로 불러 모으고 계신 것이다.

죄가 없는 장

신구약성경은 모두 1,189장이다. 물론 원어 성경에서는 장과 절의 구분이 없기 때문에 엄밀히 말하면 장과 절로 구분하는 것은 그다지 중요하지 않다. 성경을 장절로 구분한 것은 스티븐 랑톤(Stephen Langton, 1205년 창안하여 1555년 불가타역에서 채택, 현재 구분은 1560년 제네바성경)에 의해서이다. 성경에서 죄가 없는 장을 찾아본다면 정확하게 앞의 두 장과 마지막 두 장뿐이다.

조지 피터스는 「선교성경신학」의 서론에서 다음과 같이 언급하였다. "죄는 성경의 매 페이지마다 분명히 기록되어 나타난다. 그런데 오직 성경 가운데 네 장(four chapters)만이 죄가 제외되어 있다. 창세기 1–2장의 인간의 초기 역사와 성경의 마지막 부분인 요한계시록 21–22장에서 죄는 기록되어 있지 않다."

'기원의 책'이자 '시작의 책'이라고 일컫는 성경의 첫 번째 책인 창세기 1장, 2장에서 그리고 성경의 마지막 책인 요한계시록 마지막 21장, 22장에서는 죄를 찾아볼 수 없다. 하나님은 시작과 끝을 동일하게 그리고 완벽하게 일치시켜 놓고 계신다. 그래서 성경 전체를 네 개의 산맥으로 그려 본다면 세계 인류의 대역사는 4개의 '산봉우리'로 요약할 수 있다.

성경 전체에 나타난 하나님의 구속의 대역사의 파노라마를 산으로 표현한다면 창세기서부터 요한계시록까지 우리는 4개의 거대한 산봉우리를 볼 수 있어야 한다. 구약은 이스라엘의 역사를 중심으로 이집트와 팔레스타인 근동의 나라와 민족들의 관계 속에서 주께서 약속하신 메시아가 오시기까지 예언의 성취 과정을 다루고 있다. 그리고 신약은 구약이 예언한 메시아의 예언 성취를 다루면서 그리스도의 탄생과 죽으심과 부활을 증거한다. 그러므로 신약의 핵심이자 결론은 그리스도의 부활의 복음을 세계의 땅끝까지 전하라는 '지상대명령'(행 1:8; 마 28:19-20; 참고 롬 15:28)으로 마무리 짓고 있다.

신약은 구약 안에 숨겨져 있고, 신약은 구약의 완성이다. 그러므로 성경을 산으로 보았을 때 전체의 중심주제를 볼 수 있으려면 숲 속의 작은 것들도 면밀히 관찰해야 하지만 먼저 성경 전체의 흐름과 중심주제를 파악해야 한다. 신구약성경 전체의 핵심 주제를 4개의 '산봉우리'로 보았을 때 그것은 창조, 타락, 구원 그리고 회복이다.

성경의 4개 '산봉우리'

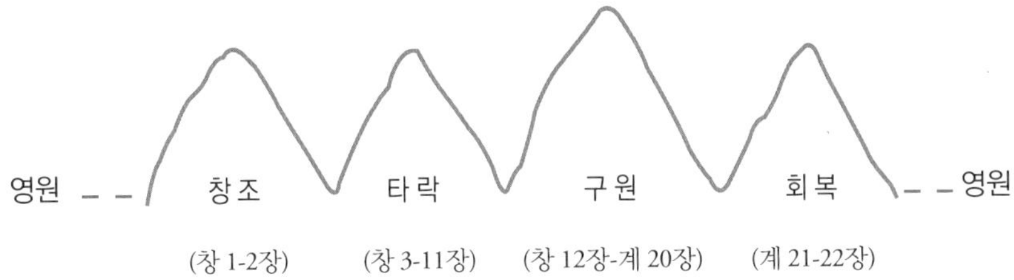

위의 그림을 좀더 구체적으로 언급한다면 창세기 1–2장에서는 하나님께서 창조하신 것들을 볼 수 있다. 하나님께서 무엇을 어떻게 만드셨는지 그리고 '최초의 하나님의 아들'인 아담(참조/ 눅 3:38, *"셋은 아담의 아들이요, 아담은 하나님의 아들이었느니라"*)과 하와를 짝지어 주시고 한 남자와 한 여자가 부부가 되어 가정을 이루는 것도 보여 주셨다.

창세기 3장에서는 사탄의 출현과 아울러 인류의 조상인 아담과 하와가 타락하게 된 이유를 말씀하고 있다. 12장부터는 하나님께서 땅의 모든 민족을 구원하시려고 아브라함을 불러내심으로 세계 구속의 대역사를 시작하고 있음을 볼 수 있다. 그리고 신약성경의 마지막 책인 요한계시록 19장에서 사탄과 적그리스도가 재림하신 예수 그리스도를 향해 아마겟돈에서 전쟁을 일으키지만 부활하신 주님께서 그들을 물리치고 승리하신다. 예수 그리스도는 저들을 붙들어 쇠사슬에 결박하여 끝이 없는 '무저갱'에 가두신다. 천년이 지난 후에 사탄과 적그리스도는 불 호수(불못)에 던져져 영원한 형벌에 처하게 된다. 사탄이 무저갱에 갇혀 있는 기간 동안 땅 위에서는 다시는 시험과 유혹이 없게 되며 그리스도가 성도들과 더불어 공의로 통치하시게 된다. 천년왕국의 기간 동안에는 죄의 상처와 아픔을 씻고 회복되어 에덴 동산에서 있었던 기쁨의 시대가 도래하게 된다.

선교학자 랄프 윈터(Ralph Winter) 박사는 그의 공저 「미션 퍼스펙티브」(예수전도단 역간)를 통해 창세기 12장에서 세계 열방의 구원을 위하여 하나님은 아브라함 한 사람을 부르심으로써 하나님 나라의 반격을 시작하였다고 표현하였다.

예수 그리스도는 위대하신 창조주 하나님이시며 영원부터 영원까지 스스로 계시는 영존하시는 하나님이시다. 또한 그리스도는 성경의 예언대로 이 땅 위에 오셔서 고난 받으셨고 그리고 성경의 예언대로 죽으신 후 사흘 만에 살아나셨다. 그렇다면 성경이 예언한 바와 같이 정하신 때가 되면 다시 오신다는 예언도 머지않은 장래에 분명히 성취될 것이다. 주님께서 다시 오시면 산 자와 죽은 자들을 공의로 심판하시고 다스리실 것이다.

예수님께서 문자적으로 지상에 강림하시게 되면 이 땅 위에 그리스도가 공의로 통치하는 '천년왕국'에 대해서는 몇 가지의 이견이 있다. 전천년설과 후천년설 그리고 무천년설 세 가지의 견해이다. 필자는 예수 그리스도가 공중으로 재림하시면 7년간의 '어린 양의 혼인잔치'가 끝난 후에 예수 그리스도가 모든 성도들과 함께 지상으로 강림하실 것이라고 믿는다.

다윗의 언약에도 언급한 바 있는 문자 그대로의 일천년간 주님께서 온 세상의 왕으로 통치하실 전천년설(Pre-millenium)을 믿는다. 혹자는 지상에서의 7년간 대환난이 지나면 천국에서 영원한 생활을 곧바로 시작하면 될 것을 지상의 천년왕국의 시간이 왜 필요한지 이의를 제기할 수 있을 것이다.

세계종교의 권위자인 마이클 블라하(Michael J. Vlach) 박사는 이 땅에 예수님의 왕국이 설립되고 일천년이 지나야 하는 4가지를 이유를「전천년주의 : 예수의 미래 지상 왕국」*(Premillennialism : Why There Musts Be a Future Earthly Kingdom of Jesus)*에서 심층적으로 밝혔다. 그 이유를 요약 정리해 본다.

첫째, 하나님께서 아담에게 세상을 다스리라(창 1:28)고 했던 장소인 세상을 마지막 아담과 사람이 다스릴 필요가 있다고 보기 때문이다(첫째 아담이 실패했던 '창조사명'을 완수해야 하기 때문).

둘째, 예수님은 자신의 백성에게 거절당했던 그 땅에서 상당 기간 동안 왕으로 통치할 필요가 있기 때문이다.

셋째, 성도들이 핍박 받았던 그 땅에서 정당함을 입증 받고 통치할 필요가 있기 때문이다 이때는 요한계시록 20장 4절의 말씀이 문자적으로 실행될 것이다.

마지막, 신구약이 말하고 있는 이상적인 지상왕국에 대한 모든 언약(약속)들이 반드시 성취되는 때가 있어야 하기 때문이다.

하나님은 인생들에게 영광을 받으심으로 하나님 자신이 갖고 계신 영광이 더 빛나거나 더 권위가 세워지고 거룩해지시는 분이 아니시다. 예수님은 사람의 몸을 입고 이 세상에 오셨지만 이미 하나님의 영광이 충만하신 메시아로 온 우주의 왕이셨다. 다시 오실 예수 그리스도는 과거처럼 작은 마을 베들레헴의 한 마구간으로 오신 것처럼 오시지 않을 것이다. 다시 오실 승리하신 만왕의 왕 되신 예수 그리스도 우리 주님은 영광 가운데 천군과 천사를 거느리시고 지금까지 주안에서 먼저 잠자는 자들을 모두 대동하고 감람산 꼭대기에 힘차게 서실 것이다. 그리고 예루살렘 동편의 황금문을 통하여 예루살렘에 들어오셔서 다윗의 보좌를 회복하시고 왕으로 일천 년간 이 세상을 통치하시게 될 것이다.

아마겟돈 전쟁, 인류 역사의 마지막 전쟁과 통쾌한 반전

요한계시록 19장은 기독교 역사상 가장 놀랍고 통쾌한 반전이 일어나는 모습을 기록하고 있다. 창세기 7-8장은 온 세계에 발생했던 대홍수 사건을 언급하고 있다. 그리고 9장에서는 방주에서 나온 노아의 여덟 식구가 땅 위에 정착하여 번성하는 모습을 언급하고 있다. 그런데 하나님은 아담에게 최초로 명령하셨던 동일한 명령을 방주에서 나온 노아의 가족에게 말씀하셨다.

> *"하나님께서 노아와 그의 아들들에게 복을 주시며 그들에게 이르시되, 다산하고 번성하여 땅을 채우라. 너희는 다산하고 번성하며 땅에서 풍성히 내고 그 안에서 번성하라, 하시니라."* (창 9:1, 7)

하나님의 창조의 계획과 목적은 여전히 변함없이 노아의 후손과 전 인류에게 지켜지기를 원하신 것이다. 그러나 안타깝게도 노아의 여덟 식구가 아담 이후의 인류의 두 번째 조상이라면 노아의 후손들은 여전히 하나님의 명령을 거스르고 죄를 범했다. 당시 시날 땅에 모여 살던 사람들이 외친 말은 무엇인가 살펴보자.

> *"또 이르되, 자, 우리가 우리를 위하여 도시와 탑을 세우고 탑의 꼭대기를 하늘에 까지 닿게 하며 우리가 우리를 위하여 이름을 내고 이로써 온 지면에 널리 흩어 짐을 면하자, 하더라."* (11:4)

주목해서 볼 것은 "우리가 우리를 위하여"라는 표현이 거듭 두 번이나 언급되었다는 것이다. 이것의 의미는 의도적으로 창조주 하나님을 배제시키고 자신들의 이름을 내기 위함이라는 것을 알 수 있다. 사람들은 바벨탑을 쌓음으로 다산하고 번성하여 땅을 채우라는 주님의 명령을 고의적으로 거역한 것이다. 결국 하나님은 바벨탑 건설을 중단시키고자 저들의 언어를 혼잡하게 하여 인류를 지구상 여러 지역으로 흩어 두셨다(창 11: 9; 비교/ 행 17:26).

바벨탑 건설을 종식시키신 하나님은 창세기 12장에 들어서서 세계 모든 민족을 구원하시기 위하여 한 사람을 선택하신다. 바로 믿음의 사람 아브라함이다. 하나님은 아브라함을 통하여 창세기 3장 15절에서 선포하신 여인의 후손이 뱀의 머리를 상하게 하실 것이라는 구속사적 예언의 말씀을 구체적으로 시작하신 것이다. 즉 아브라함의 출현은 먼 훗날 그의 후손으로 오실 예수 그리스도를 통하여 사탄의 나라를 향하여 하나님 왕국(나라)의 반격을 전개하신 것이다. 그러므로 창세기 12장은 하나님의 왕국(나라)이 좁게는 아브라함 한 사람 안에서 준비되어지고 있음을 보여주는 것이다.

"그분께서 아브람에게 이르시되, 너는 확실히 알라. 네 씨가 자기들의 소유가 아닌 땅에서 나그네가 되어 그들을 섬기겠고 그들이 사백 년 동안 네 씨를 괴롭히리라. 또한 그들이 섬길 그 민족을 내가 심판하리니 그 뒤에 그들이 큰 재물을 가지고 나오리라." (창 15:13-14)

이스라엘은 출애굽 하여 시내산 자락에서 하나님과 언약을 체결함으로 하나님의 택하신바 된 거룩한 백성으로 세계 여러 민족들에게 하나님을 찬양하고 전하는 제사장 나라로서 사명을 받게 되었다(출 19:1-8). 그러나 이스라엘은 끊임없이 우상을 숭배함으로 하나님께 징계를 받아 나라가 남북으로 분열되었고 최후에는 앗수르와 바빌론에게 멸망당하고 만다.

남왕국 유다의 멸망 이후 하나님은 당신의 선민 이스라엘을 향해 400년간 침묵하셨다. 일반적으로 성경에서 40이란 숫자는 고난을 상징하는데 400은 40의 10배로써 꽉 찬 고난의 의미를 담고 있다고 이해할 수 있다. 기나 긴 침묵의 400년이 지나고 드디어 예수 그리스도가 온 세상의 메시아로 오심으로 구약의 많은 예언들이 문자적으로 성취되었고 신약시대가 도래하였다. 아울러 대망의 하나님의 왕국이 그리스도인에게 임하게 된 것이다.

"이르되, 너희는 회개하라. 하늘의 왕국이 가까이 왔느니라, 하였으니." (마 3:2)

"또 그들이 이르기를, 여기를 보라! 혹은, 저기를 보라! 하지도 못하리니, 보라, 하나님의 왕국은 너희 안에 있느니라, 하시니라." (눅 17:21)

예수님께서 이 땅에 메시아로 오신 이후 오늘의 이 시대에 이르기까지 어둠의 세력인 사탄의 나라와 하나님의 왕국은 눈에 직접 보이지는 않으나 치열하게 전쟁하고 있다. 그런데 에덴 동산에서 시작되어 지금까지 수천 년간 진행되어온 이 영적 전쟁이 드디어 끝이 나게 되는데 그 상황을 묘사한 것이 바로 요한계시록 19장이다. (이 책의 1장에서 주님께서는 사탄에게 케이오 펀치를 먹이심으로 승리의 고지를 점령하였다고 자세하게 언급한바 있다.) 그럼에도 불구하고 하나님은 사탄을 이 세상의 '통치자'(개역성경, '땅의 임금')로 그리고 공중 권세 잡은 자로서 활동하도록 그냥 두고 계신 것은(계 19장) 하나님께서 정하신 역사적 사건을 완성할 때까지 잠시 허용하신 것이다.

"이제 이 세상에 대한 심판이 있으니 이제 이 세상의 통치자가 쫓겨나리라." (요 12:31)

"지나간 때에는 너희가 그것들 가운데서 이 세상의 행로를 따라 걸으며 공중의 권세 잡은 통치자를 따랐으니 곧 지금 불순종의 자녀들 가운데서 활동하는 영이라." (엡 2:2)

사탄은 하나님께서 정해두신 이 사건의 때를 정확히 알고 있을 것이다. 예수님께서 공중에 재림하실 때 사탄은 자신의 운명의 때가 이른 줄 알고 아마겟돈에서 세상의 군대들을 모아 주님을 대적하게 될 것이다(계 16:14-16).

"그들은 마귀들의 영들로서 기적들을 행하며 땅과 온 세상의 왕들에게 나아가 하나님 곧 전능자의 저 큰 날에 있을 전쟁을 위하여 그들을 모으더라. 보라, 내가 도둑같이 오나니 깨어 있어 자기 옷을 지키고 벌거벗고 다니지 아니하여 그들에게 자기 수치를 보이지 아니하는 자는 복이 있도다. 그가 히브리말로 아마겟돈이라 하는 곳으로 그들을 함께 모으더라."

사도 요한은 계시록 19장 11절 이하 17절까지 사탄을 멸하실 예수 그리스도를 아래와 같이 묘사하였다.

"또 내가 하늘이 열린 것을 보니, 보라, 흰 말이라. 그 위에 타신 분은 신실하신 이, 참되신 이라 불리더라. 그분은 의로 심판하며 전쟁을 하시느니라. 그분의 눈은 불꽃 같고 그분의 머리 위에는 많은 관이 있었으며 또 그분께 기록된 한 이름이 있었으나 그분 밖에는 아무도 그것을 알지 못하더라. 또 그분께서 피에 담근 옷을 입으셨는데 그분의 이름은 하나님의 말씀이라 불리느니라. 하늘에 있던 군대들이 희고 깨끗한 고운 아마포 옷을 입고 흰 말을 타고 그분을 따르더라. 그분의 입에서 예리한 칼이 나오는데 그분께서 그 칼로 민족들을 치시고 또 철장으로 그들을 다스리시리라. 또 그분께서는 전능자 하나님의 맹렬한 진노의 포도즙 틀을 밟으시며 그분께는 그분의 옷과 넓적다리에 왕들의 왕, 주들의 주라고 기록된 한 이름이 있느니라."

주님의 외관은 어떠신가? *"그분의 눈은 불꽃같고 그분의 머리 위에는 많은 관이 있었으며 또 그분께 기록된 한 이름이 있었으나 그분 밖에는 아무*

도 그것을 알지 못하더라. 또 그분께서 피에 담근 옷을 입으셨는데 그분의 이름은 하나님의 말씀이라 불린다"고 언급하였다.

주님은 왜 피에 담근 옷을 입고 계신가? 예수님은 우리의 죄를 대속하시기 위하여 십자가에서 보혈을 흘리시면서 하나님의 어린 양으로 죽임 당하셨기 때문이다(계 1:5; 5:9; 7:14; 12:11). 그리고 17절에서 21절까지는 전능하신 주님께서 사탄을 따르는 짐승과 지상의 군대를 어떻게 멸하시는지 묘사하였다.

> *"또 내가 보니 한 천사가 해 안에 서서 하늘 한가운데로 날아가는 모든 날짐승을 향하여 큰 음성으로 외쳐 이르되, 너희는 와서 위대하신 하나님의 만찬에 함께 모여 왕들의 살과 대장들의 살과 용사들의 살과 말들의 살과 말 탄 자들의 살과 자유로운 자나 매인 자나 작은 자나 큰 자를 막론하고 모든 사람의 살을 먹으라, 하더라. 또 내가 보매 그 짐승과 땅의 왕들과 그들의 군대들이 함께 모여 말 타신 분과 그분의 군대를 대적하여 전쟁을 하더라. 짐승이 잡히고 또 그 앞에서 기적들을 행하던 거짓 대언자도 그와 함께 잡혔는데 그는 짐승의 표를 받은 자들과 그의 형상에게 경배하던 자들을 기적들로 속이던 자더라. 이 둘이 산 채로 유황으로 불타는 불 호수에 던져지고 그 남은 자들은 말 타신 분의 칼 곧 그분의 입에서 나온 칼로 죽임을 당하니 모든 날짐승이 그들의 살로 배를 채우더라."*

이스라엘의 북부 평야지대인 므깃도 고원은 장차 피로 물들이게 될 것이며 날짐승들이 저들의 시체를 먹게 될 것이다. 그리고 짐승이 잡히고 거짓 대언자도 함께 잡혀서 산 채로 유황으로 불타는 호수에 던져지게 될 것이다. 그것이 끝이 아니다. 20장 1절부터 3절에서는 거짓의 아비인 사탄이 붙들려서 무저갱에 일천 년간 갇히게 됨으로 죽임 당하셨던 하나님의 어린 양 부활의 주 예수 그리스도는 인류 역사의 마지막 전쟁인 아마겟돈 전쟁을 승리로 장식하시고 위대한 반전을 이루시며 이 땅 위에 그리스도의 천년왕국의 시대를 여시는 것이다.

"또 내가 보니 한 천사가 바닥없는 구덩이의 열쇠와 큰 사슬을 손에 들고 하늘로부터 내려와 마귀요 사탄인 그 용 곧 저 옛 뱀을 붙잡으니라. 그가 그를 붙잡아 천 년 동안 결박하여 바닥없는 구덩이에 던져 넣어 가두고 그 위에 봉인을 하여 천 년이 차기까지는 그가 더 이상 민족들을 속이지 못하게 하니라. 그 뒤에는 그가 반드시 잠시 동안 풀려나리라."

이로써 아담 이래 지금까지 수천 년간 지속되어 왔던 영적인 전쟁은 완전히 종식되고 위대한 반전(反轉)이 이루어지게 된다. 사탄은 큰 사슬에 매여 일천 년간 무저갱(the bottomless pit)에 갇히게 되고 다시는 세상의 민족들을 유혹하지 못하게 될 것이다.

"또 내가 보니 한 천사가 바닥없는 구덩이의 열쇠와 큰 사슬을 손에 들고 하늘로부터 내려와 마귀요 사탄인 그 용 곧 저 옛 뱀을 붙잡으니라. 그가 그를 붙잡아 천 년 동안 결박하여 바닥없는 구덩이에 던져 넣어 가두고 그 위에 봉인을 하여 천 년이 차기까지는 그가 더 이상 민족들을 속이지 못하게 하니라. 그 뒤에는 그가 반드시 잠시 동안 풀려나리라"

요한계시록 19장은 위대한 반전의 장으로 인류 역사의 마지막 피날레를 하나님의 어린 양의 잔치로 끝마치고 있음에 주목해 보아야 한다. 21세기의 C. S. 루이스로 일컬어지고 있는 팀 켈러 목사는 그의 책 「탕부 하나님」(두란노 역간)에서 누가복음 15장의 '탕자의 비유'를 새로운 관점으로 탁월하게 서술했다. 그는 결론 부분에서(148~149쪽), 계시록 19장의 '어린 양의 혼인잔치'를 함께 병치하여 아름답게 하나님의 위대한 사랑을 묘사하였다.

> "두 탕자의 이야기는 귀향의 잔치로 끝난다. 마찬가지로 역사의 종말을 기록한 요한계시록도 잔치로 끝난다. 바로 어린 양의 혼인잔치다. 어린 양은 우리를 용서하여 집으로 데려가려고 세상 죄 때문에 희생되신 예수님이다. 이 잔치가 벌어질 곳은 새 예루살렘, 즉 하늘에서 내려와 이 땅을 가득 채울 하나님의 도성이다. … 예수님은 세상을 다시 우리의 완벽한 집으로 만드실 것이다. 더 이상 우리는 늘 떠돌이일 뿐 결코 어디에도 도달하지 못하던 '에덴의 동쪽'에 살지 않을 것이다. 우리는 집에 갈 것이고, 그러면 아버지가 맞이해 끌어안으시고 우리를 잔치에 들이실 것이다"

우리에게 영원한 승리를 허락하신 그리스도 예수 우리 주님께 감사와 찬양과 존귀와 영광을 온전히 올려드린다! 할렐루야!!

글을 마치면서

「산 위에 서신 그리스도」라는 제목으로 글을 쓰면서 주님의 마음을 헤아리기 위해 기도하면서 많은 노력을 했습니다. 그리고 과거 주님이 오르셨던 그 산들을 따라 올라가는 심정으로 이 책을 썼습니다. 하늘 보좌를 뒤로하고 종의 형체를 지닌 사람의 모습으로 이 땅에 오신 주님, 나의 죄를 담당하시고 무덤에서 부활하신 주님께 모든 영광을 올려드립니다.

지혜자 솔로몬의 고백이 필자에게도 공감이 되었습니다. *"내 아들아, 또한 이 말씀들로 권고를 받으라. 많은 책을 짓는 것은 끝이 없고 많이 공부하는 것은 육체를 피곤하게 하느니라"*(전 12:12). 그럼에도 불구하고 우리 구주 예수 그리스도의 공생애 발자취를 더듬어 가면서 묵상하고 깨달은 바를 글로 남길 수 있음은 저의 특권이며 기쁨이 되었습니다.

감람산(올리브산)에서 승천하신 예수님께서 다시 감람산 꼭대기로 오실 주님에 대하여 혹자는 이렇게 말할지도 모릅니다. '만왕의 왕으로 그리고 만주의 주로 영광 가운데 재림하실 예수 그리스도께서 굳이 승천하신 감람산 정상으로 오셔야만 하는가? 초림 당시 작은 고을 베들레헴의 마구간의 구유 위로 겸손하게 오신 것은 이해가 가지만, 다시 오실 땐 세계에서 가장 유명한 장소로 위엄 있게 오시는 것이 합리적이고 타당하지 않은가?'라고 말입니다. 예를 들면, 로마의 바티칸 광장이라든가 아니면 뉴욕의 맨해튼의 이스트 강변에 위치한 국제연합(UN) 건물 앞이나 세계에서 인구가 제일 많은 중국의 천안문 광장으로 오시면 가장 웅장하고 화려한 재림으로 손색이 없을 것이라고 생각할 수도 있기 때문입니다. 그러나 하나님의 생각과 사람의 생각은 다릅니다. 예수 그리스도께서 감람산으로 다시 오시는 이유는 성경에 예언된 하나님의 약속을 성취하시기 위함입니다.

사도 요한은 예수님께서 오실 때는 모든 눈이 주님을 볼 것이며 땅의 모든 족속이 주님으로 인하여 후회의 통곡을 할 것이라고 말씀하고 있습니다.

> *"보라, 그분께서 구름들과 함께 오시느니라. 모든 눈이 그분을 보겠고 그분을 찌른 자들도 볼 것이요, 땅의 모든 족속들이 그분으로 인하여 통곡하리니 참으로 그러하리로다. 아멘!"* (계 1:7)

우리가 살고 있는 대한민국은 대통령의 탄핵이 헌법재판소에서 인용되어 현직 대통령이 임기 중에 파면되는 헌정 사상 초유의 사건이 발생했습니다. 이번 사건을 계기로 한국교회와 성도들이 더욱 빛과 소금의 역할을 다하고 우리나라의 공직자들과 사회 각계각층에서 일하는 사람들 모두가 정직하게 일하는 바른 나라가 되기를 간절히 소원합니다. 바울 사도가 말세에 나타나는 특징에 대하여 언급하기를 *"악한 자들과 유혹하는 자들은 점점 더 악하여져서 속이기도 하고 속기도 하리라"*(딤후 3:13)고 하였습니다. 이 세상에는 정의를 추구하고 선을 위하여 살아가는 바른 사람들도 많이 있지만 세상의 체제나 이념은 결국은 사탄의 통제 아래 있기 때문에 서로 속이기도 하고 속기도 하는 악순환이 지속될 것이 분명합니다. 오직 예수 그리스도가 다시 오셔서 공의로운 하나님의 왕국인 '천년왕국'을 세우시면 비로소 부정과 부패가 없는 올바르고 완벽한 세상이 될 것입니다.

하나님의 약속(예언)은 과거에도 성취되었으며, 승천하신지 2천 년이 지난 오늘날도 이뤄지고 있고 그리고 미래에 예수님께서 다시 오시는 그 순간까지 틀림없이 이루어질 것입니다.

끝으로 이 책이 출판되기까지 격려를 베풀어 주신 성서침례교회(행당동) 성도님들과 집사님들의 기도에 감사드립니다. 원고를 읽고 흔쾌히 추천사를 써주신 김창환 목사님, 김현기 목사님, 천병성 목사님과 최육렬 목사님, 그리고 시원스쿨의 이시원 대표께도 감사를 전합니다. 아울러 요단출판사 대표인 이요섭 목사님과 교열작업과 편집을 도와주신 요단출판사 류정선 목사님과 중앙일보 기획국장을 지내신 본 교회의 이규진 집사님께도 감사를 드립니다.

예수 그리스도께서 약속하신 대로 주님의 발이 감람산(올리브산) 정상에 다시 서시는 그날까지 믿음의 선한 싸움을 싸우고 달려갈 길을 마칠 수 있는 독자 여러분들이 되시길 소원합니다.

정유년 새봄 왕십리 목양실에서

복음에 빚진 자 **이충세** 목사

성경의 주요 산

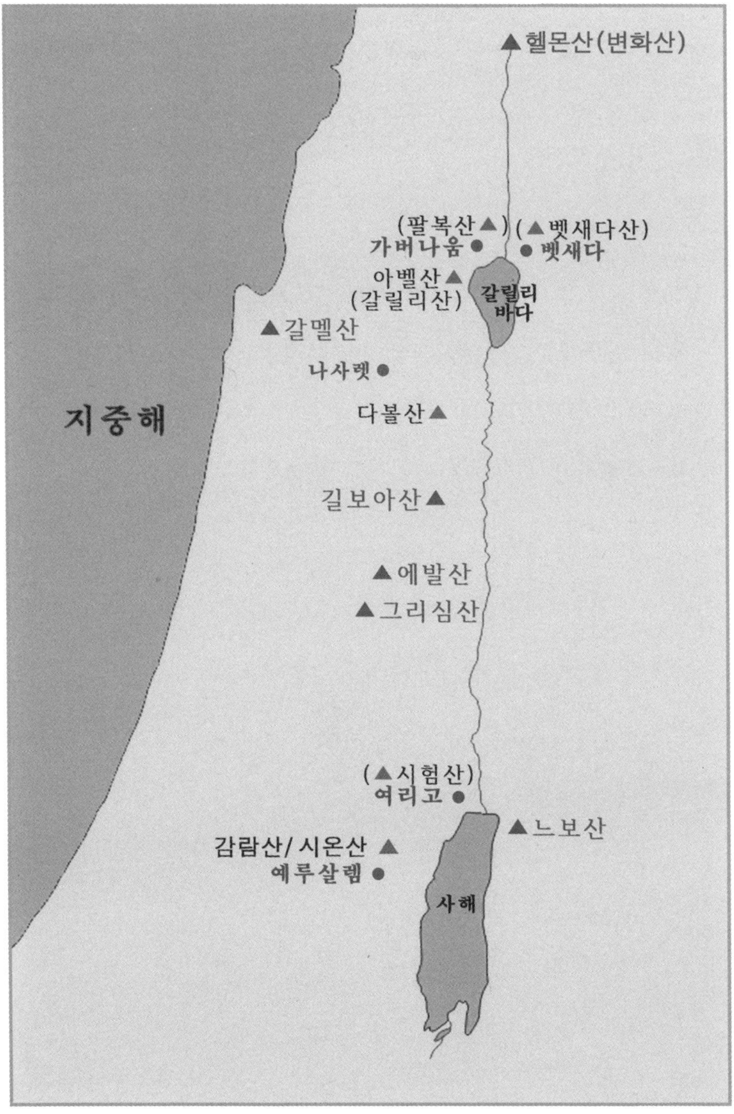
헬몬산(변화산)
(팔복산)
(벳새다산)
가버나움
벳새다
아벨산
(갈릴리산)
갈릴리
바다
갈멜산
나사렛
지중해
다볼산
길보아산
에발산
그리심산
(시험산)
여리고
느보산
감람산/ 시온산
예루살렘
사해

"비록 무화과나무가 꽃을 피우지 못하고 포도나무에 열매가 없으며 올리브나무에 수고의 열매가 없고 밭이 먹을 것을 내지 아니하며 우리에서 양 떼가 끊어지고 외양간에 소 떼가 없을지라도 나는 여전히 주를 기뻐하며 내 구원의 하나님을 기뻐하리로다." (합 3:17-18).